『経済学史入門』正誤表

本書 <u>30 頁</u>の図 2-1 内の丸数字および関連する本文（同頁 1 行め以降）に誤りがございました。ご迷惑をおかけしたことを深くお詫びし、慎んで訂正いたします。正しくは以下の通りです。（文章の<u>下線</u>は修正箇所）

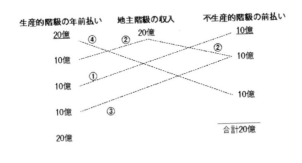

図 2-1　ケネーの経済表「範式」

それでは貨幣と生産物はどのように流れるでしょうか。

① 不生産的階級は、貨幣 10 億リーブルで農産物を購入し、これを原料として 20 億リーブルの加工品を作ります。

② 地主階級は、貨幣 20 億リーブルのうち生産的階級から農産物 10 億リーブルを購入し<u>消費し、不生産的階級から加工品 10 億リーブルを購入し消費します。</u>

③ 不生産的階級は、地主から受け取った 10 億リーブルで食料となる農産物を購入し、今期中に消費します。

④ <u>生産的階級は、（図中ではあたかも農産物で支払うかのように描かれていますが）</u>10 億リーブルの貨幣で、加工品を購入し、原前払いの減耗を補填します。

⑤ <u>図中には点線として描かれていませんが、生産的階級は今期中に 20億リーブルの貨幣を地代として支払います。流通に現れなかった左下の 20 億リーブルを、次期の「年前払い」として使用します。</u>

経済学史入門

**経済学方法論からの
アプローチ**

久保 真・中澤信彦 ■編

昭和堂

まえがき

久保　真・中澤信彦

　本書は、「経済学史」という書名がついていますが、大学の授業科目「経済学史」のテキスト——教科書や参考書——として使ってもらうことだけを想定しているわけではありません。これから経済学の勉強をしてみたいと思っている人、さらに、すでに経済学の基礎科目——例えば、「ミクロ経済学入門」とか「マクロ経済学入門」とか——の内容をある程度理解したけれどもそれがどこに繋（つな）がっていくのかという、学びの「見取り図」を得たいという大学生や社会人の方にとっても、好適なテキスト——読み物——たらんとしています。

　「経済学史」というのは、文字通り「経済学」の「歴史」のことです。授業科目名や書名における「経済学の歴史」とか「経済思想史」とかも、ほぼ同じものを意味していると理解してよいでしょう。そのような題名を冠した書籍で、先に述べたような目的を掲げるものはいくつもありますが、本書の特徴は、経済学の「方法」という観点から経済学の歴史を見てみようというところにあります。では、そうした観点に立つことはどのような意味をもつのでしょうか。経済学の「見取り図」を与えるものとしての「経済学史」という大目標を念頭に置きつつ、このことを説明したいと思います。

● 経済学とは何か？

　今日最も利用されている初学者向け教科書（マンキュー『入門経済学』2016📖）曰く、経済学とは「社会がその稀少な資源をいかに管理するのかを研究する学問」だそうです。続けて、経済学者は自然科学者——物理学者や生物学者——と同種の方法を用いて研究しているのであって、「多くの問題について、経済学者は意見が一致している」ことを強調しています。こうした記述からは、経済学が権威ある確立された学問であって、自然科学に匹敵する争う余地のな

い真理に（少なくとも基礎的なレベルにおいては）すでに到達しているのだという印象を受けるでしょう。しかし、この教科書の著者は、とある新聞の論説のなかで「本当は隠しておきたい秘密」をこっそり漏らしています。「［現代の］経済学は2世紀前の医学のようなもの」、「完璧には程遠い学問」だというのです（『ニューヨークタイムズ』2014年3月22日）。どういうことでしょうか。

　経済学の歴史を紐解いてみると、上の経済学の定義が、20世紀のイギリスの経済学者ロビンズが唱えたものに基礎を置いていることがわかります（☞コラム⑨「経済学の呼称と定義」）。「経済学の父」と言われるアダム・スミスが250年ほど前に活躍した人物であること、さらに遡って中世や古代にも経済思想が展開されていたことを想起すれば、この定義は比較的新しいものに過ぎません。さらに重要なことは、確かにこの定義は今では多くの経済学者に受け入れられるところ——その意味で「主流」に——になっていますが、これに異を唱える経済学者も少なからずいるのだということです。気を付けていただきたいのは、こうした「主流対非主流」という構図があるからと言って、それが必ずしも固定的なものではないということ、すなわち、かつては非主流の考えとされていたものが主流の考え方になったり逆に主流の考えだったものが非主流に追いやられたりということがあるのだということです。別言すれば、経済学の常態は複数の競合的な諸パラダイム（☞コラム①「パラダイム」）の共存状態であり、それらのいずれかがある時期の支配的（主流派）パラダイムの地位を占めているにすぎないのです。経済学の歴史を一瞥するだけでもこういうことが分かるのであって、現代経済学の主流派の代表格たる人物が、基本的なところですら意見の対立があることを意図的に隠しつつ、これこそが経済学の唯一正しいあり方なのだと初学者に説明しようとしているという所以も、そうした観点から理解することが可能でしょう。

　本書は、上の教科書のように、経済学という学問を、過去のさまざまな考えが戦わされたなかで勝ち残り正しいことが証明された命題の集合として捉えるのではなく、いまだに競合する——そして時に補完もする——さまざまな考えに特徴づけられるものと捉えています。そのうえで、現在の主流の考えだけでなく、非主流的な考えをいくつかに類型化して（便宜的に「学派」と呼びたいと

思います）、その歴史的な成り立ちや展開、現代的意義を探究していこうと思います。上で「見取り図」という比喩を使いましたが、それに引き寄せて言えば、昔どこに川が流れていたかとかどこに寺社があったかとかの過去の地図情報を利用しながら立体的・重畳的に概要図を描こうという試みです。日常生活を送るには平面的な地図アプリで十分かも知れませんが、集中豪雨や地震など非常時に備えておくには、上のように過去がどうであったかを考慮に入れて作成された災害予測地図（ハザードマップ）が必要になることは言うまでもありません。現代経済も、シェアリングエコノミーやデジタル通貨の興隆、格差問題や環境問題の未曾有の深刻化など、大きな曲がり角を迎えています。こうした新たな問題に取り組むうえで役立つかも知れない考え方が、非主流に追いやられたものたちのなかに気付かれないままになっているのは余りに惜しい。こういう時代だからこそ、経済学についての時間軸も加えた立体的・重畳的な「見取り図」が重要になるのだと考えます。

　このようなアプローチをとる本書からすると、経済学とは何かという問いに対する答えは、冒頭で与えられる定義としてではなく、経済社会を理解し説明しようと——さらに、時には変革しようと——努めてきた多くの先人の知的格闘から帰納的に導かれるものとして、提示したいと思います（☞コラム④「演繹と帰納」）。近年隆盛する実験経済学で行われている経済ゲーム実験の多くは、かつてであれば経済学の範疇にあるとは思われなかったかも知れません。他方、かつて盛んに論じられた近代化というテーマは、今日開発経済学においてすら論じられることは稀になっています。こうしたことを念頭に、本書では出発点として定義を与えようとはしません。むしろ、そうした古今の問題群から構成される総体として、経済学という学問を捉えて欲しいと考えています。

● 方法に注目する

　今なお諸学派が競合しているものとして経済学を捉え、それらの生成や展開といった観点から経済学の歴史を提示することを目指す本書ですが、それにあたって最も注目するのが、経済学者たちが採用してきた研究の「方法」です。一般に、経済学史のテキストは、経済学者の理論体系、中心的な思想やヴィ

ジョン、あるいはそのライフ・ストーリーなどに注目します。これに対して、本書が「方法」に注目するというのは、抽象的でやや分かりにくいと思いますので――というのも、経済学では電子顕微鏡を使うとかモルモットを使うとかの、目に見えるような「方法」を意味するわけではないので――、説明をしておきましょう。

　上で、現代の主流派経済学は、経済学を「稀少な資源をいかに配分するか」を考究する学問と定義している、と紹介しましたが、これを例に取ってみましょう。この定義は、経済学の「方法」的定義の一つだと言われています。というのも、ここでいう「稀少な資源」とは水資源や原油といった天然資源だけでなく、欲望に対して十分な量が存在しないあらゆるものを指すからです。労働や資本はもちろんのこと、余暇とか権力とかでもいいのです。プロ野球のドラフトも有望な選手という「稀少な資源」を球団に配分する仕組みということになりますし、公立中学の学校選択制も人気中学の入学許可という「稀少な資源」を配分する仕組みということになります。とすると、この「方法」的な定義は、資源配分問題を解くべき問題として設定する、あるいは、社会における解くべき問題を資源配分問題として見る、ということを意味します。このように、学問の「方法」というものは問いの立て方そのものをあらかじめ左右する側面があるのです。経済現象を数量化して数学的に操作可能なかたちに落とし込むという方法をとるならば、数量化しにくいものは視野の外に置かれやすいことになりますし、社会経済についての説明を個人の合理的な振る舞いに求めるという方法をとるならば、国民性とか民族性とかといったものは主題化されにくくなるでしょう。

　こうしたことは、現代の主流派だけでなく、それとは異なるさまざまな「学派」についても、理屈のうえでは当てはまります。もちろん、歴史上のすべての経済学者が自らの方法に自覚的であったわけでもありませんし、まして、どのような方法を使うべきか（＝「経済学方法論」）を積極的に議論したわけでもありません。ですので、場合によっては、方法に関する主張を（さまざまな断片的な記述から）再構成する必要がでてきます。とはいえ、方法が設定する問題を左右するという観点は、本書を読むうえで重要なものですので、ここで強

調しておきたいと思います。さまざまな「方法」を知ることで、たとえ同じ対象でも——「価格」のような基本的な対象ですら——さまざまな問いの立て方があることに注目して下さい。

● 経済学とそれを生み出した時代背景との関係

　このように経済学の方法に注目するうえで、時代背景がもつ意味をどのように考えればよいでしょうか。経済学は社会科学の一種です。例えば、約250年前にアダム・スミスが経済学を「誕生」せしめた当時に眼前に見据えていた（しかもイギリスの）経済社会のあり方と、今日の経済社会のあり方とでは、大きく異なることは言うまでもありません。ですから、スミスの議論を精確に理解することはそれを産み落とした時代背景という文脈のなかで初めて可能になる、という考えは一理あります。しかし、だからといって、そうした過去の時代背景に条件付けられた議論は今日の経済社会を理解するうえでまったく無効である、というわけではありません。先のハザードマップの喩えにあるように、最先端の経済学では理解できないような危機的な状況に直面した際に、過去の経済学にそれを理解するヒントが隠されていることは往々にしてあるのです——例えば、2008年世界金融危機の際には、ノーベル経済学賞クラスの経済学者たちが、ジョン・メイナード・ケインズの書物にそれを解くヒントを求めました。が、方法という観点に注目するならば、過去の経済学の現代的意義はそれにとどまるものではありません。

　例えば、スミスは、眼前で勃興する資本主義社会を理解するために、そこに暮らす人々を地主・資本家・労働者という三つの「階級（クラス）」にグループ化したうえで、それぞれが社会のなかでどのような役割を果たすかという観点から、そのような社会の経済的ダイナミズムを理解しようとしました。このような方法は、リカードウによって確固たるものとされ、いわゆる古典派経済学という学派の大きな特徴となりますが、今日の主流派経済学ではそのような方法はほとんど忘れ去られていると言ってもいいでしょう。とはいえ、今日なおマーケティング会社が「顧客階層（クラス）」別のターゲット分類を用いてマーケティング戦略を練っているという事実からも、また社会学ではいまだに

階級という枠組みを使って社会を分析している事実からも、古典派の方法が今日まったく的外れになっているというわけではないことがわかります。

このように「方法」というのは、抽象的なもの、実際に経済を論じる以前の構えといったものであるが故に、現代経済学ではそうした方法を用いなくなっていたとしても、特定の時代や国を超えた有効性をもつものなのです。

● 本書の構成について

本書は3部構成です。各部はおおよそ独立していますので、必ずしも第Ⅰ部から順に読む必要はありません。

第Ⅰ部は、経済学生誕に先立つ古典古代からルネサンス期の経済認識を扱った第1章と、18世紀におけるヨーロッパ啓蒙思想のなかから経済学が生まれ落ちてゆく次第を扱った第2章という、対照して読まれるべき二つの章から成り立っています。今日「経済学の父」と呼ばれるスミスは、啓蒙思想家の一人であったわけですが、ここでは、社会のなかにすぐれて経済的な秩序を見出し、その後経済学が固有に研究対象としていく領域を指し示したものとして立ち現れます。別言すれば、古典古代からルネサンス期の知識人たちにとってそうした領域は未だ見出されざるものであったわけです。とはいえ、こうした経済学以前的な認識はすでに克服されたもの、過去のものと考えるべきではありません。例えば、古代ギリシャの思想は今日にも脈々と受け継がれ、経済学の有り様を批判的に捉える社会思想、政治思想の想源ともなっているからです。

第Ⅱ部は全5章からなり、それぞれの章は主題別に構成されています。ですから、必ずしも順に読んでいく必要はありません。第3章は、資源に対する人口圧力という主題を取り上げます。今日でも、「南」における低開発問題や世界的な環境問題といった諸問題は、**マルサス**という経済学者の名前と結びつけられています──しばしば「マルサス的な問題」とも呼ばれます──が、マルサスはもともとどのような方法によってその主題に着目し、取り組んだのでしょうか。第4章は、資本－労働という階級関係を軸に捉えられる、客観的な法則に則って運行するものとしての経済──資本主義経済──という主題を取り上げます。経済学史上資本主義批判で最も有名なのは**マルクス**ですが、マル

クスが自らの経済学研究で依拠するところが最も大きかったのが、リカードウ
でした。リカードウ自身は資本主義を批判したわけでありませんが、では、ど
のようなかたちでそのようなアプローチをとるようになったのでしょうか。

　第5章から第7章は、より直接的に「学派」とその特徴的な方法を取り上げ
ます。第5章では、オーストリア学派とその主観主義的方法です。第6章では、
歴史学派とその歴史的方法です。そして、第7章では、制度学派とその制度主
義的方法です。いずれの学派も過去のある時期ある場所では主流派の地位を占
め、経済学の歴史に大きな足跡を残しました。中心あるいは起点となる経済学
者は、メンガー、ロッシャー、ヴェブレンです。

　締めくくりとなる第Ⅲ部は、今日の主流派経済学に関わる主題を取り上げま
す。第8章は、経済学が陰に陽に依拠してきた「功利主義」という哲学的立場
を、第9章は、とりわけ20世紀以降の経済学の発展を支えてきた数学という
ツールを取り上げます。いずれの主題も、入門レベルの経済学においては——
当たり前すぎて——取り上げられることは滅多にないようです。しかし他方で、
これまで何度も「功利主義的だからけしからん」とか「数学的だからけしから
ん」とかのかたちで批判されてきたのが経済学でもあります。問題は、それら
の哲学的立場やツールが経済学にとってどこまで本質的かということであって、
それを起源に遡って考えてみます。

　残る第10章から第12章は、それぞれ、現代経済学のサブフィールドである、
マクロ経済学、ミクロ経済学、経済学方法論を取り上げます。いずれも、各サ
ブフィールドの史的展開を振り返った上で、現状に対する評価を与えます。第
Ⅲ部も必ずしも順序通り読んでいただく必要はありませんが、経済学方法論そ
れ自体を取り上げる第12章は、一度目を通していただいたうえで、その他の
章を精読するとより一層理解が進むのではないかと考えます。

● 本書の使い方

　以下の諸章での登場人物は、主として欧米の経済学者です。本書の構成上、
同一の経済学者が複数の章で登場することがありますので、巻末に「人名索
引」を置き、そこにその氏名の原綴りと生没年を記しています。また、この人

名索引に掲載されている人物については、各章の本文で登場した際、**ゴシック体で強調**しています。人物名を通じて、立体的に経済学の歴史が把握できるようにという仕掛けです。この「まえがき」という箇所でも、早速この方法を採用しています。

　欧米の経済学者を主な対象とするのは、経済学が欧米の知的伝統のなかで生成および発展してきた学問だからですが、実に幸運なことに、その著作の少なからずは日本語で読むことができます。巻末には、そうした文献──一部日本語以外の文献が含まれます──の一覧を「一次文献リスト」として掲げています。また、「一次文献リスト」に掲げられている文献が以下の諸章で言及される場合に、「📖」というマークを付けています。読者のみなさんには是非こうした「古典」と言われる文献を、手に取って見て欲しいと考えています[1]。また、各章にはコラムを配置して、その章の内容を理解するにあたって、重要なキーワードや留意すべき概念を簡潔に解説しています。ここでもまた、本書の構成上、同一のコラムが複数の章に関わってくることがありますので、コラムを参照して欲しい場合には、「☞」というマークを付けています。適宜参照して下さい。これらの方法も、すでに「まえがき」で採用しているものです。

　さらに、各章末には、主題毎にさらに深く学ぶための参考書や研究書のリストを掲載しています。以下のような観点から、ここでも2冊挙げておきたいと思います。「経済学史」「経済思想史」一般については、優れたテキストがすでにあります。しかし、本書のように方法という観点からアプローチしようというものはほとんどありません。が、だからこそ、そうした優れたテキストと本書をともに参照することによって、本書のアプローチの特徴を一層深く理解できるようになるでしょう。ですので、経済理論の観点から書かれたテキストと思想という観点から書かれたテキスト、それぞれ定評あるものを1冊ずつ挙げておきますので、参考にして下さい。

　以上のような仕掛けを有効に活用して、本書を使い倒して下さい。

1　とはいえ、日本語訳は必ずしも既存の邦訳に従ってはいない。出版からかなりの年月が経ったものもあり、本文では読みやすさを優先することとしている。

より深く学習したい人のための文献リスト（50音順）

三土修平『経済学史』新世社、1993 年。

八木紀一郎『経済思想 第 2 版』日本経済新聞社、2011 年（初版は 1993 年）。

目　次

コラム

第 I 部

経済学誕生への道程

第 I 部で登場する経済学者たち
上段左より、ポリュビオス、アウグスティヌス、マキャヴェリ
下段左より、ケネー、チュルゴ、アダム・スミス

第1章

経済学誕生以前の経済認識の枠組みはいかなるものであったか
――ポリュビオス、アウグスティヌス、マキャヴェリ――

中澤信彦

　通史形式の経済学史の教科書では、重商主義あるいは**アダム・スミス**から始まるものが圧倒的に多く、本書のように古代・中世から始まるものはかなり少ないのですが、それはいったいなぜなのでしょうか。

　古代ギリシャ・ローマ社会では倫理的・政治的共同体であるポリス（都市国家）ないし共和国での個人の政治的な自由・参加・独立が何より重視され、中世キリスト教社会では現世を来世での魂の救済のための準備期間と見る傾向がきわめて強かったことは、広く知られています。いずれにおいても、奢侈（ぜいたく）や商行為（利潤の追求）が、さらに富そのものまでもが伝統的に危険視あるいは蔑視されていました。そのようななかでも、経済生活についての知識あるいは経済現象を認識するための道具としての経済思想は、例えば**アリストテレス**の利子・貨幣論や**トマス・アクィナス**の公正価格論のようなかたちで存在していたものの、それらの知見は政治学・法学・哲学・神学など既存の学問の枠組みのなかで付随的・断片的に触れられるにとどまり、一個の独立した学問に統合されて経済現象の体系的な考察へと向かうことは結局ありませんでした。

　一個の独立した学問としての経済学の誕生時期については諸説ありますが、17-18世紀の重商主義の時代に経済現象の体系的な考察が模索され始め、やがてスミスの『国富論』（1776　）によって古典派経済学として本格的に確立された、とする見解が一般的です。重商主義あるいはスミスから始まる通史形式

の教科書が圧倒的多数を占めるのもそのためです[1]。では、さらに問いを進め
て、なぜ経済学は政治学や法学などと比べて学問としての自立がこんなにも遅
かったのでしょうか。

　その理由としてこれまでしばしば指摘されてきたのが、古代・中世における
商品経済（市場経済）の未発達です。その説明に従えば、15世紀末の「地理上
の発見（大航海時代）」以来、西ヨーロッパで商品経済が局地的制約性を脱却し
たことによって、経済学は一個の学問としての自立を志向し始め、やがて商品
経済が一般化し経済現象が政治や宗教などから独立した運動法則をもつにい
たった時と場所、つまり18世紀後半のイギリスで、その自立を完成させまし
た。言い換えれば、研究対象の構造変化——独立した運動法則と物象的な性[2]
格の獲得——それ自体が経済学という新しい学問の成立を可能・必要にした、
というわけです。**マルクス**は「ブルジョワ（市民）社会の解剖学」（『経済学批
判』序言 📖）としての経済学の批判的研究にその一生を捧げましたが、彼のよ
うに経済学を理解するなら、その研究対象である「ブルジョワ（市民）社会」
すなわち資本主義社会がこの世に誕生するまで経済学が誕生するはずがありま
せん。こうした説明には近代以降を近代以前（古代・中世）から截然と区別し
ようとする視点が前提とされています。

　しかし、西洋経済史研究の近年の成果は、こうした前提に疑問を投げかけて
います。産業革命期イギリスの国内総生産（GDP）年成長率は18世紀後半で
1％以下、19世紀初めの30年間も2％以下にすぎず、それは現代の目——1960
年代日本や2000年代中国の年成長率は約10％でした——からすれば、「革命」
という言葉からほど遠い緩やかなものでしたし、同時に、産業革命開始前のイ
ギリス経済はこれまで考えられてきたよりもずっと高い発展段階にあったこと
もわかってきました。他方、古代や中世も決して全面的な停滞期ではありませ

1　ただし近年ジェイムズ・ステュアートの『経済の原理』（1767 📖）に対する評価が、「重商
　主義の最後の体系」から『国富論』に先立つ「最初の経済学体系」へと改められつつあるこ
　とも、付言しておかねばならない。
2　物象的とは、人間が自らの活動の所産について、もともとの作者が自分なのを忘れて、む
　しろそれに拘束されてしまうこと。

んでした。古代ローマ時代に関しては、農業主体という古代経済の特性は認め
ながらも、共和政後期・帝政前期に経済成長というべき現象が見られたことを
主張する有力な研究が登場しています。さらに、11 世紀初頭から 13 世紀末に
至る時期は、西ヨーロッパの歴史でも特筆すべき経済成長の時代——いわゆる
「(中世) 農業革命」——であり、人口と農業生産の持続的な増大が見られた
ことが知られています (逆に 14-15 世紀は危機の時代)。つまり、近代以前と以
降とを截然と区別することがそもそも困難であり、経済成長を近代以降に固有
の現象として理解しようとする態度そのものに疑問が投げかけられています。
もっとはっきり言うならば、古代から現代に至る人類 (特に西ヨーロッパ) の
歴史は、幾度かの危機を途中ではさみながらも、超長期的に全体として見れば、
絶えざる生産性の向上に基づく経済成長の歴史でした。これこそが近年の西洋
経済史研究が明らかにしたきわめて重要な事実です。

　これらの事実を踏まえると、次のような問いが新たに浮かんできます。なぜ
「成長する経済」——あるいは「市場経済の発展」——という現象は古代・中
世において認識されず、近代においてようやく認識されるに至ったのでしょう
か。この問いは「成長する経済」という現象そのものに向けられた問いではな
く、現象の認識可能性の条件——「思考の集団的・習慣的・規範的な枠組み」
すなわち「パラダイム」(☞コラム①) ——に関する問いであり、方法論的な
性格を有する問いと言えるでしょう。

　そこで本章は、古代で支配的だった**ポリュビオス**の歴史世界像、中世で支配
的だった**アウグスティヌス**の歴史世界像、ルネサンス期を代表する**マキャヴェ
リ**の歴史世界像の検討を通じて、経済学誕生以前の経済認識のあり方を深いレ
ベルで規定 (制約) していた条件を明らかにします。最後に、17 世紀フランス
のアウグスティヌス主義における「悪の善への転化」という逆説的テーゼの登
場と、18 世紀イギリスにおける社会発展をめぐる 4 段階理論の登場について
簡単に紹介し、「成長する経済」を認識可能にするための枠組みが 17-18 世紀
に着実に整備されていった次第を約説します。

コラム①　パラダイム

　今や日常語として「思考の枠組み」の意味で使われているこの語は、「模範例」を意味するギリシャ語のパラデイグマを原語とし、「（言語学における）語形変化表」を意味するラテン語のパラディーグマを経て英語のパラダイムとなりましたが、一般にも広く知られるようになったきっかけは、科学史家**クーン**の著書『科学革命の構造』（1962 📖）です。

　クーンは同書の冒頭でパラダイムを（**アリストテレス**『自然学』、**ニュートン**『自然哲学の数学的諸原理（プリンキピア）』に代表されるような）「一時期の間、専門家に対して問い方や答え方のモデルを与える、一般に認められた科学的業績」と定義しています。既存パラダイムのなかで変則事例が出てきた場合、科学者はまず既存パラダイム内で解決を図りますが、変則事例の増大によって既存パラダイムの危機が深刻化すると、新パラダイムへのシフト（例：天動説→地動説）が起こる、と彼は考えました。また彼は、科学の歴史を累積的・連続的な発展でなく、パラダイムの断続的・非連続的な交替として捉え直しました。さらに、パラダイムがある特定の認識の仕方を科学者に強制すると同時にそれ以外の認識の仕方をブロックさせる性格を有することから、パラダイム間の優劣を判定する共通の評価基準が存在しないこと（通約不可能性）を強調しました。

　クーンは科学活動の特性を記述するための方法概念としてパラダイムを使用しましたが、それを思想史研究に導入し彫琢したのが現代を代表する思想史家ポーコックです。彼にとってパラダイム・シフトとは、既存の言語慣習構造の刷新（大がかりな読み替え）であり、本書第1章における「徳」から「マナーズ」への読み替えなどが、それに相当すると言えましょう。

（中澤信彦）

●古代（ポリュビオス）の歴史世界像①

　古代ギリシャ・ローマ時代は、美術や文学、ギリシャ哲学やローマ法、（アテネの民主政やローマの共和政などにおける）一般市民の能動的な政治参加など、近代ヨーロッパ社会の基礎（模範）となる文化や理念を生んだ時代として、一般に「古典古代」と呼ばれます。この時代には、天体は規則正しい円運動をするという仮説が時間観念と結びつき、円環的時間のもとで事物の流れを考える

大きな潮流がありました。その潮流は自然観のみならず歴史世界像にまで及び、歴史は繰り返す——「世界には始まりも終わりもなく本質的には同じことを幾度でも再現する」「円環のように始まりの点は終わりの点と一致する」——と考えられました。このような時間認識に基づいて初めて自覚的に「世界史」の理論を記述したのがポリュビオスです。

　マケドニアやローマの勢力に対抗してギリシャのポリスの独立を守ろうと苦闘していたアカイア同盟（ペロポネソス半島北部を中心としたポリス連合）の指導者の一人であったポリュビオスは、最終的にローマがマケドニアを破った第3次マケドニア戦争（前171–前168）でアカイア同盟がローマ側につく姿勢を明確にしなかったことの責任を問われて、終戦後に1,000人の人質の一人としてローマに連行されました。しかしそこでその人柄と能力が高く評価され、有力者スキピオ一族の知遇を受け、ローマ上流社会と接するようになりました。こうして彼はローマの実態をギリシャ人の目をもって観察する機会を得て、ローマが短期間に地中海世界の覇権を確立できた理由の分析をテーマとする主著『歴史』（紀元前2世紀📖）全40巻を執筆しました。それは、当時のギリシャ人やローマ人にとっての地理的な意味での「世界」の歴史を理論的に説明している点で、世界史記述の歴史の出発点に位置する理論的歴史書であるとともに、過去の知識から政治行動のための指針や教訓を引き出すことを意図した実用的歴史書でもありました。

　ポリュビオスの歴史理論で最も有名なのは『歴史』第6巻で展開されている「政体循環論」です。彼はアリストテレスの議論をほぼ踏襲して、政体（政治体制・政治機構）をまず統治者の種類によって君主政・貴族政・民主政に3区分し、さらにそれぞれの堕落した政体として僭主政・寡頭政・衆愚政がある、とします。また彼は「肉体であれ政体であれ行動であれ、すべてのものには自然な成長、その後にくる絶頂、そしてやがてくる衰亡がある」（『歴史』第6巻51・4）と述べ、どんなすぐれた政体も生物の生死と同様に長く続くと腐敗や制度の老朽化により必然的に堕落すると考えました。そして、これら六つの政体は「君主政→僭主政→貴族政→寡頭政→民主政→衆愚政→君主政」のように循環して推移すると主張しました。君主政は被支配者が自発的に一人のすぐれ

たリーダーを頂く体制ですが、代を重ねると悪化して、威嚇や暴力による独裁政治（僭主政）が行われるようになります。そこで、一人の支配は良くないということで打倒され、公正で賢明な少数者が国政に携わる貴族政へと移行します。だが、この体制もやがて自分たちの利益だけを優先する寡頭政へと堕落し、民衆の蜂起によって打倒されます。こうして多数者の意見を優先する民主政が成立しますが、この体制も時間の経過とともに烏合の衆の政治に堕し、衆愚政に陥ります。やがて名誉欲と財産をもつ一人の人間が民衆を動かして、自ら権力を掌握し、君主政が再建されます。そして政体の変化が一巡すると、次の新しい循環が始まります。このように彼は主張しました。

● 古代（ポリュビオス）の歴史世界像②

　ポリュビオスはこの理論に基づいて、ローマにおける前代未聞の成功の謎を解き明かそうとします。彼によれば、諸々の単純政体は不安定で変遷を繰り返すものであるのに、ローマの政体は君主政的要素である執政官、貴族政的要素である元老院、民主政的要素である民会が混合され、三者がそれぞれに抑制しあいながら、そこに均衡が生まれるように構成されています（混合政体）。そのことによってローマは政体循環の輪から一時的であれ抜け出して、国内政治の安定と対外的発展を作り出すことができました。しかし、この混合政体が政体循環という法則に抗した人間の作為の所産である以上、結局これもまたいずれ堕落への道をたどることを回避できません。繁栄がもたらす金銭欲と権力欲は有力者のみならず民衆をも侵し、ローマの共和政は結局のところ最悪の政体である衆愚政へと転落することになるでしょう。このように彼は古代的な循環的時間に基づく歴史世界像を導きの糸として共和政ローマの衰退を予測しました。実際、それから半世紀ほどたって**キケロ**の頃になると、ローマの共和政は滅亡の危機に瀕していました（初代皇帝アウグストゥスの即位は前 27 年）。

　ポリュビオスにとって、政体の循環は国家が通過しなければならない自然な循環であったものの、循環の輪から一時的であれ抜けだす方法が提示されていた以上、彼はそれを生物の生死のような自然の摂理としてよりも、望ましからぬ有害な運命として、実質的に捉えていました。運命と人知との関係について、

図 1-1　「運命の輪」を回す女神フォルトゥーナ
（ボッカチオの書籍の挿絵より。フランス 1467 年頃）

彼は一方で「人間である以上、その原因を理解するのが不可能あるいは困難な事象はたしかに存在するから、それらは人知の及ばないものとして、原因を神や運命に帰するのも無理はなかろう」（同第 36 巻 17・2）と述べていますが、同時に「時機というものを理解できず、ものごとの原因や経過を正確に見て取ることのできない者は、それが素質の低さによるにせよ、経験の不足や注意力の欠如によるにせよ、明敏な精神が理知と洞察を用いて成し遂げたことを、神や運命がはたらいた結果として判断してしまうものだ」（同第 10 巻 5・9）とも述べています。運命の力を認めることは、決して人知の無力さを意味しません。人間は、とりわけ政治家たらんとする者は、全力をあげて運命と対峙し、いついかなるときでも人知の範囲で最前を尽くさねばなりません。「歴史から学ぶということは公的活動にとっての最も正しい意味での教育であり、訓練なのです」（同第 1 巻 1・2）。ポリュビオスの『歴史』が政治を志す者に対しての実用的歴史でもあった理由がここにあります。

　運命はギリシャ神話ではテュケ、ローマ神話ではフォルトゥーナ（英語のfortune の語源）という名の女神として表象されました。この運命の女神は「運命の輪」（図 1-1）を管理しており、気まぐれにその輪を回して地上の人々にアトランダムに幸運を与えますが、本質的に創造的でありません。運命の女神に支配される世界において、変化とは時間の流れにおける不安定性・予測不可能

性にほかならず――それはいかなる国家も有限の生命しかもたない（いずれ腐敗・堕落・死滅する）ことを含意しました――、そこに新しいものの創造という意味での成長や発展は明示的にも暗黙的にも含まれようがありませんでした。つまり、古代で支配的だったポリュビオスの歴史世界像は、歴史の変動要因としての「成長する経済」「市場経済の発展」の認識可能性をはなから閉ざす強力な先行パラダイムとして機能せざるをえなかったのです。

● 中世（アウグスティヌス）の歴史世界像①

　1世紀初頭にローマ帝国支配下のパレスチナで成立したキリスト教は、はじめローマ帝国の激しい迫害を受けました。それはキリスト教徒がローマ帝国の皇帝崇拝と多神教を拒否したためですが、迫害にもかかわらずキリスト教は帝国全体に拡大を続けました。これを禁止すれば帝国の統一が維持できそうにないと考えた皇帝は懐柔策に転じ、313年にそれを公認し、392年に国教化しました。しかし国教化からわずか3年後の395年にローマ帝国は東西に分裂し、さらに続くゲルマン民族の侵入などにより、476年に西ローマ帝国は滅亡します。一方、東ローマ帝国は1453年にオスマン帝国によって滅ぼされるまで、千年以上も生き永らえました。ヨーロッパ史における中世とは一般にローマ帝国の分裂から東ローマ帝国の滅亡までの約千年間を指します。

　中世西ヨーロッパ世界の基盤をなすのは、ゲルマン・ローマ・キリスト教の3要素の結びつきです。西ローマ帝国が衰退に向かいつつあるなか、ゲルマン人たちは部族ごとに国を作りましたが、フランク王国が他のゲルマン人国家を征服してやがて西ヨーロッパを統一します。西ローマ帝国滅亡後、ローマ教会は新たな政治的保護者をゲルマン人に求めてフランク王国に接近し、キリスト教正統派（アタナシウス派）への改宗に成功し、両者の結びつきが強まります。その後、フランク王国に最盛期をもたらしたカール大帝が登場し、800年にローマ教皇から西ローマ皇帝の称号を授かります。ここに先の3要素が結びつき、世俗世界を（ゲルマン人の）西ローマ皇帝が支配し、精神世界をローマ教会が指導するという、中世西ヨーロッパ世界の基本構造ができあがりました。フランク王国分裂後、西ローマ皇帝の称号は東フランク王国の国王によって継

承されました。それが神聖ローマ帝国（962-1806）です。帝国の中心がローマではなく現在のドイツにあたる東フランクにあるこの中世のローマ帝国は、実体としてではなく理念としてローマ帝国を継承しました。

　アウグスティヌスはローマ帝政末期にキリスト教の正統教義の確立に大きく寄与した神学者・哲学者です。北アフリカに生まれた彼は、一時マニ教に帰依していましたが、386年に決定的な回心を得て、キリスト教とともに生きていくことになります。主著『神の国』（413-26□）全22巻は、ローマ帝国の衰退——具体的には410年の西ゴート族によるローマ陥落——はキリスト教の国教化に起因するという異教徒からの非難の声を反駁するために執筆された、時論的性格を有する護教の書ですが、それにとどまらずキリスト教的な歴史理解を最も典型的に表現した古典となりました。その救済史的な歴史世界像は中世を貫いて受け継がれました。

●中世（アウグスティヌス）の歴史世界像②

　アウグスティヌスによれば、歴史には明確な始まり、終わり、目的があります。歴史は神がこの世界を創造した時に始まり、人類の歴史はアダムが自由意志を乱用したために原罪を背負うことになった時に始まります。人間の本性はアダムの堕罪によって決定的に損なわれて、それは人類という子孫全体に伝播していると彼は理解します（いわゆる「原罪遺伝説」）。そして、人類の歴史を貫くのは、原罪を背負って謙虚に神ないし隣人への愛に生きる信仰者の集団である「神の国」と自己を誇って高慢に自己愛に生きる不信仰者の集団である「地の国」との対立です。この二つの国（立場）は、歴史のなかで、あるいは一人の人間のなかで混じり合って抗争しており、その抗争が歴史や人間を動かす普遍的な原理なのです。歴史とは信仰と不信仰の抗争の場であり、キリストの再臨によって「神の国」が勝利し人類が救済された時に歴史は終わります。「神の国」には「もはやいかなる悪もなく、いかなる善も隠されない。……そこにはまた、誤りやおもねりによる称賛はなく、真の栄光があるであろう。真の名誉がそれにふさわしいすべての人に与えられ、ふさわしくないすべての人に与えられないであろう。それにふさわしくない者はそこに入ることが許され

ていないのであるから、その者はどんなに望んでも得られないのである。そこには真の平和があるだろう」（『神の国』第22巻第30章）。歴史の原動力は神の意志（摂理）の貫徹であり、その目的は神による人類の救済です。歴史において神は人間を救いへと導くために働いています[3]。そこから、運命とは神の摂理にほかならず、神ならぬ人間が運命と対峙してそれを克服しようとするのは不可能であり、むしろ人間は摂理の理解に努め、理不尽に見えようとも運命を甘受する（不幸を耐え忍ぶ）べきである、という運命についての古代とは対照的な見解が導き出されます。現世は来世での魂の救済のための準備期間・試練の場所であり、来世で魂の救済を得ることが現世での人生の真の目的となります。此岸的世界を真の世界と見なした古代と対照的に、中世キリスト教社会では此岸的世界はいかにその表面を糊塗しようとも本質的に罪に汚されており、彼岸的世界こそが真の世界である、と見なされました。現世に発生したいかなる（不幸な）事象も、原罪を背負った人間の罪深い行動と関連づけられ、「神の国」の最終的勝利という観点から意味づけられます。例えばアウグスティヌスは、国家は堕落した人間の自己愛（支配欲）に基づく卑しいもの──したがって原罪以降に存在するようになったもの──であり、堕落した世界において最低限の秩序を維持するための必要悪にすぎず、それが正義を欠くならば「盗賊団」（同第4巻第4章）にも等しい、とまで言い放ちます。また、ローマ陥落ですらも「神の国」の最終的勝利に向かって進展する壮大な救済史のなかの1コマにすぎず、実際彼はそれをローマの道徳的堕落による自業自得に帰したのです。

　このようなアウグスティヌスの歴史世界像の時間認識は、古代の循環的なそれとまったく対照的に、創造から終末へと向かう1回限りの直線的なものです[4]。実際彼は次のように述べて、古代の循環的な時間認識をきっぱりと退けています。「宇宙全体が時代の周期的循環のなかで常に同じ姿に新しくされ、

3　後述するように、歴史が神に導かれているという認識は、歴史は循環するものでなく一方向に発展するものである、という見解と結びつく。

4　ただし、始点と終点が明確に定められている点で直線的よりも線分的と表現するほうが、不可逆的という点でベクトル的と表現するほうが正確だろう。

反復され、そのようにして過ぎ去って現れる時代の回転が休みなく続くのだ、と〔古代の〕哲学者たちは主張した。……しかし……我々はこんなことを信じてはならないのである。……循環のなかにあると彼らが思っているものは、彼らの生ではなくて彼らの誤謬の道、偽りの教えなのである」（同第12巻第14章）。ここに、歴史とは神による天地創造という始点から「神の国」の最終的勝利という終点に向かって上昇的に発展していく過程にほかならない、という進歩史観の端緒を見て取ることも可能かもしれません。しかしながら、彼にとって進歩はたった一つ、「神の国」の最終的勝利しかありません。しかもそれは神の意志（摂理）によってのみなしとげられます。本質的に罪に汚されている現世（此岸的世界）において人間が合理的な努力を積み重ね、その変化が持続し累積されていき、進歩や発展が生み出される、という理解は彼には微塵も見られません。そうである以上、彼の歴史世界像が、歴史の変動要因としての「成長する経済」「市場経済の発展」の認識を可能にする枠組みとして実際に機能することは、そもそもありえませんでした。

●ルネサンス期（マキャヴェリ）の歴史世界像①

　14-16世紀にイタリアの諸都市で始まりやがて西ヨーロッパ全体へと広がった、古典古代の学問・知識の復興を目指す文化運動は、一般にルネサンス（フランス語で「再生」「復活」の意）と呼ばれます。ルネサンスと聞いて私たちの脳裡に真っ先に浮かぶのはレオナルド・ダ・ヴィンチの『モナ・リザ』やミケランジェロの『ダビデ像』などの美術作品かもしれませんが、ルネサンスそれ自体は、美術にとどまらず建築・文学・哲学など多方面にわたる、全ヨーロッパ的な文化運動でした。この運動の基本的思想は、長らくヨーロッパの主流であった唯一神と来世を中心とする思想に代わって、キリスト教以前のギリシャ・ローマの古典研究を通して人間のありのままの姿や行動を積極的に肯定しようとするもので、「人文主義（ヒューマニズム）」と呼ばれます。時期的に見ると、ルネサンス期は中世から近代への移行期にあたり、果たしてそれが近代の始点をなすものだったのか、それとも中世の延長線上にあったものなのかについては、今日でも多くの歴史家の間で議論が続いています。いずれにせよ

ルネサンス期が、古いものと新しいものとが抗争しながら近代ヨーロッパが次第に形成されてゆく、一大転換期であったことは間違いありません。

　ルネサンス期のイタリア半島は、統一国家としての体をなしておらず、フィレンツェ共和国、ヴェネツィア共和国、ミラノ公国、ローマ教皇領、ナポリ王国などの小国が乱立し抗争を繰り広げていました。北イタリアのトスカナ地方の中心都市フィレンツェは、毛織物業と金融業で繁栄し、表向きは共和政をとっていましたが、実質的には金融財閥のメディチ家の統治下にありました。そのメディチ家の財により、先のダ・ヴィンチ、ミケランジェロら芸術家や人文主義者（ヒューマニスト）が多数保護され、フィレンツェはルネサンスの文化的な中心地となりました。マキャヴェリが活躍したのは、まさにこのルネサンス最盛期のフィレンツェでした。

　フィレンツェの没落貴族出身で経済的に決して裕福でなかったマキャヴェリは、幼少からラテン語を学ぶなど人文主義的な教養を積みました。1494年にメディチ政権が崩壊すると、修道士サヴォナローラが政権を握り、厳格な神権政治を展開しましたが、1498年にそのサヴォナローラがローマ教皇から破門され異端者として処刑されると、有力貴族出身のソデリーニが実権を握りました。マキャヴェリはこのソデリーニを首班とする共和政権下で第二書記局長に登用され、小国が乱立し抗争しあう政治的混乱状況のなかで外交・軍事の実務に携わりました。1512年、メディチ家の復帰により失職し、新しいメディチ政府への陰謀に加担したという誤った嫌疑をかけられて投獄されました。翌年に恩赦により釈放された後は、著述活動に専念し、『君主論』（完成1516、公刊1531 📖）、『ディスコルシ（ティトゥス・リウィウスの最初の10巻についての論考）』（完成1517、公刊1531 📖）など多くの著作を残しました。前者は中世の「君主の鑑」論の知的伝統、後者は古典（**リウィウスの『ローマ建国史』**）の解説という人文主義的スタイルをそれぞれ踏襲しています。彼にとって最も切実な課題は、政治的混乱の最中にあるイタリアに安定した政治秩序をいかに創出（回復）するか、ということでした。この課題に応えるべく、彼は古典古代の諸事例や彼自身の経験や観察に基づいて、『君主論』で傑出した政治指導者の条件（人間論）を論じ、『ディスコルシ』で理想的な政体を論じました。

● ルネサンス期（マキャヴェリ）の歴史世界像②

　『君主論』は、当時のイタリアの混乱を救うには、強力な独裁君主による国家統一が必要であるとして、その君主がいかに（目的合理的に）行動すべきか、その規準について論じています。同書全体を貫く方法的立場は徹底した「現実主義（リアリズム）」です。「私の狙いはそれを読む人にとって有益な事柄を書くことであり、したがってそれについて想像よりも事柄の現実の真理に即するのが適切と思われる。多くの人々は実際見えもしないし、知覚されもしない共和国や君主政を頭に描いている。しかしながらどのように生きているかということと、どのように生きるべきかということとは非常にかけ離れている」（『君主論』第15章）。このように彼は『君主論』が理想的支配者の道徳的特性を扱った「君主の鑑」論の知的伝統と一線を画していることを宣言し、政治的判断・行動を理想・道徳から切り離し、君主は徹底的に現実に即して判断し行動するべきであるとする現実主義の立場を説いています。

　マキャヴェリのこのような方法的立場の背景には、彼の性悪説とも言うべき人間本性理解があります。「人間に関しては一般的に次のように言いうる。……人間は恩知らずで気が変わり易く、偽善的で自らを偽り、臆病で貪欲である。……人間は恐れている者よりも愛している者を害するのに躊躇しない。なぜならば好意は義務の鎖で繋がれているが、人間は生来邪悪であるからいつでも自己の利益に従ってこの鎖を破壊する」（同第17章）。ここに赤裸々に描き出されている利己的欲求を大胆に追求するありのままの人間は、古代世界で理想とされたホモ・ポリティクス（ゾーン・ポリティコン、政治的人間）とも、中世世界で理想とされたホモ・スピリチュアーリス（霊的人間）とも異なる、明らかに新しい型の人間であり、（自己を世界の中心とし、自由意志をもって世界に働きかけ、個人的欲望を充足させていく）近代的人間たるホモ・エコノミクス（☞コラム⑦「経済人」）の最初の原型と見なせるかもしれません。

　マキャヴェリの生きたルネサンス期には、神の摂理が世界を支配するという中世的な信仰は薄れ、これに代わって、動揺つねなき現世を支配しているのは（前述した）気ままな運命の女神（フォルトゥーナ）であり、その運命の女神は

倫理的徳性（ヴィルトゥ）――ラテン語のヴィルトゥス（男らしさ、雄々しさ）を語源とする――を有する男に対して微笑む（栄光をもたらす）、という古典古代的な言語慣習――これを堤林剣は『政治思想史入門』*のなかで「運命－徳パラダイム」と名づけました――が復活し、運命の女神に対抗する人間の自由意志が再び強調されるようになりました。このような自由意志への高い評価が、人間は自由意志によって罪深い存在になったというアウグスティヌスの教説と鋭い対照をなしていることは言うまでもありませんが、『君主論』の議論で最も着目すべきなのは、マキャヴェリが「運命－徳パラダイム」に依拠しながらヴィルトゥという言葉に対して重要な意味転換を行っていることです。

　現実社会の変動を左右する運命の偶然を意味するフォルトゥーナは、人の力を越えた自然の摂理に近く、『君主論』でもこのような意味で用いられているものの、そのフォルトゥーナを人間のヴィルトゥによっていかに操作していくかのほうに、議論の力点が置かれています。マキャヴェリは、政治を実際に動かしている根源的な力を、ありのままの人間の本性と政治状況を把握して決断し実行していく「力量」に求め、それをヴィルトゥと呼びました。彼は先の現実主義の立場に基づいて、ヴィルトゥという言葉の意味の中軸を（倫理的・道徳的な）「徳性」から（伝統的な倫理観・道徳観に拘束されずにフォルトゥーナを果敢に操作する）「力量」へと大きく転換させたのです。そして彼は、フォルトゥーナは完全に一人歩きをしているのではなくて、果敢な人がヴィルトゥを発揮すればある程度操作可能であり、そこに人間の自由がある、と考えました。「人間の自由意志は消滅せず、したがって運命は我々の行為の半分を裁定するが、他の半分、あるいは半分近くは我々によって支配されているとみるのが正しいと私は考える。……運命は女神であり、それを支配しておこうとするならば打ちのめしたり突いたりする必要がある……。運命の女神は冷静に事を運ぶ人よりも果敢な人によく従うようである」（同第25章）。それゆえにヴィルトゥこそが君主たる者に必要な資質であると彼は考えたのです

　このようなヴィルトゥの意味転換には、倫理的・道徳的であることが必ずしも常に秩序を維持してゆくのに合理的であるわけではない、というマキャヴェリの現実主義に基づく冷徹な政治観が典型的に表現されています。彼によれば、

君主は狡猾なキツネと獰猛なライオンの資質（知恵と力）をもたねばならず、大衆から愛されるよりも恐れられることが何より重要です。君主が「慈悲深く、信義に厚く、人間性に富み、正直で信心深く見え、そうあるのは有益である。しかしそうでない必要が生じた時にはその正反対の態度をとることができ、そうする術を知るように、自らの気質をあらかじめ作り上げておくことが必要である」（同第18章）。したがって、彼の政治観には一般に「マキャヴェリズム」として知られている「目的のためには手段を選ばない権謀術数主義」が含まれていないわけではありません。しかし、彼は伝統的な道徳を全面的に拒絶したわけでなく、「必要が生じた時」におけるヴィルトゥの重要性を説いているにすぎず、必要でない場合には伝統的な道徳を尊重すべきだとも考えています。そうであれば、『君主論』の柔軟性に富んだ豊饒な思想内容を「マキャヴェリズム」という言葉で代表させて、彼に「悪の教師」のレッテルを貼るのは、あまりにも乱暴かつ粗雑な理解であると言えるでしょう。

●ルネサンス期（マキャヴェリ）の歴史世界像③

　もう一つの主著『ディスコルシ』において、マキャヴェリは（名前は挙げないものの）ポリュビオスの政体循環論に依拠しつつ、理想的な政体を古代ローマに求める議論を展開しています。ローマの成功の原因を発見できるならば、それを手本として繰り返すことができる、と彼は考えました。「慎重に法律を作り上げようとするほどの人なら……最初の三つの、よき政体のもつ性格のどれをも含んだ一つの政体を選び、それを最も堅実で安定した政体だと判定するのである。そのわけというのも、同じ都市のなかに、君主政、貴族政、民衆政があれば、お互いに牽制しあうからである」（『ディスコルシ』第1巻2章）。君主政、貴族政、民主政の混合政体である共和政が最もすぐれた政体であるのは、共和政であれ君主政であれ、政治的指導者のヴィルトゥこそが一国内の秩序の確立と維持にとって本質的に重要であり、混合政体こそがヴィルトゥを有する政治的指導者と市民（国民大衆）を継続的に輩出できるような法律制度（軍事制度・教育制度を含む）と最も適合的である、と彼が考えたためです。「ローマ人民がその広大な版図を手に入れることができたのも、彼らのヴィルトゥとい

うよりは 運 がよかったからにすぎないという考え方は、最大の歴史家プル
タルコスをはじめとして、多くの学者が抱いていたものだった。……この私は、
どうしてもこの意見に賛成する気になれない。……ローマ人と同じように行動
し、かつローマが有していたヴィルトゥと同じようなヴィルトゥを備えている
君主ならば誰でも、ローマが掴んだような運のよさを掌中にしうるはずであ
る」（同第2巻2章）。変転極まりないフォルトゥーナを人間のヴィルトゥに
よっていかに操作していくか、という彼の基本的な問題図式は、『君主論』と
『ディスコルシ』の両方に共有されていました。彼にとって社会変動は、アウ
グスティヌスが説いたような神の摂理によって引き起こされるものではなく、
徹頭徹尾世俗の次元の問題でした。

　また、マキャヴェリはポリュビオスの古代的な循環的時間観念に依拠しつつ、
「人の世は流転してやまないもので、［はじめは］上昇線をたどるものの、［後
の世ともなると］しだいに落ち目になっていく。……いったいに、世の中とい
うものは、いつの時代になってもそうそう変わるものではなく、良い点も悪い
点もさしたる変動はありえないものだ」（同第2巻はしがき）と述べ、人間がど
うあがこうと自由や繁栄は永遠に続かない、という見解を示しました。しかし、
そこに諦念や無常観を読み込み過ぎてはなりません。循環的時間観念は、イタ
リアにおける国家統一と秩序回復を最も切実な課題としていたマキャヴェリに
とって希望の光でもありました。なぜなら、「たとえ完璧な敗北を喫しても、
運命は敗戦による損失を取り戻すための機会を幾度でも与えてくれる」（『歴
史』第10巻33・4-5）とポリュビオス自身が述べているように、イタリアが目
下陥っている無秩序の極みは、決して永遠に続かず、むしろ将来における
（再）上昇を予見させるものとして理解可能だったからです。

●ルネサンス期（マキャヴェリ）の歴史世界像④

　それでは、以上見てきたようなマキャヴェリの人間観・歴史社会観は、歴史
の変動要因としての「成長する経済」「市場経済の発展」の認識を可能にする
枠組みとして機能できたでしょうか。彼の生きたフィレンツェにおける商業の
発達にもかかわらず、彼はそこに何ら肯定的なものを見出せませんでした。

「成長する経済」「市場経済の発展」は、彼の目には、市民における無用な富や奢侈として現前し、市民間に経済的不平等をもたらして共和国の自由を掘り崩す危険——運命の女神の気まぐれの産物——として認識され、彼としてはその危険をヴィルトゥによって断固として撥ね退ける以外にありませんでした。その危険に対して彼が下した結論は、「自由な市民生活を立派に秩序づけるために、最も大切なことは市民の清貧を守らせることだ。……清貧は財産［豊かさ］よりもはるかに立派な結果を産む」（『ディスコルシ』第3巻第25章）というものでした。彼が歴史の変動要因としての「成長する経済」「市場経済の発展」の認識にまったく至らなかったわけではないのですが、それはあくまで共和国の自由を掘り崩して繁栄から衰退へと向かわせる否定的な要因でしかありませんでした。このような認識上の制約は、彼がポリュビオスの歴史世界像（およびそこに含まれる循環的時間観念）を基本的に継承していたことに起因すると言えるでしょう。

　マキャヴェリの奢侈や富に対する一貫して否定的な態度は、彼の人間本性理解にも深い刻印を残しました。彼は『君主論』で利己的欲求を大胆に追求するありのままの人間を描き出しましたが、その人間は、君主であれ一般国民であれ、奢侈や富の享受を目的とする経済的な人間ではありませんでした。彼が肯定する自己利益の追求とは、政治的な人間による権力や名誉の追求でした（この点は肯定の度合いこそ異なりますがアウグスティヌスと同じです）。彼の視界に政治的秩序とは異なる経済的秩序はまったく映っていませんでした。彼の称賛するヴィルトゥを有する人間が、近代的人間たるホモ・エコノミクスの「最初の原型」でしかなかった所以がそこにあります。

● 経済学誕生への胎動——17-18世紀における「成長する経済」の発見

　ここまで本章では、ポリュビオス（古代）、アウグスティヌス（中世）、マキャヴェリ（ルネサンス期）の歴史世界像のいずれもが、歴史の変動要因としての「成長する経済」「市場経済の発展」の認識を妨げる先行パラダイムとして機能してきた次第を確認してきました。ルネサンス期以後、17世紀から18世紀にかけて、西ヨーロッパではそうした認識を可能にするための枠組みが着

実に整備されていき、経済学という新しい学問が産み落とされるわけですが、ここで強調しておきたいのは、そうした認識枠組みの整備が先行パラダイムの全面的拒絶・放棄ではなく、マキャヴェリが「運命‐徳パラダイム」に対して行ったような読み替え——沿いつつずらす——に基づいていたという点です。胎動期の経済思想家たちは、馴染み深く心に強く作用する言い回しをうまく利用・操作することによって、効果的に人々の意識（商業観・経済観）を変容させようとしたのです。こうした読み替えの具体的な有り様は、17世紀フランスと 18 世紀スコットランドにおいて顕著に見て取れます。

　オランダの神学者ヤンセンの著書『アウグスティヌス』（1640）の影響により、17 世紀にフランスを中心としてジャンセニスム（ヤンセン主義）と呼ばれるキリスト教思想が流行しました。神の恩寵と人間の自由意志（あるいは努力）の関係をめぐって、ジャンセニスムは原罪説に由来する人間本性の罪深さと無力さを強調し、神の恩寵なしでは人間は救済されない、とアウグスティヌスの原点（恩寵主義）への回帰を唱えましたが、そのために人間の自由意志を強調するようになったカトリック教会から異端的とされました。しかし、ジャンセニスムの厳格なアウグスティヌス主義は、人間の根源的な弱さを暴こうとするその悲観的な姿勢のゆえに、自己愛に突き動かされるありのままの人間の姿を、すなわち、マキャヴェリのように権力や名誉でなく奢侈や富の享受によって世俗の幸福を求める生身の人間の姿を的確に捉えることができたのです。ここから、人間社会はひたすら自己利益を追い求める経済主体の剥きだしの自己愛がぶつかりあう社会である、との認識が導き出されたのです。そしてさらに、自己愛（悪）に支配された人間からなる社会が必ずしも混沌に陥ることなく秩序（善）を維持できているのはなぜか（悪の善への転化）、という逆説的テーゼも導き出されました。このようにして新しい含意を獲得したアウグスティヌス主義は、市場という自己愛の抑制装置の発見によって社会を経済的なメカニズムとして描いた**ボワギルベール**、個人の欲望追求活動（私悪）こそが経済発展（公益）の原動力であることを説いて利己心の解放を求めた**マンデヴィル**ら胎動期の経済思想家たちにとっての、主要な思想的源泉となりえました。

　また、18 世紀イギリスでは「運命‐徳パラダイム」のかなり大がかりな読

み替えが行われました。すでにマキャヴェリが行った読み替えにおいていくぶん示唆されていましたが、商業社会の成長に不可避に随伴するさまざまな現象——財政、金融、貿易、信用紙幣、国債、官僚制、常備軍など——が、新しいフォルトゥーナ——統治者と被統治者を腐敗（徳の喪失）へと導く可能性のある危険なもの——として人々に認識されるようになりました。商業活動が活発化し、社会変動が激しくなるなか、改めて社会の変化を理論化する必要が生じてきたのみならず、そのような変化を受けて、人々の公共精神の行方——「商業の興隆は徳の喪失を意味しないか」——についての関心も高まりました。商業社会擁護派は、〈商業の成長→（古い政治的・軍事的な）徳の終わり〉という旧来の図式に拘泥せず、〈商業の成長→（新しい経済的・社会的な）徳の始まり〉という新しい図式を——旧来の図式の「放棄」ではなく「読み替え」を通じて——提示して、商業社会の明るい面に人々の目を向けさせました。その新しい徳、すなわち経済的・文化的能力の増大は、マナーズ（作法・習俗・生活様式）と呼ばれました。スコットランドの啓蒙思想家たちは、イングランドとの合邦（1707）後に急激な社会変化を示すようになったスコットランド社会を眼前にして、マナーズに即して人間と社会の歴史的発展の段階的差異を理解しようとしました。[5]その代表的な見解が、社会は「狩猟→牧畜→農業→商業」という連続する諸段階を通して発展するという4段階理論ですが、その最初の提出者の一人が「経済学の父」スミスだったのは決して偶然ではありません。彼はこの理論によって「商業社会」の概念を獲得し、「商業社会には不平等は存在するが、最底辺の人間でさえも平等な未開社会［狩猟段階］の人間よりは富裕であるのはなぜか」という『国富論』の最も中心的な問いの一つへと導かれていったのです。それと同時に、これまで常にモデル視されてきた古典古代の社会は、4段階のうちの農業段階に位置付けられ、過去のすでに乗り越えられた段階として相対化されるとともに、中世において線分的でしかなかった時間のとらえ方（注4参照）は直線的なそれへと拡張され、進歩の歴史観が確立されました。すなわち、「成長する経済」「市場経済の発展」は歴史の変動要因

5　後にマルクスは生活様式ではなく生産様式の発展を問題にするが、それは19世紀後半のことになる。

としての確固たる地位をようやく手に入れることができたのです。

より深く学習したい人のための文献リスト（50音順、＊は本章内で参照されている書籍）

＊堤林剣『政治思想史入門』慶應義塾大学出版会、2016年。

　J.G.A. ポーコック『徳・商業・歴史』田中秀夫訳、みすず書房、1993年。

　J.G.A. ポーコック『マキァヴェリアン・モーメント——フィレンツェの政治思想
　　と大西洋圏の共和主義の伝統』田中秀夫・奥田敬・森岡邦泰訳、名古屋大学出
　　版会、2008年。

　R.L. ミーク『社会科学と高貴ならざる未開人——18世紀ヨーロッパにおける四段
　　階理論の出現』田中秀夫監訳、昭和堂、2015年。

　米田昇平『経済学の起源——フランス　欲望の経済思想』京都大学学術出版会、
　　2016年。

第2章

経済秩序はいかに認識されるようになったのか
—— ケネー、チュルゴ、スミス ——

松本哲人

　経済学は、1776 年に**アダム・スミス**が『国富論』（□）を出版することにより誕生したとよく論じられます。それでは経済学の誕生とは何を意味するのでしょうか。それは、スミスによる『国富論』の執筆及び出版が経済学を一つの科学として独立させたことだけでなく、『国富論』が経済秩序の理論的認識、言い換えれば、経済システムの仕組みを論じていることから経済学が生誕したと考えられているのです。しかし、経済秩序をスミスが突然、「発見」したのでしょうか。決してそんなことはありません。スミスは、同時代のフランス人経済学者との議論を通して、それまで彼自身が考えていた経済秩序の認識を完成していくことができたと言われています。

　スミスは、1764 年 3 月から 1766 年 10 月まで貴族の家庭教師として大陸旅行に付き添っています。当時、貴族がグランド・ツアーと称し、見聞をひろめるために大陸旅行に行くことがよくありました。スミスは、その家庭教師として 1765 年 12 月から 1766 年 10 月までパリに滞在しています。その時に、親友でパリに滞在していた**ヒューム**の紹介で**ケネー**や**チュルゴ**といった経済学者たちと知り合い、議論したことが伝えられています。特に『経済表』を執筆したケネーとの議論から、スミスは経済秩序の理論的認識に関連する部分を学び、『国富論』執筆のヒントを得たと言われています。また、チュルゴはスミスと同じように、ケネーからヒントを得つつも、ケネーを批判し、独自の経済秩序を論じました。それではケネーはどのようにして経済秩序を理論的に認識し、

チュルゴやスミスはそれらをどのように摂取、展開し、発展させたのでしょうか。

　本章は最終的に、いかなる意味において経済学の生誕がスミスによってもたらされたのか、つまり、経済秩序がいかに理論的に完成されたのかを明らかにします。そのために、まず経済秩序を発見したケネーが、直接の批判対象としたフランスの重商主義を概観し、フランスにおける重商主義の歴史的成立過程と重商主義政策の失敗が最終的にフランス革命に繋がることを確認します。次に、ケネーがフランス重商主義を批判し、経済秩序の発見によって重農主義を唱えることが可能となったことを明らかにします。ケネーが唱えた重農主義とはどのような考え方だったのでしょうか、その学説の特徴について論じます。さらに、ケネーと同様の問題関心をもちつつもケネーを批判し、自由主義的な観点から独自の経済秩序の認識を展開したチュルゴの議論を概説します。そこではどのようにして経済秩序の認識が展開されたでしょうか。続いて、『国富論』においてスミスは経済秩序をどのように理論的に完成させたのかついて論じます。そして、最後に本章のまとめを論じます。

● フランスにおける重商主義

　1589 年、フランスの王朝は、それまでのヴァロワ朝にかわり、ブルボン朝として成立しました。そのブルボン朝のなかで、絶対王政の最盛期となったのはルイ 14 世の治世のときです。彼は、1643 年に即位し、1715 年まで在位し、（2022 年時点で）世界史上 1 位の在位期間を保持しています。彼は、「朕は国家なり」と称し王権神授説を提唱しました。王権神授説とは国王の権力は神から授けられた絶対的なものであり神聖にして不可侵なものであるとの考えです。その考えに基づき、ルイ 14 世は、専制君主として権力を築き、「太陽王」と呼ばれるようになりました。彼の長期にわたる在位期間は歴史上、最も華やかな時代の一つと言われています。それは、1682 年、ベルサイユで華麗な宮殿を造営したことからも窺い知ることができます。また、文学や美術を奨励し、サロンと呼ばれる社交場をつくり、そのなかで上流階級の人々は自由な談話を楽しみました。そのような習慣は、フランスをヨーロッパの中心とし、フランス

語をヨーロッパの上流社会の共通語としました。スミスがケネーやチュルゴと出会ったのもこのサロンだったと言われています。

　ルイ 14 世は、その在位期間中に、政治的な権力を盤石とするだけでなく、王権の財政基盤を強固なものとするために商工業の育成を図ろうとしました。財務総監（大蔵大臣）として**コルベール**を重用し、フランス独特の重商主義政策であるコルベール主義（コルベルティスム（Colbertisme））を推進しました。その考えは、富を金や銀と見なし、経済的繁栄はそれらを国内にストックとして多く蓄えることによりもたらされるというものでした。しかし、フランス国内に鉱山はありませんでした。そのため、金や銀を獲得するため、輸入よりも輸出を多くし、貿易差額を作り出すことで金や銀が国内に流入するような方法が考えられました。つまり、輸入を制限し、輸出向けの商工業を保護・育成することで輸入よりも輸出を増加させ、金や銀の獲得を目指しました。そこで、政府はまず輸出産品である工業製品の低価格を維持するために低賃金政策を実施しました。その低賃金政策を可能とするため、生活必需品である食糧は低価格に固定されました。その一方、食糧生産をしている農業部門に対して過酷な租税が課されました。そのため、農村は次第に荒廃し、衰退していくことになりました。農村の犠牲のもとで、工業製品の価格は低く維持され、貿易差額は黒字となりました。その結果、海外から金や銀を獲得し、それらを国内に蓄積することが可能となりました。そのような政策に加えて一部産業に対して補助金や特権を与え、輸出しやすく、輸入しにくくすることでも貿易差額を作り出そうとしました。例えば、繊維産業はオランダとの競争状態にあり、その競争に勝ち抜くために、補助金が出され、さらに輸入される繊維に対しては、関税が課されました。これは完全な保護関税政策の採用を意味していました。それだけでなく、造船や海運の奨励にも努め、植民地の確保を目指しました。そのため、この時期のフランスは多くの対外戦争を行っています。例えば、ネーデルラント継承戦争（1667–68 年）、オランダ侵略戦争（1672–78 年）、ファルツ戦争（1689–97 年）、スペイン継承戦争（1701–13 年）などですが、これらの戦争は大きな成果をあげることができませんでした。他方、そうした度重なる戦争は、フランスの王室財政を悪化させることとなったのでした。

　このようにルイ 14 世の統治以来、宮廷の浪費や戦争などによりフランスの財政は赤字を累積させることとなりました。アメリカ独立戦争への援助もあり、フランス革命直前にはフランスの国家財政は危機に瀕していました。この時に財務総監として起用され、財政改革を託されたのが（後に論じる）チュルゴやスイスの銀行家ネッケルでした。彼らは旧来より続いていたフランスの古い政治・社会体制であるアンシャン・レジーム（旧制度（ancien régime））を打破することを目指しました。

　アンシャン・レジームはその特色として聖職者、貴族、平民という強固な身分制を保持していました。第一身分である聖職者や第二身分である貴族にはさまざまな特権があり、免税の特権や農民に対する年貢徴収権などをもっていました。また、第三身分である平民のなかからブルジョワジーと呼ばれる富裕市民が登場しました。そのなかでも特に銀行家、大商人、起業家、地主などの上層市民は、聖職者や貴族といった特権身分と共通の利害をもっていました。また、人口の大多数を占めていた農民の大半は、メチエと呼ばれる折半小作農でした。彼らは収穫後に生産した農産物の半分を地主に引き渡さねばならず、国家による租税や教会からの十分の一税などさまざまな負担も課されていたため、より多く生産するために土地を要求していました。

　このような状況下で、小作農民の負担を軽減させるために、チュルゴやネッケルの提唱した改革案は、特権身分に対する課税でした。しかし、貴族の特権を擁護する高等法院はこの改革案に抵抗し、さらに聖職者や貴族の代表からなる名士会にも拒否されてしまいました。そして、1614 年以来開かれていなかった三部会の招集が高等法院や貴族によって求められることとなりました。最終的に国王は三部会の招集の要求を承認しました。このように財政危機が王政そのものの危機をもたらし、結果的にフランス革命を引き起こすこととなったのです。

● 経済秩序の発見——ケネー

　本節では、ケネーがいかに経済秩序を発見したのかについて考察します。まず、ケネーはコルベール主義がフランス経済の衰退をもたらしていると現状を

認識しました。そして、コルベール主義を批判し、新たな経済政策を打ち出そうとしました。彼は商工業偏重を改め、農業を再建することがフランス経済の復興の鍵となるだろうと考えたのでした。そのような考えに至ったのはなぜでしょうか。

　彼は、『百科全書』に掲載された最初の経済論文「小作農論」(1756) および第二経済論文「穀物論」(1757) のなかでさまざまな統計的資料に基づき定量的観察を行い、実際の生産額と理想の生産額を比較するという理論的考察を展開しています。このように実証的研究に基づく理論的考察を行っているところにケネーの経済学の特徴があります。このような考察は、『人間論』(1757) や『租税論』(1757–58) においてさらに展開され、『経済表』(1758–67 📖) において体系化されることとなりました。ケネーはこの理論的な考察から重商主義批判を引き出しています。というのも、理想の生産額と実際の生産額の乖離は、国家の政策の失敗によりもたらされているからであるとケネーは考えたからです。

　ケネーは、フランスが農業立国であるにもかかわらず、農業が衰退し、農民が疲弊している原因を政府の失政に帰しました。彼は主権者も含むいかなる人間も自然法に従わねばならないと考えていました。自然法（☞コラム②）とは、神によって定められた法則であり、人間にとって最も有利な秩序から出てきた規則です。それゆえ、実際の社会が混乱に陥らないために、実定法を定め、社会秩序を作り上げる必要があるとしても、その実定法は自然法に則る必要があると考えられました。ケネーは正しい経済政策によりフランスの農業を立て直さなければならず、そのために、土地から生じる富の再生産と分配の秩序が発見されなければならないと論じました。彼は農業を経済の中心と据え、その経済秩序がいかに形成されるのかを明らかにしようとしました。

　このような彼の経済思想は、重農主義という名称で呼ばれます。重農主義は経済学史上、最初の強固な学派と考えられ、1760 年代から 70 年代にかけて、ケネーを中心として、自らを「エコノミスト (économistes)」と称するグループを形成しました。その学派には、ケネーの他にミラボーやデュポンといったような人物を含んでいます。重農主義という学派の名称は、1767 年に出版さ

コラム②　自然法

　自然法とは、地球を支配する普遍的な法のことを指し、人間が誕生する前から地球上に存在した法を指します。とりわけ、キリスト教社会において、自然法は地球の誕生とともに神によって創造されたものと考えられています。そして、神が地球上に埋め込んだ御技を人々が発見し、はじめて法則として認識されるようになります。引力のような物理的な法則もそのような点から「発見」されたと見なされます。ニュートンも引力の「発見」が神の存在を証明する手段と考えており、自然法から導き出される自然法則は宗教的な意味合いをもっていました。

　ケネーやスミスは物理学のような自然科学が解明しようとする自然法則と同じような法則が社会科学の分野にもあると信じていたので、この自然法という考えを利用し、社会を捉えようとしました。そして、自然法は客観的な法則としての自然法則を導き出すだけでなく、規範的な性質を持ち合わせるものと見なしました。言い換えれば、自然法の存在が、自然法則の導出を可能にし、その自然法則に適っていないルールを批判するというロジックを可能にしたのです。彼らは現実の法を批判する根拠として自然法（＝自然のあるべき法）を取り入れ、そこから導き出される経済の自然法則という考えを導入しました。彼らが「発見」した自然法則である経済秩序は、人為的に設定された経済政策である重商主義体系の批判に向くことは当然の帰結として考えられます。

　しかし、実際には「自然」と「人為」のような二分法では割り切ることのできないさまざまな問題があることもまた事実であり、経済学者も理論と現実の間でさまざまな葛藤を抱えつつ実際の問題に対処しようとしてきたのです。

（松本哲人）

　れたケネーの著作集『フィジオクラシー、あるいは人類に最も有利な統治の自然的構成』から採用されました。フィジオクラシー（Physiocratie）とは、「自然の統治」を意味し、重農主義者はフィジオクラート（Physiocrates）と呼ばれるようになりました。また、重農学派や重農主義という名称は、スミスが『国富論』で、この学派の経済学を "system of agriculture" あるいは "agricultural system of political economy" と呼んだことに由来しています。また、重農主義者たちは経済学の専門的な雑誌として『農業・商業・財政雑誌』や『市民日

誌』などを創刊しました。そのような専門雑誌の創刊が学派としての結束の強
固さを示しています。

　重農主義は、農業こそが富の源泉であり、純生産物（剰余）を生み出す唯一
の産業であると論じることに最大の特徴があります。その際、先に見たように、
自然法思想に依拠し、人間にとって最も有利となる自然的秩序とは何であるか
を明らかにしようとしました。その自然的秩序によれば、経済的自由の達成が
公共の利益をもたらすことができると考えられました。特に農業部門に対する
政府の規制を撤廃し、人々の自由な経済活動により農業部門での生産高を増加
させることができると考えられたのです。特に、フランス北部で始まっていた
資本家的大農経営を拡大するため、農業における資本蓄積の増大を図ることが
その政策の中心でした。大農経営は費用に対する収穫は大きいけれど、元手も
小農経営と比較すればより多く必要となります。ケネーはフランスの土地の8
分の7は牛によって耕作される小農経営がなされており、大農経営を拡大する
ことができるような政策を採用すべきであると論じています。

　ケネーは大農経営化がフランスの国富を増加させることができると考えまし
た。それをケネーは総生産と純生産の区別と生産的労働と不生産的労働の区別
から説明しています。ケネーによれば総生産高は経費と純生産高から構成され、
純生産高は地代と利潤などに分割されます。彼は大農経営化が純生産高を増加
させ、結果として総生産高を増加させると考えました。彼は純生産高を生み出
すのは農業だけであると見なしました。それゆえ、工業や商業よりも農業を重
視しました。なぜなら、商工業は農業にその本源をもち、工業ではその階級の
人々が得る収入となる手間賃が生じ、商業では商人たちの収入である利潤を産
みますが、商業は物を産まないと彼は見なしたからです。それゆえに彼は農業
だけが生産的労働であると論じました。というのも、農業だけが純生産物であ
る農産物を生産することが可能だからです。その生産的労働である農業を活性
化させるためには、農民に対する課税が軽減される必要があり、土地の純収益
である地租に対する課税が主張されました。

　また、先に見たように、コルベール主義において、穀物は自由に取引されず、
穀物価格は低く抑えられていました。穀物の低価格化は政府の規制の典型でし

た。穀物取引の自由化は穀物価格の上昇を可能とし、そうなることで「良価」を実現することが可能となるとケネーは考えました。彼によれば、「良価」とは、生産の維持・拡大を可能にする利潤を保証しうる価格であり、自由な穀物取引のもとにおいて実現することができる価格です。「良価」を維持することで国際水準の穀物価格を維持することができ、資本蓄積が可能となります。

　ケネーによるこのような重農主義論は、経済分析の前進をもたらすこととなりました。まず、先行する経済期間の生産物のなかで、現行の経済期間の生産を支えているものを「前払い」として定義し、資本として明確にしました。そして、「原前払い」を建物、道具などの固定資本、「年前払い」を食糧、種子、飼料などの流動資本としてそれぞれ定義しました。そして、その資本を用いた経済循環を解明するために経済表を用いました。

　経済表は、(1) 原表（初版1758）、(2) 略表（1763）、(3) 範式（1767）の形で発展しました。経済表は、現実のフランス経済ではなく、資本家的大農経営や穀物などの取引の自由といったケネーの理想的な状態を仮定として置いていました。ケネーの経済表は、一国の富の再生産と流通を簡潔な表の形で明瞭にとらえることを可能にしました。

　以下、経済表範式について考えてみます（図2-1）。経済表範式はまず、生産的階級（耕作者）、地主階級、不生産的階級（工匠や商人）の3階級を前提とします。

　生産的階級は、表には示されない「原前払い」100億リーブルと、左上の「年前払い」20億リーブルを利用し、今期間中に合計50億リーブルの農産物を生産します。50億リーブルの農産物は、「原前払いの利子」10億リーブル、「年前払い」の回収20億リーブル、「純生産物」20億リーブルから構成されます。「原前払いの利子」とは、固定資本減耗の補填分を意味します。地主階級は、前期中に貨幣で地代20億リーブルの支払いを受け、期首にこの地代を所有しています。また、不生産的階級は、その前払い10億リーブルを貨幣で所有しています。

1　リーブルは当時のフランスの貨幣単位。

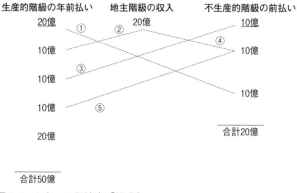

図2-1　ケネーの経済表「範式」

それでは貨幣と生産物はどのように流れるでしょうか。

① 不生産的階級は、貨幣10億リーブルで農産物を購入し、これを原料として20億リーブルの加工品を作ります。

② 地主階級は、貨幣20億リーブルのうち生産的階級から農産物10億リーブルを購入し消費します。

③ 不生産的階級は、地主から受け取った10億リーブルで食料となる農産物を購入し、今期中に消費します。

④ 地主階級は、貨幣20億リーブルのうち不生産的階級から加工品10億リーブルを購入し消費します。不生産的階級は、地主から受け取った10億リーブルの貨幣で、加工品を購入し、原前払いの減耗を補填します。

⑤ 生産階級は今年度中に20億リーブルの貨幣を地代として支払います。流通に現れなかった左下の20億リーブルを、次期の「年前払い」として使用します。

経済表は極めて単純化されたモデルとして描かれていますが、理想的な自然的秩序の存在を前提としているという意味において規範的な性格も併せもっていたということができます。そのような経済表がもつ性格は、経済循環の発見というそれまでに発見されなかった経済の仕組みを明らかとすることを可能としました。つまり、経済表は、各部門の相互依存による社会的生産の仕組みを

明らかにし、各経済期間が次の経済期間の基礎となる再生産の仕組み、特に資本の補填と消費による階級の再生産を明らかにしたのです。そうすることで、経済の統一的な過程を認識することが可能となりました。

● 経済秩序の展開──チュルゴ

チュルゴは、経済の理論的分析を行っただけでなく、現実の経済政策も立案したフランス人経済学者です。彼は、1774 年、財務総監に就任し、穀物取引の自由化、賦役の廃止、同業組合の廃止などを布告しました。しかし、先にみたように、既得権益を守ろうとする貴族や僧侶などに反対され、1776 年に失脚し、その経済改革の失敗がフランス革命を引き起こすことになりました。また本書第 1 章の最後で論じられている生活様式の区別に基づく狩猟社会から商業社会への社会の史的発展段階である 4 段階理論をスミスと同時期に明確に打ち出した人物としても知られています。

チュルゴは「為すに任せよ（laissez faire）」との標語を打ち出した**グルネ**から影響を受け、コルベール主義の規制や特権を批判し、自由放任論を主張しました。チュルゴはグルネから国家の役割について学び、①人々の経済的自由を含む自由を保障し「個人が互いに妨げあうことのないように」すること、②国防と国内の改革を実施する「政治統一体」として「可能な限り最大の富を国民に与えること」の 2 点に国家の役割が限定されると論じました。政府はその役割を果たすために、労働に対する報酬を保証し、その報酬を目的とする生産活動を永続的に可能とするような自由競争を確保する必要があるとチュルゴは書いています。また、ケネーから農業だけが剰余を生むという重農主義の基本思想を受け継ぎ、ケネー同様に、耕作者階級を唯一の生産階級と、工匠や商人を耕作者階級によって養われる不生産的階級と見なしました。それゆえ、農業以外で得られる利潤や利子、賃金は農業から得られた剰余の再分配に過ぎないと考えていました。

このようにチュルゴはグルネとケネーの二人の弟子であると自任していましたが彼らを超える視点も持ち合わせていました。それは農業だけではなく農業を含む全産業の繁栄の必要性を論じたところにあります。その全産業の繁栄は、

貨幣が自由競争によって生まれることで、さらなる資本蓄積を可能にすると彼は論じています。それはチュルゴが1766年に執筆した『富の形成と分配にかんする諸考察』（📖）のなかで詳しく論じられています。

　まずチュルゴはケネーの議論を踏襲し、農業労働だけが純生産物を生産することができると論じています。社会は発展に従って、耕作者と土地所有者に分離され、耕作者は生産階級、土地の生産物によって雇用される工匠や商人を被雇用階級、純生産物を収入として受け取る地主階級（チュルゴは「自由に処分しうる階級」と呼びます）の3階級に分かれます。このようにチュルゴは社会の進展が分業を促進し、人々が階級に分かれていくと論じます。

　チュルゴは経済活動における貨幣の役割に着目することでケネーの理論をさらに前進させることを可能としました。つまり、貨幣の発生と貨幣がもたらした資本が、農業、工業、商業を含む経済の全分野において利用されることを明らかにしました。そして、農業だけでなく、工業や商業に対しても利潤がもたらされ、貸付資本に対して利子が分配されることを論証しようとしました。

　ここでチュルゴは、土地を富の唯一の源泉とし、地代を唯一の純生産物と見なす重農主義の立場から、いかにして資本一般の利潤を導き出すことができるのかに答える必要がありました。彼は、資本の所有者はまずその資本を使い土地を購入することができる点に着目しました。この資本によって購入される土地とその収入との関係から、資本と利潤の関係を導き出すことができると考えたのです。彼はこの土地購入を資本の第1の利用法と呼びました。続いて、工業、農業、商業のそれぞれの企業における投資を資本の第2、第3、第4の使用法と呼び、最後に第5の使用法として貸付資本を説明しました。そして、チュルゴはそれぞれの企業の投資が最大の利潤をもたらすことと貸付利子が正当であることを主張しました。また、資本の第2、第3、第4の使用法から引き出される利潤は、土地資本の利子と企業者の労働・生産・技能に対する報酬を表します。第5の使用法である貸付資本の利子は土地資本の利子と貸付の危険に対する補償から正当化されます。チュルゴは土地の私的所有を認めていましたので、土地の貸付から利子を取ってもよいと考えたのでした。チュルゴはケネーを踏襲し、地代が唯一の剰余（＝利潤）であると見なしていたため、そ

れぞれの企業で生じる利潤は地代の変形したものとして理解しました。この点でチュルゴは重農主義者といえます。

　しかし、チュルゴの資本に関する記述は重農主義者と異なる視点をもっていました。まず、現実的には農業以外からも利潤が生じることを彼は認めました。また、貸付資本の利子を積極的に認めました。そのときに貨幣の利子率は、他のあらゆる商品価格と同じように、自由競争の原理に基づき、需要と供給によって決定されるべきと彼は考えたのです。彼が自由競争を主張する根底には、このような貨幣資本の蓄積の増大による利子率の低下、それによる全産業の繁栄の実現という狙いがあったのです。それではチュルゴは資本の蓄積がどのようにしてなされると考えていたのでしょうか。彼は資本を「蓄積された価値」としてとらえていました。そして、資本の蓄積は節約によって可能であると考えたのです。

● 経済秩序の完成──スミス

　当初、経済学は道徳哲学の一分野として考えられていました。道徳哲学は倫理学と法学から構成され、経済学は法学の一部として論じられました。スミスの『国富論』が経済学の生誕の著として見なされるのは、道徳哲学を構成していた法学の一分野にすぎなかった経済学が、法学から独立して論じられるようになったということを意味しています。また、スミスは、『国富論』に加え、倫理学に関する『道徳感情論』（1759 📖）も出版しています。それに加え、スミス自身が著したものではありませんが、法学に関してスミスがグラスゴー大学で行っていた講義の学生によるノートが『法学講義』（1763 📖）として現在、出版されています。このようにスミスは道徳哲学を構成する分野に精通していました。

　スミスは『道徳感情論』のなかで、まず、社会が利己的な個人から構成され、その個人が「想像力」を駆使しながら、「同感」という感情の相互交換を繰り返すことで社会を形成していると考えました。スミスは、行為者の動機が「適宜性」を持っているかどうかによって道徳的に是認したりしなかったりする同感理論に基づき、どこにでもいる普通の利己的な人間同士の間に相互理解が可

能であることを示しました。どれほど利己的な人間であっても、他人の助けを必要とし、社会のなかで生きる以外に方法はなく、他人に是認されたいという基本的な欲求に突き動かされます。その欲求を満たすために、行為者は、できる限り中庸な行為を心がけようとします。観察者は行為者の行為を自らの想像力と自分の冷静な心から行為者の境遇や感情に引き写し、その行為を理解しようと努めます。その結果、両者の心の一致が実現することで、「同感」が成立し、その行為の「適宜性」が確認され、その行為は是認されることになります。このようにスミスは『道徳感情論』のなかで、人々の道徳的な判断が人間相互の社会的および心理的な関係性を基礎としていることを明確にしました。

　スミスはそのような「同感」原理を論証するために、「公平な観察者」という概念を登場させます。まず行為者と観察者の間での「同感」がどのように成立するのかを論じ、続けて、行為者と観察者に「公平な観察者」を加えた、三者間での同感の成立について考察します。そして、行為者自らの行為についての判断を自ら行うことを可能とする「公平な観察者」の内面化について明らかにしています。このようにスミスの論証過程は極めて重層的なものです。

　スミスが『道徳感情論』で明らかにした、個人の社会的および心理的な関係を基盤とする基本原理は、『国富論』に引き継がれていきます。『国富論』は、利己的な個人が、経済的利益である富を求めて競争し合う経済活動に焦点を当てます。その利己的な個人の私的利益の自由な追求が「分業と交換の原理」を通じて結果的に社会全体の利益を増進し、最終的に社会そのものを豊かにすることを明らかにします。『国富論』のなかで人は利己的に行為し、「私の欲しい物を下さい。そうすればあなたの欲しいものをあげましょう」という欲得ずくの関係を想定しています。[2]

　『国富論』はそのような関係において人々が互いに物を交換し、助け合うことで最終的に利益を得ることができることを示しています。誰もが他者の欲しい物を生産ないし販売し、それと交換に自分が欲しいものを手に入れるのです。商業社会はこの「分業と交換」にその基盤をもっており、人々は商業社会の原

2　この想定は「経済人」（☞コラム⑦）として、功利主義の人間観に繋がっていく。

理を通して他者との相互関係を継続するために必要なルールを形成していくことになります。それだけでなく、商業社会のなかに身を置くことで個々人は忍耐、勤勉、思考の集中、誠実さ、実直さといった徳やフェア・プレーの精神を身につけることができるようになります。自分の利益を追求するために、他者の利益を尊重しなければならないという認識が、自己規制という慎慮の徳を生み出し、社会の安定に寄与することになるのです。このようにスミスが描いた倫理的世界の原理と経済的世界の原理は密接に関係し、その基礎として社会的および心理的な相互関係をもっていました。このような商業社会の明確な認識という点で、スミスはケネーやチュルゴの理論を前進させることができたと言えます。

　しかしながら、『国富論』の執筆については、先に見たケネーやチュルゴとの交流も大きな影響をもっていたと言われています。スミスは1765年から1766年にかけて、貴族の大陸旅行の家庭教師としてパリに滞在していましたが、その時にケネーをはじめとする重農主義者たちと交流をもったのです。スミスは渡仏前の講義で『国富論』につながるさまざまな考えを論じていましたが、再生産に関する経済的な議論は含まれていませんでした。スミスは再生産論について、ケネーの『経済表』から学んだのではないかと考えられています。以下では、『国富論』についてより詳細に論じていくことにしましょう。

　『国富論』の正式な書名は『諸国民の富の性質と原因に関する研究（*An Inquiry into the Nature and Causesof the Wealth of Nations*)』です。この書名からスミスは富について考察しようとしていることがわかります。スミスは、重商主義を批判し、国民の富は貨幣ではなく、消費することのできる必需品や便益品と見なしました。その富を人々は分業によって獲得します。スミスはピン工場の例によって、作業工程の細分化がもたらす熟練度の向上、移動時間の節約や機械の発明が生じ、労働の生産性が上昇することを示しています。それはピン工場のような一つの工場内での分業だけでなく、社会での分業にも同様の効果をもつと考えられています。このような富の増加は人々が本能としてもっている交換性向に導かれ、財の交換が促進されます。その結果、市場が形成され、その市場の規模が大きくなればなるほど分業や交換が促進されると彼は考えま

した。

　その財を増加させるために、スミスはケネーの生産的労働と不生産的労働の議論を拡張し、生産的労働者の割合を増加させることにより富を増加させることができると考えました。スミスにとって、生産的労働者とは、工場労働者など物的生産に従事する労働者のことを指し、家事使用人などサービスを提供する労働者を不生産的労働者と定義しました。ケネーとスミスの違いは、彼らの富概念の違い、つまりケネーは農業生産物のみを富と見なした一方、スミスは農業生産物を含む物的生産物まで富と見なしたという点から生じています。しかしながら、分業の進展はメリットばかりではなく、一つの作業や職業への特化を意味するため一面的な人間になりかねないと警告を与えています。このような分業の弊害を小さくするためにスミスは教育の重要性を説いており、後で論じるように、政府の役割の一つとして挙げています。

　それでは市場における交換はどのように行われるとスミスは考えたのでしょうか。その時の重要な概念として自然価格を挙げることができます。自然価格とは、その商品を市場にもたらす人が正当に得ることを期待する価格であり、その生産に用いられた労働・資本・土地に対して、賃金・利潤・地代の自然率を支払うのに十分で過不足のない価格のことを指します。その商品の自然価格を喜んで支払う人々の需要（量）を、スミスは「有効需要」と呼んでいます。もし有効需要が供給量よりも大きければ、買い手間の競争によって市場価格が上昇します。そして、価格の構成部分（賃金・利潤・地代）のどれかが自然率以上に上昇し、その商品を生産するための労働か資本か土地が増加することで、供給量が増加し、市場価格が下落し、最終的に自然価格と一致するとスミスは説明します。この説明はまさに需要と供給のメカニズムについての説明です。

　スミスは市場メカニズムが円滑に働くために自由主義的な市場制度を整備する必要があると論じました。スミスのそのような議論は、ケネーやチュルゴの改革案と同じように重商主義に対する批判から生じています。まず、生産活動への参入の自由をスミスは指摘します。特定の業者に独占権が与えられた場合、その生産部門への参入が妨げられ、供給量が有効需要に及ばないとしても、供給量が増加することはありません。そのため、価格も下落せず、有効需要と一

致するような供給量に調整されることはありません。また、同業組合の特権を
廃止し、生産が独占されないことが重要であると論じます。次に労働の流動化
の重要性を論じ、移動・居住・職業選択の自由を制限する定住法や徒弟制度な
どを批判しました。というのも、そのような自由が制限されていると、ある生
産部門で供給量が有効需要に及ばない場合、労働がその不足している部門に移
動できず、供給不足が解消されないとスミスは考えたからです。

　市場メカニズムが円滑に働くようになることで富の蓄積が進み、経済成長が
実現されます。その背景には私有財産制度がありました。領主や国王による私
有財産の侵害を防止し、恣意的で高率な課税を排除することで人々の私的所有
は安定します。その私的所有の安定は、勤労意欲や貯蓄意欲を刺激することと
なり、資本量を増加させ、資本蓄積を可能とします。資本蓄積の進展は、資本
量を増加させることで、雇用される労働者数を増加させます。その結果、分業
がより拡大します。また、資本量が増加することで、生産的労働者を増加させ、
富のさらなる増加および蓄積を可能とします。

　資本の蓄積はさらなる投資を可能とします。スミスは、投資についても自由
に行われる必要があると論じています。重商主義政策において、資本投下は、
商業→工業→農業の順序で行われていました。その結果、ヨーロッパ諸国は
（本来であれば達成していたであろう潜在成長率に比して）低成長なままであると
スミスは考えました。このような重商主義政策に対する批判は、経済分野に政
府が介入するにはその能力に限界があるということの指摘であり、それが経済
成長を阻害していると彼は論じています。資本投下の順序には重商主義政策が
行った恣意的な順序ではなく、自然的な順序があるとスミスは考えました。資
本の投資は人々の自由に委ねられれば、安全性重視の観点から、農業→工業→
商業の順序で自然と投下されるはずだろう。これは、生産的労働者を多く使う
順序であり、実際に高度な成長を実現している北米において見ることができる
と彼は論じています。そして、このような資本投下の自然的順序こそが「見え
ざる手」の働きとして論じられています。つまり、私益の追求（＝投資により
儲けたいという欲望）が公共の利益（＝社会全体の資本蓄積および富の増加）を意
図せざる結果としてもたらすことになるのです。そして、そのことをスミスは

「見えざる手」と表現したのです。（このように考えれば、よく教科書で言われるような、市場メカニズムでの均衡が「見えざる手」によってもたらされるという説明はスミスの真意から外れていると言わざるを得ません。）自分の利益を追求するために、

> あらゆる個人は、必ず、この社会の年々の生産物をできるだけ多くしようと努力するようになります。当然、彼は、普通、公共の利益を促進しようと意図してもいないし、自分がそれをどれだけ促進しつつあるのかを知りません。外国の勤労よりも国内の勤労の維持を好むことによって、彼［投資した人］はただ自分の［投資の］安全だけを意図しているに過ぎないのです。また、その生産物が最大の価値をもちうるような仕方でこの勤労を方向づけることによって、彼はただ自分の利得だけを意図しているのに過ぎないのです。しかも、彼は、この場合でも、他の多くの場合と同じように、見えざる手（invisible hand）に導かれ、自分が全然意図してもみなかった目的を促進するようになるのです。
>
> 　　　　　　　　　　　　　　　　　　　　　　　（『国富論』第 4 篇第 2 章）

　それゆえ、経済活動に対する政府の干渉が拒否された自然的自由の体系が構築され、『道徳感情論』で論じられたフェア・プレーの精神等が遵守されれば、国内の富が増加し、資本蓄積が可能となるのです。スミスは実際に『国富論』のなかで次のように論じています。

> したがって、優先の体系であれ抑制の体系であれ、すべての体系がこうして完全に除去されれば、明白かつ単純な自然的自由の体系（system of natural liberty）が自然に確立されるのです。誰でも、正義の法を犯さない限り、自分自身のやり方で利益を追求し、自分の勤労と資本を他のどの人またはどの階層の人々の勤労および資本と競争させようと、完全な自由に委ねられるのです。
>
> 　　　　　　　　　　　　　　　　　　　　　　　（『国富論』第 4 篇 9 章）

しかしながら、このような自然的自由の体系に完全に任せておくことのデメ

リットもあるとスミスは論じ、そのデメリットを補整するために政府が存在すると考えました。彼によれば、政府の役割は国防、司法、公共事業の 3 点に限定されています。国防について、その国に生活しているすべての人々が外国からの侵略から守られる必要があるため、その経費を国が負担する必要があると考えました。また、戦争の近代化や高度化により専門的で火器の使用ができ規律のもった常備軍が必要であるとしています。司法について、国内の治安維持を可能とするためには政府による正義の執行が必要であると考えられました。教育について、スミスは分業の弊害を是正するための手段として見なしていました。特に義務教育過程において、読み・書き、算術、機械学の初歩はそのためにとりわけ必要なものであると考えていたのでした。

　このような政府の政策を維持するためには、政府の収入についても考える必要があります。彼は、政府が公債による借り入れよりも租税から収入を得た方がよいと考えていました。租税について、スミスは、公平、確実、便宜、最小徴税費の 4 原則を説いています。この基準に照らし合わせたときに、スミスは、土地に対する課税に支持を与えました。なぜなら、地租が最も公平であり、土地改良の阻害にならず、徴税費もわずかで済むと考えられたからです。この点でも、スミスはケネーやチュルゴと理由は少し異なりますが、同じ結論に到達していることを示しています[3]。

　このようにスミスが『国富論』で描いた経済学は経済的自由主義としてまとめることができます。それは、ケネーやチュルゴ同様、経済に対する政府の干渉を当然視していた重商主義に対する代替策として提案されました。また、私有財産制度と自由競争を擁護したことにその特徴があります。また、彼の帰結主義を指摘することもできます。例えば、私有財産制と競争によって、公共の利益が結果として達成されると彼は論じました。また、需給の調整や経済成長も結果として達成されると彼は考えています。しかしながら、経済的自由主義

3　より正確には、スミスが支持を与えたのは資本蓄積にそれほど影響を与えない地主階級に対する課税である。具体的には収入に対する課税で直接税としての地代に対する租税（地租）と消費に対する課税で間接税としての奢侈品税が挙げられる。というのも、奢侈品を消費するのは地主だけと想定されているからである。

は経済的格差というデメリットをもたらします。スミスはその格差について、格差は人々の活力の源泉であり、野心の起源となると論じています。また、スミスは富が社会の底辺まで及ぶことで、全体として底上げされてゆくトリクルダウンが働くと楽観的に信じていました。つまり、資本量が増加することで、労働需要が増加し、賃金の上昇が労働者階級の生活水準を向上させることができると考えました。それゆえ、平等な未開社会の首長よりも、不平等な商業社会の民衆の方が豊かであるとスミスは論じることができたのです。

● おわりに

　本章では、ケネー、チュルゴ、スミスの経済学の創設期に活躍した３人の経済学者について論じました。経済は政府の手中にあり、恣意的に運用してもよいと考えていた重商主義に対し、彼らは経済には自然な秩序があり、政府による恣意的な運用はその秩序を混乱に陥れていると批判し、政府の経済領域に対する介入をできる限り小さくすることを目指しました。その背後には経済現象の認識方法の変化がありました。特に、富をストックとしてとらえるのではなくフローとして捉えようという事実上のパラダイム（☞コラム①）変化が大きな影響を与えています。それゆえ、富を獲得する過程を重視し、経済現象も自然に委ねたほうが最終的に良い結果を得ることができると考えられたのです。

　しかし、スミスにおいて見られるように、完全な自由に委ねるのではなく、市場が社会全体にもたらすデメリットも是正しなければいけないとも考えられました。個々人が他者との関係を無視し、自分の欲望だけを満たすためにルールを守らないとすれば社会そのものを維持することができなくなるのと同じように、政府もルールも守り、恣意的な政策を行うべきではないということができます。

　現代の初歩的な経済学でもまず政府の存在しない状態を仮定し、市場メカニズムの分析を行いますが、市場は完全なものでありません。自然独占や外部性、情報の非対称性といった市場の失敗は必ず生じます。その際に、政府がどこまで介入するのかといった問題は常につきまとう問いとなります。

より深く学習したい人のための文献リスト（50音順）

小林昇編『講座経済学史』同文舘、1977 年（特に第 2 部第 2 章）。

堂目卓生『アダム・スミス――『道徳感情論』と『国富論』の世界』中公新書、
　2008 年。

平田清明『フランス古典経済学研究』日本経済評論社、2019 年。

馬渡尚憲『経済学史』有斐閣、1997 年（特に第 1 章）。

水田洋『アダム・スミス――自由主義とは何か』講談社学術文庫、1997 年。

森岡邦泰『増補版　深層のフランス啓蒙思想――ケネー、ディドロ、ドルバック、
　ラ・メトリ、コンドルセ』晃洋書房、2003 年。

D.D. ラフィル『アダム・スミスの道徳哲学――公平な観察者』生越利昭・松本哲
　人訳、昭和堂、2009 年。

第II部

経済学の確立・刷新・分岐

第II部で登場する経済学者たち

1段め左より、マルサス、シーニア、リカードウ、マルクス
2段め左より、スラッファ、メンガー、ハイエク、ラッハマン
3段め左より、シュモラー、ロッシャー、クリフ・レズリー、ヴェブレン
4段め左より、ミッチェル、ジョン・モーリス・クラーク、タグウェル

第3章

経済生活にとって人口と資源はどれほど基底的か
──マルサス、シーニア──

藤村哲史

　現代のマクロ経済学において、GDP（国内総生産）を供給面からみた場合、生産する際に投入した物の量と生産された量との関係を数式で表したものに生産関数があります。例えば、生産関数 $Y = F(K, L)$ の場合、Y が産出量、K が資本、L が労働として表されます。このとき、投入物である生産要素の K や L が増加すると、Y が増加するとされますが、現代の入門的な経済学では、生産関数における独立変数が資本と労働であり、そこでは「資源」の制約が表立っては出てきません。しかし、古典派経済学の時代には、生産要素として、それらに加えて、「土地」が生産要素としてより重要視されていました。この背景には、当時の人口と土地の関係があります。

　古典派経済学を代表する経済学者に**マルサス**がいます。マルサスが活躍していた19世紀のヨーロッパ、特にイギリスでは、農業革命や産業革命の影響により、大幅に人口が増加しました。そこで、マルサスは、人口が大幅に増加したことにより、食糧を生み出す土地には限りがあるため、増加する人口を養えず、貧困者が大量に発生してしまうのではないかと考えました。そして、マルサスは1798年に出版した『人口論』（🔲）のなかで、「人口は制限されなければ等比数列的に増大するが、食糧は等差数列的にしか増大しない」という、人口に関する有名な主張を展開しました。これにより、マルサス以前は、人口の多さは国の豊かさを表すものであると考えられていましたが、マルサスの登場により、人口の多さは、国にとって災いであるという風に考えられるようにも

なりました。現在、このマルサスの考え方によって説明される生活水準の停滞
——経済成長にともなう人口の増加の速度が、生産される財の増加の速度を上
回れば、一人当たりの財の量は減少し、人々の生活水準は経済成長が始まる前
よりもかえって悪化してしまい、貧困から抜け出すことができなくなる——は、
「マルサスの罠」として知られています。マルサスの人口原理が問題として取
り上げられるとき、そこでは常に人口と資源の関係が注目されています。

　そこで本章では、マルサスの人口原理を取り上げることで、人口と資源が経
済生活にとってどれほど基底的なものかを考察します。

● マルサスの時代

　人類の歴史を人口という切り口で振り返ったとき、西暦元年から 1500 年頃
までは約 4 億人で推移したとされています。この数は 1700 年になっても約 6
億人と大きくは増えていませんでした。しかし、1800 年頃になると、人口は
大きく増加し、初めて 10 億人を超えるようになりました。そして、2022 年、
世界の人口は約 80 億人に到達しようとしています。

　では、なぜ 1800 年頃になると急激に人口は増加したのでしょうか。それは、
この時代、農業生産性の上昇により、栄養状態が改善され、出生率が死亡率よ
りも高くなったからです。特に、この時代、人口増加が顕著だった地域の一つ
がイギリスでした。イギリスの人口は、1780 年代、1,300 万人余りでしたが、
1840 年代には 2 倍の約 2,670 万人にまで増加しました。イギリスで人口が急激
に増加した理由としては、例えば、農業革命が考えられます。地主や資本家が
耕作地を囲い込み、小作農を追い出すことで、より効率的な資本主義的農場経
営を行うことが可能となりました。これにより、輪作制や脱穀機、鉄製のすき
といったさまざまなイノベーションが農業分野で起こり、生産性が大幅に上昇
しました。このように、農業分野で生産性が向上した結果、大幅な人口増加が
起こり、生産要素としての労働の供給の増加が可能となり、産業革命という経
済発展を促したと考えられています。

　一方、急激な人口増加にともない、都市では、農村を追い出された小作農が
仕事にあぶれており、多くの貧困者が出現することが、社会問題となっていま

した。すでにイギリスでは産業革命が起こることで、総人口に占める非農業人
口の割合が増大し、彼らの食糧需要を満たすための食糧供給は逼迫していまし
た。そして、食糧問題を解決するために、イギリスは1760年代には穀物の輸
入国となっていました。しかし、1793年から始まるフランスとの戦争中、ヨー
ロッパ大陸からの穀物輸入が困難になることで、穀物価格は大幅に上昇し、増
産される食糧よりも、増大する人口のペースが速いことで社会に緊張を招いて
いました。この貧困の原因は何か、その解決策は何かといった議論がなされて
いる時代にマルサスは生きていたのです。

● 平等主義批判とマルサス『人口論』の誕生

　産業革命が起こることで、工業が盛んになり、社会に多くの富がもたらされ
るようになりました。しかし、社会に目を向けると、富の多くを所有している
資本家階級が豊かになる一方、労働者階級は劣悪な労働環境のもと、低賃金で
働かされているなど、経済的格差が問題となるようになってきました。例えば、
アダム・スミスは経済的な格差を活力の源泉であるとして肯定しました。彼の
考えによれば、私有財産制度にもとづく自由競争の結果、社会全体の富が大き
く増加し、その富が底辺にまで及ぶことにより、公共の利益が促進されるわけ
なのです。

　その一方、1789年にフランス革命が勃発することで、絶対王政に代表され
る旧体制が崩壊し、**ゴドウィン**や**コンドルセ**といった私有財産制度や政府の廃
止を訴える人たちが現れるようになりました。ゴドウィンが1793年に出版し
た『政治的正義』によれば、私有財産制度があることで、富裕や奢侈が尊敬の
対象となり、貧民は富者に対して従属心をもつようになります。そして、富者
の贅沢のために多くの労働者が過酷な労働を強いられることで、知的進歩の機
会が奪われ、人々の道徳的改善の道が閉ざされ、犯罪や暴力が生まれる元凶に
なっているとして批判しました。さらに、ゴドウィンは、私有財産制度がある
からこそ、人口増加が阻まれ、多くの人々が困窮状態に陥っていると考えてい
ました。これは、本来、土地が適切に耕作されるのであれば、現在の5倍の住
民を扶養することができますが、私有財産制度に基づく土地の独占により、広

大な土地が不完全にしか耕作されず、社会の需要を満たしていないために、人口増加が阻まれているというものです。そのため、ゴドウィンは、平等主義の観点から土地の平等な分配を主張しました。このようなゴドウィンの平等社会論を批判するために、1798 年に匿名で出版されたのがマルサスの『人口論』でした。

● マルサスによる救貧法批判

　マルサスは『人口論』初版において、ゴドウィンの平等主義を批判しました。それは、ゴドウィンの主張する財産の平等な分配が実現してしまうと、貧民の生活水準が向上することにより、人口が増加してしまい、貧困状態へと逆戻りしてしまうからです。よって、マルサスは、貧困解決のためには、貧民自身が生活態度を改め、貧民の人口を抑制する必要があると考えるようになりました。しかるに、当時、貧民救済を目的として成立した救貧法が、かえって貧困を助長しているのではないかとマルサスは考えていました。

　イギリスでは 16 世紀頃から行われた囲い込みにより、農村を追われた人々が都市で失業者や浮浪者となることで、治安が悪化するとして問題となっていました。そして、このころから公権力による救貧事業が行われるようになりました。特に、1601 年にエリザベス救貧法が成立することで、救済対象者は労働能力のない貧民に限定され、労働能力のある貧民は強制的に労働することが定められました。その際、救済者の収容および貧民の強制労働を行う場として、ワークハウスと呼ばれる施設が用いられるようになりました。エリザベス救貧法では、ワークハウス内救済が原則とされていましたが、時代を経るに従い、ワークハウスは貧民救済の場から、救済抑制の場へと変貌していきました。そして、18 世紀頃には、ワークハウスは「恐怖の家」と呼ばれるように、収容された貧民に対して虐待を行うなど、苦痛を与える場として認識されるようになっていきました。そこで、1782 年に制定されたギルバート法では、人道主義の観点から、ワークハウスは、労働能力のない貧民のみを収容し、労働能力のある貧民については、ワークハウス外救済が可能となるようになりました。その後も、1795 年のスピーナムランド制度による賃金補助制度や、1796 年の

ウィリアム・ヤング法による最低賃金の導入など、人道主義的改革が行われる
ようになりました。

　こうした救貧法の人道主義的改革に反対したのがマルサスでした。マルサス
は、現行の救貧法は、人口を支える食糧を増加させないまま人口を増やしてい
ると考えていました。また、救済があることで、貧民は、独立して家族を扶養
できる見込みがないにもかかわらず結婚を躊躇しないようになります。さらに、
食糧の増加を伴わない人口増加の結果、一人当たりの食糧の分配は減少し、食
糧価格は高騰してしまいます。すると、労働者は働いても前よりわずかの食糧
しか買えなくなってしまうため、ますます多くの人々が救済を求めるようにな
るなど、多くの人から独立心が失われてしまうと考えました。したがって、マ
ルサスは救貧法があることにより、かえって貧困を悪化させているとして、現
行の人道主義的な救貧法の廃止を主張しました。

　後に、マルサスの考えは、1834年に成立した新救貧法として知られる救貧
法改正法に適用されることになります。新救貧法では、賃金補助制度は廃止さ
れ、救済の条件もワークハウス内救済のみに限定し、その扱いは独立労働者以
下となるように定められました。救済の条件を厳しく制限するこの考えは、マ
ルサスをはじめとする、当時の経済学者たちの経済的自由主義の思想が反映さ
れたものであります。

● マルサスの人口原理

　マルサスの『人口論』の初版は匿名で出版されましたが、1803年の第2版
からは実名で出版され、以後、1826年の第6版（📖）まで版を重ねました。
マルサス『人口論』の目的は、初版はゴドウィン批判が中心でしたが、第2版
以降は、救貧法批判が中心となっていきます。しかし、『人口論』の主要テー
マである、人口の妨げとして現れるさまざまな規制および、その帰結と影響の
解明は第6版まで一貫していました。

　マルサスは『人口論』の最初に自明な前提として二つの公準を挙げています。
第1公準は「食糧は人間の生存にとって不可欠」であり、第2公準は「男女間
の性欲は必然であり、ほぼ現状のまま将来も存続する」です。これら二つの公

準は人間本性の不変の法則とされてきました。そして、人口が増える力は、土地が人間の食糧を生産する力よりもはるかに大きいことから、人口原理として「人口は制限されなければ、等比数列的に増大し、生活資料（食糧）は等差数列的にしか増大しない」と述べました。すなわち、人口は、25年ごとに1、2、4、8、16、32、……のように増加し、一方、食糧は、25年ごとに1、2、3、4、5、6、……のように増加します。この結果、人口は食糧と比べ大幅に増加していくと予想されました。しかし、第2公準は人口が増殖することの裏付けとなりますが、第1公準がある限り、人口増加率が食糧増加率を上回り続けることは不可能であり、いずれ人口と食糧は均衡するようになります。そして、人口の増加率が食糧の増加率より高いときに生じるのが、人口に対するさまざまな制限です。これら制限には、戦争や、飢餓といった死亡率の上昇である積極的妨げ、避妊や中絶といった出生率の低下である予防的妨げがあります。ただし、マルサスは、積極的妨げも予防的妨げも望ましいものではなく、人口増加の大きな力は、貧困や悪徳を生み出すことによってしか抑制できないと考えていました。しかし、この貧困や悪徳が必然であるという主張に対して、多くの批判がよせられたことにより、『人口論』第2版からは、予防的妨げのなかに、禁欲を伴う結婚の延期である道徳的抑制が付け加えられるようになりました。そして、マルサスにとっては、この道徳的抑制のみが、道徳的な悪を伴わない理想的な人口の制限であったのです。

　以上が、マルサスの人口原理についての概要になりますが、なぜ、マルサスはこの人口原理が論理的に成り立つと考えたのでしょうか。

● マルサスの人口原理における経済学方法論

　マルサスが『人口論』において用いた経済学方法論とは何だったのでしょうか。マルサスについては、しばしば、個々の観察事実から一般的な原理を導く推論である帰納的方法が人口原理を導くにあたり用いられていたと考えられていました（☞コラム④「演繹と帰納」）。しかし、マルサスが人口原理を導くにあたり帰納的な方法を用いたのは、一般的な原理を導くものとしてではなく、すでに獲得されている原理を個々の観察事実によって確証するものとしてでし

た。

　まず、マルサスは、『人口論』初版において、例証を必要としないくらい自明な二つの公準を示しました。そして、その二公準を基礎として、「人口は制限されなければ、等比数列的に増大し、生活資料は等差数列的にしか増大しない」（増殖原理）、および、「人口と食糧は伸び率が異なっても結果的にバランスがとれるのは、「貧困と悪徳」があるからである」（規制原理）、という人口原理に関する二つの原型命題を示しました。さらに、マルサスは、その二つの原型命題から、人間社会の人口の運動としてより具体的に表現した三つの命題——「1.　人口は食糧がなければ増えることができない。2.　食糧があれば人口はひたすら増加する。3.　人口増加の大きな力は、貧困や悪徳を生み出すことによってしか抑制できない」（第2版以降は、第3命題に「道徳的抑制」が付け加えられました）——を導き出して、それらをあらゆる知識の真の源泉であり基礎でもある「経験（歴史的事実）」に照らして確証しました。第1命題については自明で例証を必要としないものであることから、第2、第3命題についてさまざまな例証を示すことで、その正しさを証明しようとしたのです。

　例えば、第2命題については、アメリカを例として挙げています。アメリカは、食糧が豊富で、早婚に対する妨げが少ないため、人口は25年で2倍になったとされています。これは現実に経験された数値であることから、これを基準として、人口は抑制されない場合、25年ごとに2倍になる、つまり、人口は等比数列的に増加することが導かれました。また、食糧の増加率に関しては、イングランドを例に挙げています。イングランドの場合も、多くの土地が開墾され、農業が大いに奨励されるなど、最良の政策がとられた場合、農業生産は最初の25年で倍増するかもしれません。しかし、次の25年で生産が4倍に増加することは土地の性質上あり得ないとマルサスは考えていました。イングランドにおいては、人々が努力した場合、総生産はいま生産されている産出量に等しい分だけ、25年ごとに増加することから、生活物資（食糧）は等差数列的に増加するのです。

　第3命題については、それぞれの国や地域において歴史的に、どのように人口が抑制されてきたのかについて、版を重ねる毎にたくさんの例を挙げて証明

コラム③　反証可能性

　「反証可能性」（falsifiability）とは、哲学者**ポパー**が科学と非科学の境界設定のために提唱した概念で、仮説や命題の誤りを実験や観察など経験的方法によって証明できる可能性のことです。例えば、「すべてのカラスは黒い」という命題は、白いカラスの発見により誤りを証明できるので、反証可能な科学的知識だと言えます。しかし、「死後の世界は存在する」という命題は誤りを証明する経験的方法がなく、科学的知識とは言えません。また、「明日は雨が降るか降らないかのどちらかだ」という命題は同義反復にすぎず、反証可能性をもたないため、これも科学的知識とは言えません。科学理論とは反証可能性をもつ仮説の集合であり、反証に耐えて残った仮説だけが科学的知識の山に加えられ、仮説の発見と反証を繰り返すことで科学は進歩する、というのが彼の科学観なのです。

　本書第 3 章で説明されたように、**マルサス**は『人口論』第 2 版から第 6 版（📖）において人口抑制策として道徳的抑制を追加しましたが、この追加によって彼の人口原理はどんな現象によっても反証されなくなりました。現実の人口の状態がどのようであっても、積極的妨げ・予防的妨げ・道徳的抑制の異なる程度の作用として説明できます。貧困も悪徳も伴わずに食糧が人口よりも速やかに増加するという証拠が提出されても、それは下層階級が道徳的抑制を実行しているからだ、と反論できます。ポパーの科学観に従うならば、このようなマルサスの人口の原理は反証可能性をもたないため科学的知識とは言えません。しかし、科学性の条件がまだ曖昧であった時代にマルサスが人口現象の理論的・総体的な把握を試みたことは、それ自体が十分に画期的だったと言えましょう。

（中澤信彦）

しようとしています。例えば、第 6 版で紹介されている日本については、日本人の特徴は中国人と比べて、はるかに好戦的で、騒乱を好み、放蕩かつ野心的であると紹介しています。そして、人口を制限する要因として、性行動の放埒さ、戦争や内乱の高い頻度を挙げています。

　以上のように、マルサスは、『人口論』において、人口原理の正当性を証明するための方法として、帰納法を用いていたのです。

　また、マルサスは、人口が制限される仕方に関する例証を、「どうなってい

るか」といった観察に基づく実証的と、「どうあるべきか」といった価値判断
に基づく規範的という二つの観点から行っていました。『人口論』では、人口
増加率が食糧増加率を上回る場合、人口は何らかの方法によって制限されなけ
ればなりません。そこで、マルサスは実証的な制限を予防的妨げと積極的妨げ
に分類しました。さらに、規範的な観点から、予防的妨げを道徳的抑制と悪徳
に区分しました。以上のように分類することによって、マルサスは、自身の人
口原理を例証するに当たって、すべての事象がいずれかの制限に必ず当てはま
るように説明しようとしたのです。

　例えば、労働者の生活水準が何らかの理由で向上し、食糧に対する人口の圧
力が感じられなくなったとします。しかし、この場合でも、マルサスの人口原
理に対する反証となるのではなく、これは予防的妨げが強力に作用していると
いうことを示しているにすぎません。また、規範的観点からみても、その予防
的妨げは、「不規則な満足」を伴う悪徳か、それを伴わない道徳的抑制かに分
類されるため、どのような事例でもマルサスの人口原理を例証するものとなる
ことから、マルサスの人口原理は、論理的に成り立つのです。

● マルサスの人口波動論

　マルサスは、人口は食糧がなければ増えることができず、食糧があれば人口
はひたすら増加すると考えていました。そして、マルサスの人口原理に従えば、
人口は食糧の増加を大幅に上回り、増え続けていくことになります。しかし、
なぜ、人口の増加が食糧の増加と均衡するレベルに保たれるのでしょうか。こ
れは、マルサスの人口波動論を用いて説明することができます。

　マルサスのいう人口波動とは、近代社会においては、賃金と食糧価格の騰落
を通じて現れる人口および、人口が時間と共に変わっていく人口動態の変動の
現象のことを表します。そして、そのような現象が生み出される理由は、人口
と食糧は相互依存関係にあるものの、人口と食糧のバランスが常に変動してお
り、それぞれの増加率が一致することが稀であるからです。

　例えば、動植物の場合であれば、種の増殖を求める強い本能に従い、その数
を増やしていくことになります。そして、空間と養分が不足することで、その

数は抑制されることになります。一方、人間の場合は、動植物と異なり、その抑止効果はより複雑になります。人間も動植物と同様、本能に従い、種の増殖に向かいますが、人間の場合、生まれる子どもに食べ物を与えられないなら子どもを産むべきではないのではないか、自分の社会的地位が下がるのではないか、もっと懸命に働かなければならなくなるのではないか、といった理性により抑止されるのです。

　したがって、食糧と人口の増加率が異なる理由は、動植物の場合は、主に土地の性質により、食糧増加能力が決定されるのに対し、人間の場合は、個々人の意志決定により、その増殖率が異なってくるからです。そして、人間の場合には、人口が抑制される結果として、貧困や悪徳が生み出されるのです。

　この結果が生み出される過程について、マルサスは、人口波動の考え方を用いて説明しています。マルサスによれば、まず、人口に比べて食糧が多い場合を起点として考えます。そのため、食糧があると人口はひたすら増加するため、人口増加に向けての恒常的な営みにより、食糧が増産されるよりも先に、人口が増えていってしまいます。すると、一人当たりの食糧が少なくなってしまい、食糧価格は上昇していきます。その一方、労働市場において、労働者数が市場での需要を上回るため、労働の価格は下落します。そのため、労働者は以前と同じだけ稼ぐために、さらに一生懸命働かなければならなくなります。この困窮の時期の間は、結婚することや家族を養うことが難しくなるため、出生率が低下し、人口の増加が止まります。しかし、労働の価格が安くなり、労働者数は増加し、労働者の勤労意欲も高まるため、農場経営者にとっては、労働者を雇いやすくなります。そのため、農場経営者は、耕作面積を増やしたり、耕作地に肥料を施すなど、土地を改良したりすることで、食糧生産量を増やすようになります。そして、食糧と人口のバランスが以前のように均衡するようになります。そうするとまた、労働者の生活水準が再び上昇するため、人口に対する予防的妨げがある程度緩み、出生率が上昇します。こうして、人口は停滞する時期と増加する時期が交互に繰り返され、波動が生まれるのです。

　また、マルサスの人口波動の説明から、マルサスの思考様式を窺い知ることができます。そこでは、マルサスは、食糧増産の時間的過程を描き、食糧の増

産が、需要増加の結果として述べられています。すなわち、人口は惰性的な運動を行うために、人口が食糧よりも増えすぎると、その結果、一方では、食糧価格の上昇と賃金の低下が生じ、また、それを補おうとしてより働くようになるといった労働の強度および時間が増加します。他方、全体としては、食糧需要が増加する局面が生じます。これは、生産物価格の上昇と生産費の下落を意味することから、農場経営者は、この局面に刺激されて、食糧は増産されることになります。

　マルサスは、食糧増産が予防的妨げを緩和させるという因果関係と、人口増加が食糧増産を刺激するという因果関係を、ともに認めていました。とはいえ、人口波動論においては、人口成長が究極的には妨げられるという論旨から、前者の因果関係を強調したのです。後に、この予防的妨げに関するもので、境遇改善の欲求に関する見解の違いは、**シーニア**との論争を生み出すことになります。

● 人口原理と収穫逓減の法則

　マルサスの人口原理は、人口増加率が食糧増加率を必ず上回ることを想定しています。では、なぜマルサスは、食糧増加率は人口増加率を上回らないと考えたのでしょうか。その理由として考えられる原因の一つが「収穫逓減の法則」です。収穫逓減の法則とは、生産要素である労働、土地、資本の追加投資から得られる産出量が次第に減少するというものです。この生産要素のうち、土地に対する収穫逓減の法則は、一定の土地からの収穫量は、労働投入量に比例することなく、労働を一単位追加したとしてもその収穫量は逓減していくというものです。そのため、肥沃度の低い土地（劣等地）に対しても耕作が拡大されていきます。これを外延的収穫逓減といいます。一方、同じ土地に対して追加投資をしていっても、収穫が次第に減少することを内包的収穫逓減といいます。

　『人口論』初版では、食糧生産に関して、最初の25年で倍増するかもしれないが、次の25年で生産が4倍に増加するとはあり得ないと述べていました。その際、マルサスは4倍増という想定は、土地の性質に関するすべての常識に

反すると述べるにとどまっていました。しかし、第2版以降、この箇所に関して、土地の性質に関するすべての常識に反するといった説明の後、耕作地の拡大に比例して、以前の平均生産物に年々加えられる増加分が次第に規則正しく逓減しなければならないことは明白であることを付け加えるようになりました。このことから、マルサスは、食糧増加について、食糧増加の制約を土地の肥沃度の低下に求めるようになり、収穫逓減の法則に近い形を提示するようになりました。このような土地の収穫逓減に関する見解は、当時の経済学者たちに徐々に受け入れられていました。

　しかし、歴史的には、農業技術の発展により、農業の生産性が向上したにもかかわらず、マルサスの場合、生産に対する技術進歩については評価していませんでした。なぜなら、ナポレオン戦争中、耕作地に対する改良の方法があったにもかかわらず、穀物価格の騰貴が続いたことから、農業技術の進歩は収穫逓減の作用を相殺することはできないという印象を残したからです。そのため、マルサスは、農業技術の進歩は、収穫逓減の傾向を一時的に抑制するにすぎないと考えたため、技術進歩による生産量増加に対しては低く考えていました。

● マルサス・シーニア人口論争の概要

　マルサスの人口原理は、人口の妨げがない場合、人口増加率が食糧増加率を上回るというものでした。このマルサスの人口の妨げについての考え方に対して、さまざまな批判が向けられました。マルサスは、人口を妨げる要因として、予防的妨げを重視していました。そして、この予防的妨げに関することに、労働者の境遇改善の欲求がありますが、この点に関して論争が起こりました。これは、境遇改善の欲求により人口が抑制されるのではないかという議論であり、その典型例がシーニアとの論争です。マルサスとシーニアの人口論争は、シーニアの『人口に関する二講義』（1829 ）の付録に所収されています。

　マルサスとシーニアは、1829年3月から4月にかけ、手紙を通じて、互いの人口と食糧の増加の関係について論争を行いました。マルサスの人口原理は「人口は食糧よりも速く増加する傾向がある」というものであり、シーニアの人口原理は「食糧は人口よりも速く増加する傾向がある」というものです。そ

して、手紙では互いの人口原理について——主に、互いが用いる「傾向」の要因、人口増加に関する事実認識、互いの主張が社会に与える影響の３点について——議論されました。

　まず、手紙では互いの用いる「傾向」の要因について議論を行いました。両者は、それぞれの人口原理における、「傾向」の認識が異なっていましたが、その要因として考えられるのは、「結婚の欲求」および「境遇改善の欲求」の認識の違いでした。この結婚の欲求とは、人口を増加させる傾向があるものであり、一方、境遇改善の欲求とは、生存手段を増加させる傾向があるものです。

　シーニアは、傾向を攪乱する原因のない賢明な制度の下にある国では、境遇改善の欲求は、結婚の欲求と同様に自然なものであるからこそ、食糧は人口よりも速く増加する傾向が実現されると考えていました。また、事実、そのようなことが一般的に起こってきたと述べています。

　一方、マルサスは、シーニアと異なり、境遇改善の欲求は、食糧の直接的増加にどう影響するかという点で見る限り、人口増加の傾向と比べてはるかに弱いものであると考えていました。そのため、結婚の欲求は境遇改善の欲求よりも強く、人口は食糧よりも速く増加する傾向があるのです。また、マルサスにとって、人口増加を抑えることができる力をもっているのは労働者のみであると考えていました。しかし、マルサスは、境遇改善の欲求が、食糧の増加に関して労働者に働きかける程度はかなり小さいと考えていました。マルサスの考える労働者の特徴とは、農業資本の蓄積も、農業の改良も行わない人たちでした。そのため、食糧の増加を実現することができないと考えたのです。このままでは、人口は増加し続けてしまうことになりますが、結婚の欲求と比べると弱いものではありますが、『人口論』の第２版で付け加えられた道徳的抑制の効果には期待できると考えていました。また、境遇改善の欲求にあたる、生存手段増加の欲求は、慎慮の習慣を手段として用いることにより、人口増大を抑制し、貧困を防ぐことができるのであるとして、この慎慮の習慣の重要性を述べています。したがって、マルサスは、労働者の境遇改善は、境遇改善の欲求により生じる農業の改良によってではなく、道徳的抑制によって実現すると考えていました。

　次に、両者は事実認識においても異なっていました。マルサスは、シーニアの人口原理が成り立つのは一時的なものであると主張しました。人口と食糧のどちらが速く増加する傾向があるかを言うためには、人々が生存手段との関連において、どのような現実的な条件のもとで生きているかを知らなければなりません。しかも、その現実的条件は、同じ国民のなかにおいても、時代によっても異なります。食糧が人口よりも相対的に多いのは、早い時代にも遅い時代にも見られるものであって、ただ単に文明と人口の状態からだけでは説明できないとしています。

　一方、シーニアは、自身の人口原理がいつの時代にも成り立つものではないことは認めていますが、200–300年ごとに各国の状態を比較してみると、その前の200–300年の間に、人口よりも大きな比率で食糧が増加した場合の方が、その逆の場合よりも多いと述べていました。

　最後に、互いの主張が社会に与える影響について述べています。マルサスは、困難の本質を誤らせるとして、シーニアの人口原理の有害性を批判し、人口抑制の努力が必要であると主張しました。一方、シーニアも、マルサスの人口原理は、生産力を上昇させようとする努力に対して冷や水をあびせるものであると批判しました。

　シーニアは、手紙の最後で、社会改良のためのどのような計画も、食糧増産と、食糧に比例した人口増加を防ぐ手段の両方を持ち合わせていなければ、完全ではないと述べ、マルサスとの論争を「相互の一致」をみて終わったと述べました。しかし、実際には、人口抑制のための努力よりも、食糧増加のための努力に力点を置くことがよりよい結果につながるとして、依然としてその対応の仕方に隔たりがありました。

●シーニアによる人口論争の振り返り

　シーニアは、『経済科学要綱』（1836📖）のなかで、マルサスとの人口論争を振り返っており、両者の人口論争における「傾向」についての意見の食い違いをウェイトリの解釈を基に解決しています。ウェイトリによれば、両者の論争の問題は言葉の曖昧さであったと考えていました。ある一定の結果への「傾

向」という言葉には、第1に「妨害されずに作用するならば、その結果を生み出す原因が存在する」ということを意味する場合と、第2に、「その結果が生じることを予期しうるような事物の状態が存在する」ということを意味する場合があります。太陽を中心に周回する地球を例とした場合、第1の意味では、地球は接線方向に飛び去ってしまいます。これを人間に置き換えると、人間のなかには、人口を制限する要因がなければ、人口増加に至る性向があるからです。一方、第2の意味では、地球は太陽を中心に周回します。これはある一国が、歴史的に野蛮な状態から文明国へと移り変わる社会の進歩を意味します。以上をマルサスとシーニアの人口原理に当てはめた場合、マルサスの人口原理は第1の意味に該当し、シーニアの人口原理が第2の意味に該当するのでした。シーニアは、マルサスの人口原理は非現実的であると考えていましたが、野蛮な国においては、マルサスの人口原理は成立すると考えていました。一方、シーニアの人口原理は、文明国において成り立つものです。これは、賢明な制度の下、すなわち攪乱原因がないときに成り立つものであります。この攪乱原因とは、「財産の安定、貿易の自由、地位や権力の機会均等」を妨げるもののことを意味します。野蛮な状態では、この攪乱原因が存在することにより、マルサスの人口原理が成り立つとシーニアは考えました。そして、人類の進歩の歴史を振り返った場合、基本的に、野蛮な状態よりも文明的な状態に進むことは自然なことであり、かつ、生存手段が野蛮な国よりも文明的な国において豊富であることが認められるのであれば、当然、食糧の増加率は人口の増加率を上回るのが自然の傾向となるのです。

● 現代におけるマルサス『人口論』の影響

　マルサスは『人口論』を通して、資源である土地の制約により、人口が制限されることを示しましたが、歴史的には間違いであったことが証明されています。しかし、マルサスの『人口論』の影響が失われたわけではありません。

　1968年に出版されたエーリックの『人口爆弾』（□）という書物は、人口過剰による世界的な飢餓が迫っていると警鐘を鳴らし、世界的ベストセラーとなりました。この主張の根拠となったのは、第二次世界大戦後に起きた食糧の大

幅な生産性の向上である「緑の革命」と医療技術の向上です。これにより、低
開発国では出生率の減少を伴わずに、死亡率が下がります。さらに、アメリカ
のような過剰開発国では、出生率が低下しつつありますが、それでも人口が増
加し続けるため、農業生産力が限界に達してしまいます。そして、過剰開発国
では、これまで環境に対して大きな負担をかけて農業生産力を高めてきたこと
により、一時的もしくは継続的な不作に対して極めて弱い状態に陥ってしまっ
ています。そのため、過剰開発国は、飢餓の危機にある低開発国の人々に対し
て余分な食糧を与えることができないため、世界的な飢餓が発生してしまう、
というのです。この問題を解決するには、マルサスと同様、出生率の低下と死
亡率の上昇が挙げられています。

　『人口爆弾』の次にマルサス『人口論』の考えを引き継いだのが、1972 年に
ローマクラブが出版した『成長の限界』（📖）です。ローマクラブは、工業化、
人口増加、食糧不足、天然資源の枯渇、環境問題の五つの問題を成長の限界の
根拠として挙げており、資源や環境のいろいろな要素を考慮したシステムダイ
ナミクスと呼ばれるシミュレーション手法を用いて、世界の経済成長は 20 世
紀末から 21 世紀末には限界に達し、その後はマイナスに転じると予測しまし
た。そして、ローマクラブの予測によれば、世界全体は、マルサスが指摘した
人口原理を基とする人口増加と資源の消費により、2010 年代には一人当たり
の生産高の減少が起き、2020 年代には飢餓による死亡率の上昇が始まり、
2030 年前後には世界の人口が減少し始め、現在のような文明社会は崩壊する
とされました。そのため、崩壊を防ぐためにも、人口増加と経済成長を抑制す
る抜本的な手段を即座に実施しなければならないと警鐘をならしました。

　マルサスの人口原理は、「人口は制限されなければ、等比数列的に増大し、
生活資料は等差数列的にしか増大しない」でした。これは、言い換えれば、土
地には収穫逓減の法則が働くため、農業資源は限られてしまい、増大する人間
の需要を賄いきることができないとも言えます。マルサスは、農業技術の進歩
は、収穫逓減の法則を一時的に抑制する効果しかないと考えていたことから、
資源の制約により、人口は制限されると考えていました。幸いなことに、その
後の歴史をみると、人口は著しく増加しているにもかかわらず、農業技術の飛

躍的な進歩のおかげで、土地の生産能力はマルサスの時代と比べて飛躍的な向上を遂げていることから、資源の制約が人口の制約にはなっていないようにみえます。しかし、『人口爆弾』やローマクラブの『成長の限界』が世界に衝撃を与えたように、現代においてもマルサスの『人口論』はその影響力を保っているともいえます。

より深く学習したい人のための文献リスト（50 音順）

佐々木憲介『経済学方法論の形成』北海道大学図書刊行会、2001 年。
中西泰之『人口学と経済学』日本経済評論社、1997 年。
マルサス学会編『マルサス人口論事典』昭和堂、2016 年。
森下宏美『マルサス人口論争と「改革の時代」』日本経済評論社、2001 年。
柳沢哲哉『経済学史への招待』社会評論社、2017 年（特に第 7 章）。

第4章

資本主義の把握において階級概念はいかなる意味で本質的か

——リカードウ、マルクス、スラッファ——

久保　真・若松直幸

　本章では、資本主義における階級対立に注目し、そのような視点がそれ自身の経済学に現れる、**リカードウ、マルクス、スラッファ**について取り上げます。彼らのうち、特にリカードウの経済学を中心に論じ、それがマルクス、スラッファの経済学とどのように関係するのか見ていきます。

　リカードウは今から200年ほど前に活躍し、古典派経済学を完成させた経済学者として知られています。その経済学はマルクスやスラッファを含め多くの人に影響を与え、今日でも経済学を論じるうえでは不可欠な人物の一人と言えます。マルクスは20世紀に成立した社会主義国の思想的源泉に位置し、社会主義を語るときには必ずと言ってよいほど注目を浴びる人物です。彼は、当時の資本主義を批判するために、自らが理解する仕方において眼前の資本主義を論じてみせましたが、そこで搾取という概念を提唱しました。スラッファは、リカードウの経済学を現代に再興しようと、それが抱えていた難問について解決を試み、数学的に定式化された経済モデルを提示しました。主流派経済学である新古典派経済学に対して、今日の異端派経済学にはネオ・リカーディアン（neo-Ricardian）と呼ばれる学派が存在していますが、それはリカードウにその想源をもつスラッファの経済学に基礎を置く学派で、主流派経済学に取って代わるような数理的な経済モデルを開発しようとしてきました。

　リカードウ、マルクス、スラッファ（さらに現代ネオ・リカーディアン）は、その活躍する時代が異なることもあり、それぞれの関係は一見するとわかりに

くいかもしれませんが、実は、それらの経済学にはある共通した特徴があります。それは、労働者、資本家、そして地主という階級間の利害対立です。詳しくは後ほど説明しますが、リカードウたちは、消費者や企業といった個々の経済主体の主観的な立場から経済を捉えようとするのではなく、ある所与の経済社会における労働者・資本家・地主の間の所得関係などに基づいて、個人の合理性を超えた客観的な立場から経済を捉えようとしました。このような考え方を正しく理解することで、資本主義という経済のあり方の本質について、今日の主流派経済学にはどのような視点が欠けており、反対に、リカードウ、マルクス、スラッファ（さらに現代ネオ・リカーディアン）の経済学がどのように現代に位置付けられるかがわかるでしょう。

　それでは、まずリカードウの経済学から、どのようなものか見ていきましょう。

● リカードウの経済学──目的と分析枠組み

　1817 年に出版されたリカードウの主著『経済学および課税の原理』（□：以下『原理』）は、その冒頭で経済学の目的を以下のように定めます。

　　大地の生産物──すなわち、労働、機械および資本の結合充用によって、地表から得られるすべての物は、社会の 3 階級、すなわち、土地の所有者、その耕作に必要な資本の所有者、およびその勤労によって土地が耕作される労働者の間に分割される。／しかし、社会の異なった段階においては、地代、利潤、および賃金という名称のもとに、これらの階級おのおのに割り当てられる割合は、本質的に異なるであろう。それは主として、土壌の現実の肥沃度、資本の蓄積と人口、および農業で用いられる熟練、創意、用具とに依存する。／この分配を左右する法則を決定することが、経済学における主要問題である。

現代的に言えば、一国の総生産が地代（土地の賃料）・利潤・賃金という形で人々の所得として分配されるが、そのマクロ動態的な分配法則の解明こそが経済学の根本問題だ、ということでしょう。古典派経済学の中心でもあったよう

に、リカードウは経済成長に関心があり、その源泉となる利潤（率）の動向に注目していたので、分配法則の問題が彼の頭の中の大きな部分を占めていました。一国の総生産は、今日であれば「国内総生産（GDP）」という指標を使って捉えようとしますが、ここでは「大地の生産物」として捉えようとしています。これは、当時のイギリス経済がいまだ産業革命途上の農業中心の経済であったこともありますが、後述するように、農業部門を中心に賃金・利潤・地代の動態的な分配法則が描かれ、それによって経済主体間の階級対立という資本主義の本質が浮かび上がるなど、リカードウの採用した分析方法が彼にこうした表現を選択させたとも考えられます。もう一つ注目されるべきことは、所得分配を左右する「法則」が存在すると彼が考えていることです。法則とは何かということを彼が詳細に論じているわけではありませんが、自然界だけでなく社会においても、多様な経験的世界の内奥に普遍的な法則性が宿っているという認識が窺えます。いずれの論点についても、後の節で立ち戻ります。

　さて、所得分配という最終問題に接近するに当たり、リカードウは、一国の総生産の測定方法の問題にまず取り組みます。今日の国内総生産などでは市場価格で測定するのが一般的ですが、市場価格では種々の偶発的な事情に左右され所得分配を論じるのに適切ではないと考えて、もっと長期的な観点から総生産の価値（財の価値）を捉えようとします。そこで彼が依拠するのが、財の価値はそれを生産するのに要した労働量に究極的には還元できるという投下労働価値説です。リカードウは、生産に投下した資本に対して得られる利潤率は長期的にすべての資本について均等化され、その場合、生産に用いた原材料や機械設備の価値もその投下労働量に還元できると考え、投下労働価値説を提示しました。投下労働価値説が厳密に成り立つには、経済全体で各財の生産期間が同一でなければならないという強い仮定が必要になりますが、悪戦苦闘した結果、リカードウはこうした立場から基本的に議論を進めることになります。これにより、財の価値は労働量という物的な投入量に依存するものとして考え

1　例えば、生産期間が長い財の価値は、同じ投下労働量で生産されるより生産期間の短い財と比べて、その期間の長さに応じてより大きな付加価値がつくため、同量の労働の生産物であるにもかかわらず、両者の財の価値は異なるものになる。

ることができます。このような枠組みの下で、それぞれの財の価値を測るための価値尺度財（ニューメレール）として、経済の発展状況にかかわらず、生産に要する投下労働量が不変であるような財を仮想的に考えて、それを尺度にして総生産を測定すれば、偶発的な事情の影響を受けずに所得分配を確実に論じることができるのではないか、と考えたのです。

● リカードウの経済学──地代論

　価値を論じたので、次は所得分配を論じる段階です。所得分配は地代、利潤、賃金の３種の所得範疇から論じられますが、リカードウはまず地代を取り上げます。「大地の生産物中の、土壌の根源的で不滅の力の使用に対して地主に支払われる部分」（『原理』第２章）と定義し、地代を論じるに当たって農業だけを議論の対象にします。リカードウは、肥沃度の高い順に、第１等地、第２等地、第３等地と呼び、地代が生じる仕組みについて、以下のように説明します。

> 　第1、第2、第3等地が、同量の資本と労働の投下によって、穀物 100、90、80クォータ[2]の純生産物を産出すると仮定しよう。……第１等地の耕作のみが必要であるに過ぎない若い国においては、純生産物は全部農業者［資本家］に帰属し、彼が前払する資本の利潤となるであろう。労働者の維持分以外には 90 クォータしか得られない第２等地の耕作を必至にするほど、人口が増大するや否や、地代は第１等地に始まるであろう。というのは、農業資本に対して二つの利潤率が存在しなくてならぬか、あるいは、第１等地の生産物から 10 クォータ……が、他の目的のために、引き去られねばならぬか、どちらかであるからだ。
>
> （『原理』第２章）

「仮定しよう」という文言から分かるように、リカードウは仮説的な設例から演繹的に議論を進めていきます（☞コラム④「演繹と帰納」）。各土地の耕作には同量の資本（労働）が投下され、その産出は、生産に投下された資本の回収

2　クォータ（quarter）は穀物の単位で、1クォータは200kg 余り。

コラム④　演繹と帰納

　狭義には、演繹とは一般的な言明から個別的な言明を導く推論であり、帰納とは個別的なものから一般的なものを導く推論とされますが、より広義には、推論の出発点とそこから導き出された帰結との関係が必然的なものが演繹で、蓋然的なものが帰納と言えます。

　企業の理論を例に取ってみましょう。推論の出発点として、利潤最大化を目指す企業を仮定して、諸財の価格と収穫逓減型技術が与えられるならば、その企業は生産物価格と限界費用が等しくなるべく生産量を決定する、という帰結を数学的に導き出したとします。推論の出発点から帰結までは必然なので、この推論は典型的な演繹です。しかるに、企業は利潤最大化を目指すという推論の出発点（あるいは仮定）は、どのように導き出されたのでしょうか。さまざまな個別企業を観察してみて、一般的におおよそ（＝蓋然的に）間違いでないということで、そのような仮定を導いたのかも知れません。そこでは、観察された個別具体的な事実——現実の企業の実態——が出発点で、企業は利潤最大化行動をとるというのが帰結となっているわけですが、両者には必然的な関係はありませんから、この推論は帰納です。蓋然的である以上、これを穏当だという立場もあれば、企業には利潤最大化以外にもさまざまな目的があるのだからそうした一般化は不適切だという立場もあり得るわけです。重要なことは、経済学では帰納が経験的事実（＝現実）との関連で理解されてきたことです。

　とはいえ、現代の主流派経済学は、企業が利潤最大化行動をとるというような、演繹の出発点をなす仮定をどのように導いたのかを、説明することをしません。そうした仮定が現実的である必要はない、という立場もあり得るのです。

（久保　真）

部分と、それを上回る純生産物部分で構成されます（図 4-1 を参照）。ここで、第 1 等地だけが耕作される場合、地代は生じません。なぜなら、需要と供給の原理にしたがって、肥沃な土地が豊富にある場合は、水や空気と同様、土地の利用料である地代は発生しないからです。けれども、人口増加により食糧需要が増大し、より肥沃度の劣った土地が耕作に用いられると、そのような土地とより肥沃な既耕地の収穫高の差が地代を構成します。すなわち、第 2 等地まで

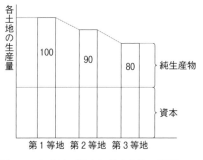

図 4-1　各土地の資本と純生産物の関係

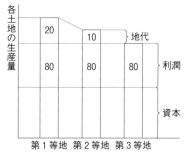

図 4-2　第 3 等地まで耕作した時の分配

耕作されると、第 2 等地との生産量の差（純生産物の差）に応じて、第 1 等地では 10 クォータが地代として生じます。この時、第 1 等地と第 2 等地では、それぞれ 90 クォータの利潤が生じます。同様にして、第 3 等地まで耕作されると、第 3 等地との生産量の差に応じて、第 1 等地では 20 クォータ、第 2 等地では 10 クォータが地代として生じます。この時、第 1 等地から第 3 等地では、それぞれ 80 クォータの利潤が生じます。ここからわかるように、土地の耕作状況に応じて、最も肥沃度の低い最劣等地では、第 1 等地だけが耕作される場合と同様の理由で、地代は生じません。また、社会全体で獲得される総地代は、第 2 等地、第 3 等地と土地の耕作が進むにつれて、増加することがわかります。なお、第 3 等地まで耕作された状態は、図 4-2 のように表すことができます。

　図 4-2 からわかるように、最劣等地以外の優等地では、元々は利潤であった部分が、土地の耕作の進展によって地代に転換されていることがわかります。これは、均等利潤率の仮定により、「二つの利潤率が存在」することはあり得ないという理由に基づくものです。

　上の設例は、人口増大による食糧需要の高まりに対応する形で、国民経済の農業部門が拡大していくマクロ的な過程を描写するためのモデルとして機能することが意図されています。実際、リカードウは上の設例から、「地代の騰貴はつねに、その国の富の増大と、その増加した人口に対して食糧を供給する困難との結果である」（『原理』第 2 章）という、国民的な分配の趨勢に関する一

般的な結論を引き出しているのです。これは、リカードウにおける経済学の主
要問題に対する解答の一部をなすわけですが、国民経済を農業部門に、さらに
農業部門を農場（経営単位）に還元する形で――言い換えれば、農場を国民経
済の農業部門に、農業部門を国民経済に昇華する形で――論じたところに、彼
の議論の特徴があります。

　以上のような地代の捉え方は「差額地代説」と呼ばれるものですが、リカー
ドウはそこからさらに重要な含意を引き出します。土地の肥沃度の差から生じ
る農産物の収穫量の違いが地代として吸収されるのだとしたら、地代を考慮の
外に置くことで、すべての土地は最劣等地と同質のものと考えることができる
というのです。言い換えれば、土地の耕作状況に応じて、穀物の価値は最劣等
地の生産条件（投下労働量）によって決まることになります。「差額地代説」で
は、地代は、各土地の肥沃度の違いがもたらすものであるため、投下労働価値
には含まれません。したがって、穀物の価値に地代は含まれず、地代の生じな
い最劣等地が穀物の価値を決めることになります。これに関して、リカードウ
は、人口増加による食糧需要の高まりとともに、より肥沃度の低い土地を耕作
せざるを得なくなると、穀物が高価になっていくという傾向を大いに強調しま
す。

　もちろん、農業改良が生じれば、より肥沃な土地のみでの穀物生産でもって
食糧需要に応えることも考えられ、その場合は穀物が安価になることも認める
わけですが、こうした技術進歩への注目は、「法則」の確定という目的には二
義的な重要性しかないと考えている節があります。現代経済学でいうところの
外生的な要因よりも、内生的な諸変数の変化に分析的な焦点を合わせているわ
けです。

● リカードウの経済学――賃金論

　地代を論じたので、分配「法則」の確定に当たって残された課題は、利潤と
賃金との関係になります。先に結論を述べると、リカードウは、最終的に賃金
と利潤とが相反関係にあると考えます。財の価値に地代は含まれないので、賃
金が決まればそれに応じた利潤率が定まり、高い賃金には低い利潤率が対応し

低い賃金には高い利潤率が対応する、というのが賃金利潤相反関係です。リカードウは、利潤というのは地代と同様に生産から生じる剰余であり、また、それは総生産のうち地代と賃金が支払われた後の残余であると考えていたので、まず賃金を決定する問題から始めます。

　リカードウは、経済全体の賃金水準の決定には二つの要因が関与すると考えています。第一に「労働者の供給と需要」（『原理』第5章）です。「労働者の供給」とは労働力人口のことであり、人口におおよそ比例するもの、また、「労働者の需要」とは「労働維持の基金」とも言い換えられます。資本家がある時点で所有する「労働維持の基金」をその時点の労働力人口で除すことにより、賃金が導出されます。では、労働者の供給と需要がどのようにして決まるのかというと、それぞれ賃金と利潤の大きさに依存します。すなわち、労働供給は、他の事情が変わらないなか賃金が高くなると、労働者階級の出生率が上昇し（あるいは幼児死亡率が下落し）、やがて労働供給が増大して、賃金を押し下げようとする力が働くのに対して、利潤率が高くなると、資本家たちによる資本蓄積──貯蓄＝投資活動──が活発になり、労働需要が増大し、賃金を押し上げようという力が働きます。言い換えれば、賃金は人口成長率に、利潤は労働維持基金の成長率に影響します。これより、かなり長期的な性質のものとして需要と供給が考えられていることがわかります。

　賃金水準に影響を与える第二の要因は、「労働の賃金が支出される諸商品の価格」（『原理』第5章）です。「賃金が支出される諸商品」とは、労働者が日々の暮らしのなかで購入し消費していく財のことです。現代の消費者物価指数におけるバスケット（買い物カゴ）のような形で、労働者が支出する財の組み合わせと割合はおおよそ決まっているものとして、リカードウは賃金の実質を単純化して考えました。彼は数値例を出して説明しています。賃金所得の50％が穀物に支出されているとして、穀物価格が6％騰貴すれば、（他の財の価格が不変で）賃金が3％の上昇をしないと労働者は同じ生活水準を維持できない、なので、賃金はそれだけ上昇しようとする傾向がある、と言います。

　さて、以上のように、「労働力の供給と需要」と「（労働者が消費する）諸商品の価格」の二つの要因に左右される賃金水準は、結局のところ、どのような

水準になるのでしょうか。リカードウは、一方では、賃金水準には、労働力人口を増減させず一定に保つような水準である自然率があると言い、「賃金にはその自然率に一致する傾向がある」と述べます。他方で、発展しつつある経済では、そうした自然率を一定期間常に賃金が上回ることを強調し、さらに、その自然率自体も実質的に変化する可能性があることに注意を促します。

> ［労働の自然率は、］食物と必需品で評価しても、絶対的に固定不変なものと理解してはならない。それは同じ国でも時代が異なれば変化［する］。それは本質的に人民の習慣と風習に依存している。……今日イギリスの小屋住み農家で［下層農民によって］享受されている便宜品は、歴史の初期には、奢侈品と考えられていたであろう。　　　　　　　　　　　　　　　　　　　　（『原理』第 5 章）

「便宜品」とは、労働者の賃金バスケットに入る消費財、逆に「奢侈品」とはそうしたバスケットに入らない贅沢品という意味です。ここで述べていることは、つまり、経済全体が発展を遂げつつあるときには、人口を一定に保つ賃金水準は上昇していくということですから、実質的に同じ賃金（＝同程度の分量の消費財を購入できる賃金）水準が続くならば、労働者階級の出生率は下落していく可能性があるということでしょう。

　では、経済学の主要問題の重要部分である賃金の長期的傾向についてリカードウはどのように考えたのでしょうか。彼はこれを経済全体が発展している状態において考察するのですが、地代を論ずる場合と同様に、主として外生的な技術進歩が生じないケースに議論を集中させます。それは、経済成長に伴う劣等地耕作の進展が穀物生産に与える効果を明瞭に示したいということが、動機になっているからでしょう。この場合、人口増加により肥沃度の劣った土地が耕作に引き入れられ労働生産性が下落するのに従い、農産物価格は上昇します。

3　賃金の自然率は、しばしば「生存費賃金」と論じられるが、それは必ずしもリカードウの意図を正しく反映するものではない。なぜなら、労働人口を一定に保つような賃金の自然率は、時代や場所などその時々の慣習に応じて決定されるため、必ずしも人間が生存するのにやっとの「生存費」水準にあるわけではないからである。

その際、上記の「賃金水準に影響を与える第二の要因」で述べたように、農産物以外の財の価格が変わらなければ、農産物価格の上昇の結果、賃金は、農産物価格より低い率で上昇することになります。言い換えると、労働者が賃金と引換えに入手できる消費財の実質的な量は以前と変わらないとしても、賃金は名目的には上昇する、というのがリカードウの解答です。ただし、物的には「以前と変わらない」としても、賃金の自然率は上昇する傾向にあるわけですから、労働者階級の生活の余裕は徐々に失われていくように思われます。リカードウは、実質賃金が下落していく可能性すら示唆しています。

●リカードウの経済学──利潤論

　均等利潤率の想定の下での投下労働価値説、差額地代説、劣等地耕作が進むことによる穀物価格上昇ひいては賃金上昇という三つの仮説を説明し終えたリカードウにとって、後は、それらのパーツを使って「分配の法則」の全体像を明らかにすることだけです。直線的な演繹によって結論を導き出していきます。

　残る所得範疇は利潤ですが、その動向を論じる際、ここでも、人口成長と資本蓄積が進むという発展的な経済状況の想定の下、技術進歩がないケースが仮定されます。劣等地耕作が進むにつれて、地代は名目的にも実質的にも増大するのに対して、賃金は実質的には変わらないか下落するものの名目的に上昇するなかで、利潤率はどのように変化するでしょうか。

　リカードウは仮設例を用いて利潤率の長期的傾向について説明します。彼は、農業部門に着目して、ある時点の肥沃度の最も低い農場では、農業者が 3,000ポンドの資本を準備して労働者を 10 名雇って穀物を生産しており、利潤と賃金に分割されるべきその総生産は 720 ポンドだと仮定します。さらに、穀物価格は 4 ポンド（つまり、総生産は物量では 180 クォータ）であり、労働者の年間賃金は 24 ポンドで、その半分を穀物に、残り半分をそれ以外の財に支出するものと仮定します。すると、農業者は 240 ポンドを 10 人分の賃金として払っ

4　ポンド（£）はイギリスの貨幣単位。1971 年まで、1 ポンド = 20 シリング = 240 ペンスという単位が使用されていたが、その後、1 ポンド = 100 ペンスという現在のものに変更された。

表 4-1　経済成長に伴う分配の変化

	第 1 等地 のみ耕作	第 2 等地 まで耕作	
穀物価格	4 ポンド	約 4. 23 ポンド	+
名目地代	なし	約 42. 3 ポンド	+
実物地代	なし	10 クォータ	+
利潤率	16%	約 15. 8%	▼
名目賃金	24 ポンド	24. 7 ポンド	+

　　＋：資本蓄積の進展にともなって上昇（増加）
　　▼：資本蓄積の進展にともなって下落（減少）

た後に残る 480 ポンドを利潤として取得するということになります。この場合、利潤率は 16％です[5]。さて、ここで人口が増え、上の農場よりもさらに肥沃度の低い土地に、農場を建設しなければならなくなったとしましょう。この農場では、最初の農場と物的に同量の資本を投下すると 170 クォータの総生産物が得られるとしましょう。彼の価値論からすると、生産性と財の価値は反比例するので、穀物価格は約 4. 23 ポンドに 6％弱上昇します[6]。また、賃金論より、労働者の年間賃金は 3％弱上昇して 24.7 ポンド程になります。この場合、170クォータの総生産は約 720 ポンドであり、総賃金が約 247 ポンドになるので、農業者の手元に残る利潤は約 473 ポンドであり、利潤率は 15.8％程に下落します。差額地代説より、このとき、先に操業していた農場では、地主に支払うべき地代が穀物 10 クォータ分だけ発生します。以上の結果をまとめると、表

5　利潤率を求めるにあたって、農業者が準備する 3,000 ポンドの資本のうち、総賃金 240 ポンドを除いた 2,760 ポンドは、賃金以外の資本（機械など）を構成し、その部分は産出される生産物の価値 720 ポンドに含まれないことに注意しなければならない。利潤率は、480 ポンドの利潤を 3,000 ポンドの資本で除すことで求められる。

6　10 人の労働で 170 クォータの穀物が得られる場合、1 クォータの穀物を生産するのに必要な投下労働量は（1/17）人になる。他方で、10 人の労働で 180 クォータの穀物が得られる場合、1 クォータの穀物を生産するのに必要な投下労働量は（1/18）人になるので、投下労働量に関して、前者は後者の（18/17）倍になる。したがって、投下労働価値説より、10 人で 170 クォータの穀物を生産する場合、その穀物価格は 4 ポンドを（18/17）倍した約 4. 23ポンドになる。

4-1 のようになります。

　なお、同じ理屈を繰り返すと、人口が増加して劣等地耕作が進展するにつれ
て、既耕地で生じる地代は増加し、賃金は上昇し、全体の利潤率が低下してい
くのは明らかです。すでに説明された仮説を前提に、方程式体系ではなく数値
例を用いながらですが、まったく演繹的に利潤率の傾向的低下という結論を導
き出しています。

　これまでに明らかにされたリカードウの分配論の長期的傾向からは、次のよ
うな含意が引き出されます。まず、発展する経済において、賃金は上昇し、利
潤率は低下することから、賃金と利潤は相反関係にあることがわかります。言
い換えると、労働者と資本家の利害は対立関係にあり、一方の所得が高いとき
は、他方の所得に反対の影響が生じます。また、こうした利害対立は、労働者
と資本家の間だけにとどまりません。というのも、経済成長の最中において、
地代だけが、名目的にも実質的にも増加するからです。すでに見たように、賃
金は、経済成長につれて、名目的には上昇しても、実質的には同じか、あるい
は下落する可能性があります。したがって、発展する経済において、地主の境
遇だけが改善されていき、資本家の境遇は次第に悪化し、労働者の境遇は変わ
らないか、悪化することになります。リカードウの経済学には、このような階
級対立の要素が組み込まれているのが、その大きな特徴の一つと言えるでしょ
う。

● リカードウの経済学――その帰結と含意

　リカードウは、以上のような推論の結果として、経済成長はやがて停止する
と考えます。

　　　利潤の自然的傾向は低下することにある。……利潤のこの傾向、いわばこの引
　　　力は、幸いにも、必需品の生産に関連のある機械の改良によっても、また以前
　　　必要とされた労働の一部を不要にし、それゆえに労働者の第一次的必需品の価
　　　格低下を可能にする農業科学上の発見によっても、間隔をおいて繰り返し阻止
　　　される。だが、必需品の価格騰貴と労働賃金の上昇には制限がある。というのは、

　賃金が（前述のように）農業者の全受領高である 720 ポンドに等しくなるやい
なや、蓄積は必ず終わりを告げるはずだからである。その場合には、どんな資
本も全く利潤を生ずるはずがなく、……人口はすでにその最高点に達している
からである。　　　　　　　　　　　　　　　　　　　　　（『原理』第 6 章）

　リカードウの経済モデルにおいて、資本蓄積は利潤からの投資によって実現さ
れるので、利潤率の低下は資本蓄積率が鈍っていくことを意味します。また、
労働者階級の生活の余裕が失われるとともに、人口増加のペースも鈍っていき
ます。その結果、発展する国民経済は、究極的に、資本も人口も増えず毎年同
規模で繰り返される定常状態に到達します。そしてこの時、剰余のほとんどが
地主によって地代の名目で取得されてしまうのです。もちろん、これは技術進
歩が生じないという非常に強い仮定の下での話ですが、こうした傾向を安価な
穀物の輸入によっても抑制できると、リカードウは考えていました。
　実は、リカードウの経済モデルが構築されるきっかけは、安価な穀物の輸入
を許すべきかどうかという当時の経済政策論争にありました。ナポレオン戦争
時、大陸封鎖によって食糧輸入ができなくなり、イギリス国内では穀物価格が
高騰し、共有地の穀物生産地への転換が進みました。ところが、戦争終結の兆
しが見え、ヨーロッパ大陸からの安価な穀物の流入が予想され始めると、地主
ら農業関係者から安価な穀物輸入を禁じる政策を求める声が高まり、その是非
を巡って論争が巻き起こったのです。リカードウは穀物輸入禁止に反対の立場
でしたが、結局、事実上穀物輸入を禁じる立法がなされ、論争それ自体には敗
れてしまいます[7]。しかし、自らの見解の正しさを確信し続けた彼は、『原理』
においても、穀物輸入の自由化は地代の著しい増加を防ぎ利潤率の低下を防ぐ
という、自らの経済モデルの政策的含意を明言します。リカードウの経済モデ
ルは、極めて実践的な問題意識のもとに彫琢されたものだと言えるでしょう。
　以上の議論からわかるように、リカードウは、現象の背後にはそれを律する
法則が存在すると考えています。それを原理的に考察するために、本質的では

7　しかしながら、その後、1846 年に穀物法は廃止されることから、最終的には、リカード
　ウ側が勝利を納めたという見方をすることもできる。

ない要因を捨象し本質的な要因のみを仮定したうえでモデルを組むといった方法を採用しているというのが、彼の方法の特徴です。「顕著な場合（strong cases）」と呼ばれるこの方法によって、リカードウは、外界に対する確実な知識を獲得し、「真理」への到達を目指さんとします。

● マルクスの経済学──労働価値説と搾取

　アダム・スミスの『国富論』（1776 ）には制度や歴史の変化に関する事例がふんだんに盛り込まれていたのに対して、リカードウの経済学には、そうした問題はほとんど登場しません。リカードウの経済学が、制度の変化やその複数性を無視しているという批判は、早くから唱えられました。例えば、ジョーンズという経済学者は、リカードウの差額地代説の枠組みは同時代のイングランドで辛うじて一般的だと言える程度であり、世界的に見ればむしろ例外的であると主張しました。このような批判は、後の「歴史学派」と呼ばれる経済学者たちの議論の原型といってもよいものですが、リカードウを高く評価しその経済学から多くの着想を得たマルクスもまた、ジョーンズのリカードウ批判を高く評価したひとりでした。マルクスは現代でも異端派経済学の大きな想源になっているだけでなく、経済研究とその方法との関係という点で興味深い事例ですので、少し詳しく見てみましょう。

　マルクスは、リカードウが制度的与件として取り扱った経済のあり方を「資本制」と形容し、その歴史性を強調します。彼によれば、人類の歴史は有史以来ほぼ一貫して、少数の者が多数の者を働かせ、その成果を恣にしながら、支配層を形成するという社会のあり方を示してきたのであって、現代経済のあり方もそのバリエーションに過ぎない、というのです。例えば、経済のあり方に関して、中世のヨーロッパや江戸時代の日本で行われた「封建制」と、近代以降の「資本制」とは、搾取に基づく支配／被支配という点では基本的に同じなのだ、とマルクスは考えたわけです。彼にとって重要な課題（の一つ）は、資本主義という経済のあり方がどのような歴史的過程のなかから生成してきたのかを明らかにすることであって、それこそが、資本主義の次の歴史的段階（社会主義）を展望することに繋がるのだ、と。こうした歴史的な観点から見

ると、リカードウの経済学は批判されるべき対象であったわけです。

　しかし同時に、資本主義において搾取を可能にしている機構を明らかにするためには、マルクスはリカードウの投下労働価値説を──自分流に改変してですが──利用しています。リカードウにとっての価値という概念とは、原価に対して均等利潤率分の利潤を加えたものであって、それは生産に投下された労働量におおよそ比例すると考えるものでした。これに対してマルクスは、均等利潤率分の利潤を加えたものを生産価格と呼び、投下労働量に厳密に比例するものを価値と呼びます。日々我々の眼前で変動する価格という現象の背後に生産価格という次元があり、さらにその背後に価値という一層本質的な次元がある、と考えたわけです。そして、本質的な次元では搾取が存在するにもかかわらず、我々が見聞きする経済現象においては、そうした搾取が覆い隠されている、と発想するのです。

　マルクスが主著『資本論』（1867-94 📖）において、これに対して与えた説明は以下のようなものです。生産活動では、労働者によって生産物に体化する労働が行われ、その投下労働量に比例した価値が生まれます。資本家は労働者に賃金を払いますが、しかしながら、賃金は労働能力を維持するための費用であって、生産物に体化された労働への対価ではないため、両者の価値は一致しません。後者は前者を価値において上回り、その差額を「剰余価値」と呼び、資本家が取得する利潤の本質だとマルクスは考えたのです。彼は「搾取」という言葉を使っているけれども、労働者に対する不法なサービス残業強制を糾弾しているわけではなく、資本主義における賃金とは本来的に謂わば生活給的な性格をもっているものだ、と主張しているのがミソです。

> 商品交換の法則［仮定］は少しも侵害されていない。等価物が等価物と交換された。資本家は、買い手として、どの商品にも、……労働力にも価値どおりに支払った。　　　　　　　　　　　（『資本論』第1部第3篇第5章：強調は追加）

このようなかたちで生まれる剰余価値は、生産性や生産方法によって産業毎、企業毎に異なるはずですが、現実には、産業横断的に利潤率の均等化する過程

を通じて、資本家の間に分配されると、マルクスは考えます。言い換えれば、価格現象は搾取という本質を覆い隠す役割を果たしているという主張です。兎にも角にも、こうした搾取を無くそうと思うなら、資本主義という経済のあり方を変えなくてはならないということです。

　以上のように、資本主義という経済の本質を掴もうとする試みにおいて、マルクスはリカードウの価値論を出発点にしていると言っても過言ではありません。他方で、制度の変化やその複数制を強調し、搾取という概念を経済分析の中心に据えたところなど、マルクスの考え方は、リカードウと異なり、経済史や開発論など、狭い意味での経済学を越えて影響を与えることになりました。数理モデルと統計的検証という現代経済学の方法とは、まったく異なる方法によって経済現象に接近するあり得べき方法を示唆していると見ることもできるでしょう。

●スラッファの経済学──再生産に基づく数学的定式化

　マルクスとは違った形でリカードウから大きな着想を得た経済学者が、スラッファです。イギリス王立経済学会の叢書『リカードウ全集』の編集に当たった彼は、主著『商品による商品の生産』（1960 □：以下『生産』）のなかで、リカードウの経済学を発展させる方向性を示唆して、その後のネオ・リカーディアンと形容される経済学の誕生を大いに促進することとなりました。

　スラッファは、まず、数値例によって最も単純なモデルを提示します。社会が自らを維持するものだけを生産するという想定です。

　　280 クォータの小麦 + 12 トンの鉄　→　400 クォータの小麦
　　120 クォータの小麦 +　8 トンの鉄　→　20 トンの鉄　　　　　（『生産』第 1 章）

登場するのは小麦と鉄という 2 財のみで、1 行目は、280 クォータの小麦と 12 トンの鉄を投入して 400 クォータの小麦を生産することを、2 行目は、120 クォータの小麦と 8 トンの鉄を投入して 20 トンの鉄を生産することを、意味しています。いずれの産業部門でも、小麦と鉄の投入物の一部は、現物で賃金

として支払われていると考えればよいでしょう。「社会が自らを維持するものだけを生産する」というのは、経済全体で投入物と産出物が同量ですので、剰余が一切生じないという意味です。ですから、毎期同じ経済過程が繰り返されるわけですが、そのためには、期末に、農業部門は生産した小麦120クォータと引き換えに、工業部門で生産された鉄12トンを手に入れておかなければなりませんし、工業部門は生産した鉄12トンと引き換えに、農業部門で生産された小麦120クォータを手に入れておかなければなりません。ここに調整すべき利害相反はありませんから、そのまま、小麦120クォータと鉄12トンとが交換されるよう価格が決定されます。小麦1クォータあたり5万円なら鉄1トンあたり50万円ということに、小麦200ポンドなら鉄は2,000ポンドに、という具合です。

　次に、スラッファは剰余を含む生産がなされた場合の数値例を示します。

　　　280クォータの小麦＋12トンの鉄　→　575クォータの小麦
　　　120クォータの小麦＋　8トンの鉄　→　20トンの鉄　　　　　（『生産』第2章）

農業部門の生産条件が変化し、小麦生産が400から575クォータに増大し、社会に小麦175クォータの剰余が発生したということです。工業部門には剰余が生じていませんが、リカードウの想定と同様に、均等な利潤率を仮定します。この場合、どのような価格が成立しなければならないでしょうか。スラッファは、以下のような方程式でその満たすべき条件を記します。

$$(280P_a + 12P_b)(1+r) = 575P_a$$

$$(120P_a + 8P_b)(1+r) = 20P_b$$

P_a は小麦の価格、P_b は鉄の価格、r は利潤率を表します。2本の方程式に対して、未知数は三つですが、小麦に対する鉄の相対価格を考える（つまり、小麦をニューメレールにする）という形で未知数を一つ減らせば、連立方程式とし

8　具体的には、2本の方程式の両辺をそれぞれ P_a で割り、P_b/P_a を一つの未知数とすることで、方程式全体の未知数を減らすことができる。

て解くことができるのです。すわなち、小麦に対する鉄の相対価格は15であり、利潤率は25％であることが分かります。物的な投入量と産出量、あるいは産出量に対する投入量の比率（＝投入係数）だけから、価格と利潤率が導かれていることに注目して下さい。消費者の需要とか選好とかをまったく登場させることなく、価格——リカードウなら価値、マルクスなら生産価格と呼ぶだろうもの——の決定を論じているのです。

　スラッファはさらに進んで、賃金を変数として導入します。より一般的に、財の種類を増やし、投入量や産出量もアルファベットで表します。

$$(A_aP_a + B_aP_b + \cdots\cdots + K_aP_{k)}\,(1+r) + L_aw = AP_a$$
$$(A_bP_a + B_bP_b + \cdots\cdots + K_bP_{k)}\,(1+r) + L_bw = BP_b$$
$$\vdots$$
$$(A_kP_a + B_kP_b + \cdots + K_kP_{k)}\,(1+r) + L_kw = KP_k$$

P_i は i 財の価格、$A_i,\ B_i,\ \cdots\cdots K_i$ は i 財を生産するための投入量、L_i は i 財を生産するための労働量、w は賃金、$A,\ B,\ \cdots\cdots K$ は産出量を表します。リカードウやマルクスは、投入量も労働量に還元することによって、財に投下された労働とか対象化された労働とかを問題にしましたが、そうした発想はここでは必要ありません。また、リカードウやマルクスは、ケネーのように前払い賃金を想定していましたが、ここでは、後払い賃金が想定されています。さらに、未知数は価格 k 個、賃金、利潤率の $k+2$ ですが、方程式は k 本ですから、方程式を解くためには、いずれかの財をニューメレールにしたうえで、さらにもう一つの未知数を体系の外から与える必要があります。リカードウやマルクスは実質賃金を所与だとして分析を進めたけれども、スラッファは利潤率を所与と考えました。いずれにせよ、利潤率が決まれば、賃金が決まることになり、それは、高い利潤率には低い賃金が対応することになります。結局これは、社会全体の剰余をめぐって資本家と労働者との利害が対立している、ということに他なりません。資本主義という経済のあり方の本質について、リカードウやマルクスと同じではありませんが、彼らと響き合うような主張をなしているものと言ってよいでしょう。

　スラッファ自身、方法に関する叙述をほとんどしていませんが、『生産』の副題が「経済理論批判序説」であることからも窺えるように、主流派経済学の批判が意図されたものでしたから、その観点から彼の方法を特徴づけてみましょう。何よりも顕著なのは、需要や選好が登場しないことから、経済主体の選択行動にまったくと言ってよいほど役割が与えられていない、ということです。個人が合理的であるか否かを超えた、資本主義という経済のあり方の本質を掴もうとする点で、リカードウやマルクスの特徴を引き継いでいると言ってもよいでしょう。

　このように考えると、主流派経済学とリカードウ、マルクス、スラッファ（さらに現代ネオ・リカーディアン）とでは、経済社会を捉えんとする視点が本質的に異なっていることを指摘できます。例えば、主流派経済学である新古典派経済学は、効用最大化や利潤最大化に見られるように、経済主体の最適化行動（主体均衡）を基礎としてその経済学が構築されますが、このような主観的な経済の捉え方は、「最適解」として現状を説明することによって、必然的に「現状を肯定するイデオロギー」をもつことを意味しています。これに対して、リカードウ、マルクス、スラッファ（さらに現代ネオ・リカーディアン）は、経済を再生産、あるいは再生産可能性という視点で捉えようとする点で共通しています。それらはいずれも、所与の経済社会が続いていくためには、資本家や労働者、あるいは地主の所得（生産要素の価格）がどのような大きさでなければならないか、言い換えれば、経済が再生産される条件を解明しようとしました。このように客観的に経済を捉えんとするところに、新古典派とは異なり、「現状を批判するイデオロギー」が存在していると言えます。そして、そのようなイデオロギーが、本章で見たような、リカードウ、マルクス、スラッファに通底する「階級対立」につながっていると言えるでしょう。すでに見たように、どの人物の経済学においても、資本家・労働者・地主とのいずれかの関係から階級対立が描き出されました。経済社会に対するこのような捉え方は、現代ネオ・リカーディアンを含め今日でも続いていることから、資本主義の把握において階級概念がいかに本質的で重要なものかを示していると思われます。

　他方で、スラッファには、数学的な定式化の志向性をはっきりと打ち出して

いる点において、主流派経済学のそれに代替するような経済モデルを提示しようという意図が窺え、実際方程式体系を使って叙述を進めています。スラッファの経済学は、利潤率が外生的に与えられる点で、分配に対して「開かれている」と言える一方で、方程式を使って財や生産要素の価格を一意に決定する点で、経済の世界を「閉鎖された系（システム）」として捉えるという姿勢とも解釈できるもので、本章冒頭で紹介したネオ・リカーディアンの特徴に繋がっているとも言えるでしょう。そうした人物の一人には、「ケンブリッジ資本論争」[9]で名声を博し、新古典派の側からも一目を置かれた、**パシネッティ**を挙げることができます。パシネッティは、スラッファの多部門モデルを応用して古典派経済学の動学化に取り組み、「垂直的生産統合モデル」と呼ばれる数学的定式化によって、経済世界を表現しました。こうした取り組みは、経済変数の時間を通じた変化を考察する動学分析が、主流派経済学だけでなく、古典派経済学を起点にするネオ・リカーディアンにおいても可能であることを示しています。

● おわりに

　リカードウ、マルクス、スラッファはいずれも、日々経験される経済現象の背後に、究明されるべき分配の問題への鍵を見出しました。リカードウは、地主階級の利害がそれ以外の階級と対立することを発見し、マルクスは、剰余労働の搾取こそ利潤の源泉だと喝破し、スラッファは、賃金・利潤の相反関係を数学的に明瞭に示しました。いずれも、交換過程よりも、生産過程に注目しました。方法論的個人主義によってではなく、固有の所得範疇に結びついた「階級」という集団によって構成されるものとして、経済社会を分析した所以でしょう。

9　資本理論のあり方をめぐる新古典派経済学とケンブリッジ派経済学の間の論争を指す。たとえば、新古典派経済学が依拠する集計的生産関数を用いた限界生産力説は非常に限定された場合にしか成立しないのに対して、多部門モデルを使った分析は一般性が高く、スラッファやネオ・リカーディアンの経済学の優位性が示されたと評価される。

より深く学習したい人のための文献リスト（50音順）

有賀裕二「パシネッティ」『経済思想史辞典』丸善株式会社、2000 年。

高増明『ネオ・リカーディアンの貿易理論』創文社、1991 年。

松本有一『スラッファ体系研究序説』ミネルヴァ書房、1989 年。

三土修平『経済学史』新世社、1993 年（特に第 4 章と第 5 章）。

第5章

経済現象は主観的に説明すべきなのか
——メンガー、ハイエク、ラッハマン——

原谷直樹

　様々な経済現象は人々が行動することによって生じます。そして人々は行動する際に、その前提、内容、結果などを考慮して自らの行動を決定しています。こうした決定を大きく左右する人々の主観が重要であるとする考えを一般的に主観主義といいます。本章では、主観主義の立場を強く主張したことで知られているオーストリア学派の経済学を対象として、経済現象を説明する際に主観の果たす役割について検討します。

　主に取り上げる経済学者はメンガー、ハイエク、そしてラッハマンの3人です[1]。この3人は活躍した時代が異なるものの、いずれも経済学説史上ではオーストリア学派と呼ばれるグループに属しています。学派の創始者であるメンガーは1870年代に限界効用理論を打ち出し、欲望の主観性を中心に据えて経済理論を構築しました。ハイエクは20世紀中期に社会主義やケインズ主義を批判するなかで、知識の主観性という観点から独自の経済思想を展開しました。ラッハマンはメンガーやハイエクの思想を受け継ぎつつ、主観主義の理論を期待[2]にまで拡張し、20世紀後半のオーストリア学派リバイバルに貢献していま

1　ラッハマンはドイツ出身で、ベルリン大学における指導教官はゾンバルトであった。LSEでハイエクに師事するが、共に学んだシャックル同様、ジョン・メイナード・ケインズの影響を強く受けており、狭い意味でのオーストリア学派に留まらない学問的ルーツを有している。

2　一般に経済学では将来に関する予想や予測を指して期待（expectation）と表現する。日常的な用語法で言う、良い結果が起こることを期待するというポジティブな予測だけでなく、ネガティブな結果を予測する場合も期待と表現することに注意が必要である。

す。

　このように、3人に共通する特徴は、主観主義が経済学において重要な役割を有すると認識していたことでした。主観主義はオーストリア学派経済学の方向性を規定する中心点となっているのです。現代オーストリア学派のオドリスコルとリッツォは以下のように述べています。

　　　主観主義は、最も一般的なレベルでは、人間精神の特徴すなわち意思決定が、外的な出来事によって厳密に決定づけられてはいないという前提に関連している。主観主義は、個人の選択に対して創造性と自律性の余地を与える。また主観主義は、個人の精神とその意思決定でもって対処していく点で、方法論的個人主義とも密接に関係している。すなわち主観主義とは、市場が生み出す帰結のすべてを、諸個人の選択行為によって説明すべきであるとする見解である。だからオーストリア学派にとって、また主観主義者一般にとって、経済学とはまずもって選択へ至る様々な思考に関する学であり、モノや客観的な大きさをもつものの相互作用に関する学ではないのである。

　　　　　　　　　　（オドリスコル＆リッツォ『時間と無知の経済学[*]』第1章）

それでは、3人の経済思想と経済学方法論の特徴を主観主義という観点から読み解くことで、経済現象は主観的に説明すべきなのかどうか考えてみましょう。

● メンガーにおける欲望の主観性

　メンガーは『国民経済学原理』（1871 □；以下『原理』）による経済理論上のアイデアにより、**ワルラス、ジェヴォンズ**とともに限界革命を担った一人として知られています。しかし『原理』のなかには、その後の経済学における主流である新古典派には回収されない、オーストリア学派としての独自性となる要素が複数存在しており、その中心となるのが主観主義の考え方です。もちろん限界効用の原理そのものは、財の主観的価値づけを価値理論の中心に据えるという意味で主観主義的な主張ではあるのですが、他とは異なるメンガーのアイデアを確認してみましょう。

　メンガーが『原理』で目指したのは、人々が自らの主観的な欲望を満足させようとして行動するという根本的な原理から、普遍的に成り立つ経済法則を導き出すことでした。そのためにはまず、人々の欲望の対象となる財とはどのようなものなのかを定義する必要があります。ここでいう欲望とは生理的な欲求のことではなく、人々が各自の目的を追求して、その達成のための手段を欲することです。メンガーはこの世の中に存在するさまざまな物のなかで、ある物が経済的な財として価値をもつ理由は、それがもつ客観的な性質によるのではなく、人がそれを有用だと見なすからだと考えました。つまり、誰かが自らの欲望を満たすためにそれが役に立つので獲得したいと判断される物が、経済財となるのです。したがって、財の価値の大きさを決定するのは、それがその人の欲望充足のためにどれだけ役立つかという評価であるということになります。価値の源泉を個人の主観的な判断に求めるこのアイデアこそが、メンガーを限界革命の一翼とさせるだけでなく、その後の世代に引き継がれてオーストリア学派というグループを形成させることになりました。

　それでは、主観的な欲望評価がどのように経済法則へと繋がっていくのでしょうか。メンガーは後にメンガー表と呼ばれる図表（図5-1）を用いて、個人の選択メカニズムを説明しました。表中のローマ数字のⅠからⅩは個人のさまざまな欲望の種類を表しています。この種類というのは同一の財の異なった使い道とも、異なる財の消費とも捉えられますが、ここでは後者として考えておきましょう。ローマ数字の下のアラビア数字0から10はそれぞれの消費に対する欲求の強さであり、そこから得られる満足の大きさ、すなわち効用を表しています。ⅠからⅩへと、その財を最初に消費した際に得られる満足が徐々に減っているということは、その個人にとって強い欲望の対象となる財からそうでないものへと順番に並べられていることを意味します。そして、1番上の数字がその財の最初の1単位の消費から得られる満足を、2番目以降はさらにその財の消費を追加した場合の満足を表しますので、限界効用の大きさを示していると考えられます。[3]

3　限界効用という表現自体はメンガーの弟子であるヴィーザーが初めて用いたものだが、メンガーの説明のなかにこの概念が含まれていることは明らかである。

　このとき、ⅠからⅩのどの財
をみても、消費量を増やすごと
に追加的な効用が減っていくと
いう法則性、すなわち限界効用
逓減の法則が成立します。個人
が自分の欲望を満足させるため
に合理的に行動するのであれば、
1 単位の消費から得られる満足
が大きい順に消費対象を決定す
るはずだからです。また、もし

Ⅰ	Ⅱ	Ⅲ	Ⅳ	Ⅴ	Ⅵ	Ⅶ	Ⅷ	Ⅸ	Ⅹ
10	9	8	7	6	5	4	3	2	1
9	8	7	6	5	4	3	2	1	0
8	7	6	5	4	3	2	1	0	
7	6	5	4	3	2	1	0		
6	5	4	3	2	1	0			
5	4	3	2	1	0				
4	3	2	1	0					
3	2	1	0						
2	1	0							
1	0								
0									

図 5-1　メンガー表

1 単位分の消費しかできないのであればⅠを選ぶはずですが、3 単位分が可能
であれば、Ⅰを 3 単位（10、9、8）ではなく、Ⅰを 2 単位（10、9）とⅡを 1 単
位（9）選ぶことが最適な消費行動となります。ここから、メンガー表は制約
条件下の効用最大化問題を表し、限界効用均等の法則も示していると解釈する
こともできるでしょう。

　このように、メンガーはメンガー表によって、人々が欲望充足のための順位
付けを行い、より重要性の大きな用途から小さな用途へと追加的に割り振って
いくメカニズムを説明し、これが限界効用逓減の法則と限界効用均等の法則を
表すものと受け入れられました。こうした図表による説明は、数学的な洗練具
合ではワルラスらに劣ると評価されることもありますが、財の評価を示す数値
が実際の満足度の数量ではなく、評価の順位のみを表す序数的な表現であると
考えれば、価値評価の主観性を強調したものと捉えることができます（☞コラ
ム⑧「基数的効用と序数的効用」）。

　また、主観的価値評価は個人の消費選択だけでなく、企業の生産活動にも影
響します。メンガーは人々の欲望を直接的に満たす最終消費財だけでなく、そ
の原材料となる財も主観的な評価を受けると考えました。ここでメンガーは一
般的な用法と異なり、より消費に近い財を低次財、その前段階となる財を高次
財と名付けています。つまり現実の生産工程としては、より高次の財から低次
の財への生産が行われて、最終的に個人の消費対象となる一次財へと至るとい

うことになります。このとき、労働や原材料など、生産要素から順番に価値が
決まるのであれば、各次の財の価値決定は生産プロセスの進行と同一方向にな
るのですが、ここまで示したようにメンガーは消費者の主観的な欲望の大きさ
こそが根本原理であると考えています。つまり、低次財の価値評価が定まるこ
とによって、その生産にどれだけ役立つかという観点から高次財の価値が決ま
るということであり、各次の財の価値決定は生産プロセスとは逆行するという
ことです。

　しかし現実の経済活動には時間がかかるため、高次財の生産時には低次財の
価値は実際には定まっていません。そのため、生産活動においては、財の欲望
充足への主観的な評価だけでなく、時間経過の不確実性の下で起こる将来の欲
望や満足に対する主観的な予測という、さらなる主観性が避けられなくなって
しまうのです。このように考えるメンガーの行為者像が、所与の条件の下で効
用最大化の計算を行うだけの存在ではないことは明らかでしょう。さらに言え
ば、『原理』においてメンガーが経済発展を検討する際、自らの欲望充足とそ
の達成手段である財との間の因果関係に関する知識を改善させることの重要性
を強調していることから、知識の主観性という観点も読み取ることができます。
メンガーにとって欲望や価値評価、選好だけでなく、時間や将来予測、知識も
主観主義の問題となっているのです。

● メンガーの経済学方法論

　『原理』において主観主義的な経済理論を展開したメンガーは、その後、そ
の方法論をめぐってドイツ歴史学派のシュモラーといわゆる「方法論争」を展
開します。方法論争自体は相互の認識や主張がすれ違ったまま終了してしまい、
明白な決着には至りませんでしたが、メンガー自身が自らの方法的立場をど
のように捉えていたのかを理解するうえでは大変有益です。

　メンガーは『社会科学、特に経済学の方法に関する研究』（1883 □：以下『方
法』）で、一般的に科学は（1）歴史的科学、（2）理論的科学、（3）実践的科学
の3分野に分類することができると主張しています。したがって経済学も、歴
史的経済学、理論経済学、実践的経済学の3分野から成立することになります。

歴史的経済学とは経済現象の個別性を扱う歴史的・統計的な研究のことであり、経済史や統計分析がここに該当します。理論経済学とは一般的な経済法則を追求する理論研究のことですが、ここでの経済法則には普遍的な法則（メンガー自身の表現では精密法則）と、経験的な法則の２種類があると考えられています。前者を演繹、後者を帰納と捉えられればわかりやすいのですが（☞コラム④「演繹と帰納」）、残念ながらそこまで単純な区分ではありません。実践的経済学は上記の個別的事実と一般的法則を組み合わせて現実の経済を実践的に運用する規範的な研究であり、経済政策や財政学がここに分類されます。

　メンガーの『原理』はこの分類に従えば、理論経済学のうち、とりわけ精密法則による精密的理論経済学であると考えられます。しかし、ここでの精密とはどのような意味なのでしょうか。メンガーは精密科学では精密な方法によって厳密に成り立つ法則性を見出す必要があると主張しています。厳密に成り立つとは普遍的で例外がないということです。とはいえ、これを自然科学的な反例を許さない法則を求めていると受け取る必要はありません。メンガーは精密法則を見出す精密な方法として、複雑な現象をそのまま把握するのではなく、それを構成する部分的な要素へと分解し、最終的には最も確実で単純な要素へと還元して、それらの間に成り立つ関係性といくつかの前提から論理的に一般性をもつ法則を打ち立てるという方法を主張しています。メンガー自身はこれを構成的方法と名付けていますが、一般的には要素還元主義と呼ばれる方法論的立場です。

　そして、メンガーが自身の経済理論で最も確実で単純な要素として考えていたのが個人の主観的欲望ですので、彼の方法論においても主観主義がその基底的地位を占めていると言えるでしょう。実際にメンガーは『原理』序言において、「人間の経済の複雑な諸現象を、その最も単純で、なおかつ確実に観察しうる諸要素に還元し、（中略）これらの要素から複雑な経済現象がどのようにして合法則的に生じてくるかをいま一度研究する」と述べています。しかし、一定の前提条件から演繹的に法則を導き出したとしても、それが示すのは前提条件が成り立っているという仮定の下での論理的妥当性のみであり、このような方法を通じて得られた精密法則が現実の経済に合致するかは定かではありま

せん。これを、メンガーは経済理論の論理一貫性を追求して、現実的妥当性は考えなくてよいと主張していたのだと考えてしまうと、ドイツ歴史学派の批判がまさに当てはまるということになってしまいます。

　この点に関してメンガーは、経済現象を類型的なタイプと個別的な現象とに区別することが重要であると述べています。先の科学の３分類で個別現象を扱うのは一つめの歴史的科学としていましたが、実は理論的科学のなかでも、経験的な法則を扱う理論もまた同様に個別現象を対象とするのです。それに対して精密的理論経済学の対象となるのが類型的なタイプであり、一定の規則性をもち繰り返し発生するという意味で一般性と普遍性を有しています。

　　経験を通じて、一定の現象が、多かれ少なかれ正確に繰り返され、物事の変化のなかで再発することがわかる。こうした経験的形態をタイプと呼ぼう。

　　　　　　　　　　　　　　　　　　　　　　　　　（『方法』第１編第１章）

　経済学におけるこうしたタイプの例としてメンガーが挙げているのが、貨幣や価格、需要や供給などです。そしてメンガーはこうしたタイプ間の関係として、精密的な法則性が成り立つと考えたのです。これらのタイプの背後には個人の主観的欲望という最も単純な要素が置かれており、それ自体は検討対象にはなりません。しかし、そこから導き出されるタイプや、タイプとタイプの間で成立する関係などは基本的には量的なものですから、こちらも現実の経済現象と直接的に一致すると考えられはしませんが、経験的な含意がないわけではないのです。そのため、経済学の諸分野のうち、最も抽象的で理論的な研究においても、メンガーはその現実的妥当性の意義を無視していなかったと言えるでしょう。また、『方法』における経済学諸分野の包括的な位置付けとそれぞれの役割という議論を見ても、狭い意味でのドイツ歴史学派の批判が妥当ではないということが理解できます。

　加えて、メンガーにとってタイプとは複雑な経済現象そのものではなくそこから見出される本質的な性質ですから、事象の客観的な認識ということでもありません。むしろ複雑な現象の背後からどのような性質を本質として捉え、タ

イプとして抽出する（メンガーの表現を用いれば「理解する（verstehen）[4]」）かは、経済理論家の主観によって異なりえます。このようにメンガーの方法論において、経済行為者の主観性のみならず、経済学者の主観性もまた重要な役割を果たしていると考えられるのです。

● ハイエクにおける知識の主観性

メンガーが主に欲望の主観性から議論を深めていったとすれば、ハイエクが重視したのは知識の主観性だと言えるでしょう。ハイエクがこの論点に着目するようになった一つのきっかけは社会主義経済計算論争（☞コラム⑤）です。1920年代から30年代にかけて、ハイエクは実質的な師匠にあたる**ミーゼス**とともに、社会主義経済の実現可能性をめぐってそれを擁護する経済学者たちと論争を繰り広げました。ミーゼスとハイエクは社会主義経済の合理的運営が不可能であるという立場を取ったのですが、その論争を通じて、市場経済において主観的な知識の果たす重要性を強く意識するようになったと考えられています。

論争とほぼ同時期に書かれた「経済学と知識」（1937 📖）という論文から、ハイエクの初期のアイデアを知ることができます。ハイエクは個人がもつ知識に基づいて合理的な行為を選択するという個人の内的均衡と、社会全体で諸個人の行動が整合的に調整される市場の均衡とを区別しました。前者は論理的に明らかに成立しますが、前者が成立することが後者を保証するとは限りません。なぜならば個人が意思決定に用いる知識はあくまでその個人がそうと信じている信念であり、客観的な事実とは異なるからです。

さらにハイエクは、個人の内的均衡を財の獲得状況などによって効用最大化を達成し得たかを計るような客観的定義から、所与の知識において自らの目的達成のために計画を変更する必要のない状態という主観的定義に置き換えています。各個人はそれぞれ自らの知識をもとに行動計画を立てますが、他者の計

4　社会科学では対象を法則的に説明するだけでは不十分であり、行為者の主観の理解に基づいた説明によって対象への理解を促進しなければならないという見解はドイツ語圏で伝統的なものであり、メンガーもその系譜に立っていると考えられる。

コラム⑤　社会主義経済計算論争

　主に 1920 年代から 30 年代にかけて、社会主義体制における計画経済の実行可能性をめぐって争われた論争を社会主義経済計算論争と呼びます。まず、**ミーゼス**らが社会主義下では私有財産制度と各財の市場が存在しないため、特に生産手段の価格情報を経済計算に利用できず、合理的な経済運営が不可能であると主張しました。また**ハイエク**も、市場に代わって計画当局が経済運営に必要となる膨大な知識を扱うことは不可能であるという観点から計画経済を批判しました。これに対して**ランゲ**らは、**ワルラス**的な均衡市場モデルを利用しながら、計画当局が試行錯誤的に価格情報を入手することで競争市場と同じ効率性を達成できると反論しました。こうした立場を市場社会主義と呼びます。

　当初は、ミーゼスの唱えた社会主義の原理的不可能性という批判から、実現の難しさへとハイエクが主張を弱めて、それらに対してランゲが解決策を提示したという評価が一般的でした。しかし、20 世紀後半には現実の社会主義国の経済運営が行き詰まるようになり、論争の再解釈が起こります。ハイエクが問題視していたのは、社会主義経済において均衡を達成できるかどうかではなく、知識の発見プロセスとしての市場の機能を計画経済では代替できないということだったと理解されるようになりました。計算論争を契機として、オーストリア学派は主流派とは異なる市場理解に基づくグループとして独自性を高めていきます。また、主流派においても、**スティグリッツ**が情報の経済学の立場からハイエクの主張を支持するなど、知識やインセンティブ等のさまざまな観点から、論争の再評価が進んでいます。

（原谷直樹）

画やその結果が自らの計画に影響を及ぼすので、諸個人の計画が常に整合的に両立できるとは限りません。この相互の計画が、整合的に調和した状態を市場の均衡と捉えることで、ハイエクは市場が均衡に至るプロセスとそれをもたらす知識の役割に注視するようになったのです。

　知識や期待、それに基づく計画はすべて各個人の心のなかに存在し、外部から観察することのできない主観的なものです。したがって、人々の経済活動を分析するうえで主観主義的な観点が不可欠であるとハイエクは考えました。また、ここにメンガーが示した、経済発展に果たす知識改善の重要性というアイ

デアの影響を読み取ることもできるでしょう。メンガーも『原理』において、財と欲望充足の関係に関する知識が更新された場合、それに対する主観的評価に基づいて行われる意思決定も変化すると考えていました。

　同時にハイエクは、知識が主観的であるだけでなく、分散しているということも強調しました。つまり、人々の計画が異なるのは、各自が同じ情報に対して異なる解釈をしているからだけではなく、それぞれがもつ情報そのものが断片的で異なっているからでもあるのです。このように断片的で分散した知識という制約の下で、人々の計画を整合的に調整しうる制度、言い換えれば知識が分散したままで最も望ましい活用ができる、知識の分業を可能にする制度こそが市場経済であるとハイエクは主張しています。ハイエクにとって、いわゆる完全情報の条件が市場の機能する前提とはならず、むしろその条件が論理的にも経験的にも成立しないことこそが、市場経済を必要とする理由となっているのです。

　　我々が解決しようとしている問題は、各々ほんのわずかの知識しか持ちあわせていない人々の自生的な相互作用が、どのようにして次のような状態、すなわち価格と費用とが一致する等々のことが起こる状態をもたらすのか、あるいはこれらすべての個人の知識を結合した知識を持つ誰かの熟慮した司令によってのみ達成しうるような状態をもたらすのかという問題である。(「経済学と知識」)

　他者の計画と自分の計画とがどのように相互作用するかを正しく予測できた場合にのみ、個人の内的均衡と社会全体の均衡が両立することになります。他者の計画を正しく予測するためには、経済活動を行う可能性のある対象がもつ情報のみならずそれを解釈する信念や価値観を知っている必要がありますが、このような知識は社会全体で分散しており、誰もそのすべてを集めることはできません。ハイエクにとって、こうした知識の獲得と活用のプロセスを検討することこそ、経済学が取り組むべき課題なのです。そのため、分散した知識をすべて入手できるという前提の下で、それを用いて経済全体の合理的運営を中央の管理者が行えると主張する計画経済の擁護者たちは問題を取り違えている

とハイエクは批判しました。

　市場プロセスにおいて、個々人の間で分散した知識を相互に伝達する役割を果たすのが価格です。ハイエクにとって価格は需要や供給のみならず、各個人の関心やスキルなど、経済活動を行ううえで利用する必要がある知識を伝えるシグナルなのです。これは科学的知識のような客観的な性質のものではなく、特定の時間と場所において成立する文脈依存的な知識であり、所有する本人が言語化できないかもしれないという意味で暗黙的な知識です。しかし、各個人は自らがもつ知識に基づいて自身の目的を達成するための行動計画を立てるため、個人がもつ知識は取引の際にオファーする金額やそこでの売買の意思決定といった価格情報に反映されます。取引の成立は相互の計画が整合的であったことを示しますが、不成立であっても両者の計画が不整合であったという知識を双方の当事者とそれを観察できる人にもたらしてくれるのです。そして人々はこうして得られた新しい知識をもとに自身の計画を再修正することになり、それが適切な方向に修正されていけば、各自の目的達成に近づくことができるのです。

　このような誰にもその全体を把握することのできない知識を伝達する一種のコミュニケーション・システムとして機能するため、市場経済は人間にとって不可欠であり他に代替することのできない制度であるとハイエクは考え、市場とは知識の発見手続きであると表現しました。こうした知識の主観性というモチーフはその後、ハイエクが市場や制度、人間の認知メカニズムなどさまざまな論点について思索を進める際にも貫かれています。

●市場プロセスと自生的秩序

　ハイエクは市場とは知識の発見プロセスであると考えましたが、それはどのように機能するのでしょうか。先の節で示したように、参加者相互の計画が社会全体で整合的になるという意味での市場の均衡は容易には達成できません。それでは、人々はこの市場均衡を目指して行動したり、その達成のために組織的に経済運営したりすべきなのでしょうか。ハイエクはそのような統一的な目的を持たずとも自生的に機能することが市場のメリットであると考え、エコノ

ミーではなくカタラクシーと呼びました。企業や家計はその組織にとっての目的を有し、そのメンバーは共通の目的達成のために努力することが求められます。しかし、多様な個人や組織が集まって形成されるカタラクシーとしての市場の秩序は、人々が共通の目的をもって行動するのではなく、むしろそれぞればらばらに異なる多様な目的をもって行動することによって生まれるのです。

　このような意図せざる帰結、とりわけ個人の意図的でない行動によって生じる社会的な成果に着目することは、スミスの「見えざる手」以来の経済学的思考の特徴と言えます。しかしハイエクは、知識の主観性という観点から、意図せざる帰結として説明する対象を経済活動が行われる市場そのものだけでなく、それを成立させるために役立つ貨幣や言語、法といったより幅広い対象まで拡張しました。このような人々の行為の結果として生じているけれども、誰かがそれを目指して設計したのではないルールの体系やそのプロセスを指して、ハイエクは自生的秩序（spontaneous order）と呼んでいます。ここでの秩序とは「様々な種類の多様な諸要素が相互に密接に関係しあっているので、我々が全体の空間的時間的なある一部分を知ることから残りの部分に関する正確な期待、または少なくとも正しさを証明できる可能性の大きい期待をもちうる事象の状態」（『ルールと秩序』1973、第2章📖）を意味しています。つまり、人々が主観的な判断を下す際の予測をしやすくすることによって、人々の目標達成を助けるという性質を自生的秩序はもっていると考えられるのです。

　社会的なルールは、人々が自らの行動計画を主観的に決定する際の前提となる規範として、人々の行為に影響します。経済取引の法律や文化的規範などがこれに該当します。実際に西欧などでは、歴史を通じた試行錯誤の結果として生まれた非公式な規範が成文化されて正式な法制度となったものが多くみられます。そして、自生的秩序はプロセスとして、人々がそれぞれの目的に沿って行動した結果、ルールの体系として変化しながら秩序づけられていきます。さまざまな社会制度がこれに該当し、メンガーによる貨幣の起源の説明がまさに代表例であるとハイエクは述べています。先ほどの法制度の例で言えば、既存の法体系に基づきながら、社会のさまざまな条件の変化に対応した新しい判決が下されることで、徐々に法制度全体が時間を通じて更新されていくプロセス

を指していると考えられるでしょう。

　さまざまな自生的秩序がもつ共通点は、それを生み出す際に誰かが設計する必要がないだけでなく、それを利用する個人がその全体像やそれがもつ意味を知る必要がないこと、そして、それを維持発展させることを目的として行動する必要がないこと、それにもかかわらず、それに従って行動することで各人がメリットを得られるということです。このような自生的秩序の下で人々が共通の目的ではなく各自の目的を追求した結果、人間社会は小規模な部族的社会から大規模で複雑な社会へと発展することができたとハイエクは考えました。多様な目的をもつ人々を秩序づけられるのは、一般的で抽象的なルールとしての自生的秩序だけなのです。

　それではこうした自生的秩序としての市場プロセスを運営することはできるのでしょうか。この点に関してもハイエクは知識の主観性という観点から、政策実行者に対する制約があると主張しました。すなわち、自生的秩序はその全体像を誰も知ることがないほど複雑なルールの体系ですので、そのルールを何らかの目的に沿うように合理的に変更することもまた、誰にとっても不可能ということになります。言い換えれば、自生的秩序に手を加えて社会の発展方向を決定するような能力は、どれほど支持される政治指導者であっても、どれほど有能な実務担当者であってももちえないのです。ハイエクは社会主義のような市場を計画経済に置き換えようとする試みと同様に、ケインズ主義のような市場を計画的に改善しようとする試みもまた、市場やそれを取り囲むさまざまな自生的秩序を破壊してしまう恐れが強いと批判しました。

● ハイエクの社会科学方法論

　ハイエクの指摘した知識の主観性という問題は経済主体に限られるものではなく、経済学者にも影響します。知識が主観的で分散しており、そのすべてを入手して活用できる人は存在しないということは、社会のなかで経済活動を行う人々が完全情報に基づいて行為すると想定できず、経済社会を運営しようとする政策当事者が社会全体の知識を合理的に活用しうると考えられないだけではありません。こうした経済現象を理論化しようとする経済学者もまた、その

対象を理解する際に完全な知識をもつとは想定できなくなるということです。知識の主観性がもたらす社会科学方法論への含意を確認してみましょう。

　経済学で取り扱うのは客観的な事実ではなく、各個人が抱く主観的な信念です。ある財の市場について説明するために必要なのは、その財の物理的な性質ではなくて、それが人々の目的に対してどのように役立つと考えるのかという理解なのです。つまり経済学では、経済現象という現実に存在する物理的な出来事を扱っているように見えても、実際はすべて個人の主観的なフィルターを通して受け取られた心理的な認識を検討していると言えるでしょう。したがってメンガーが主張したように、ハイエクもまた、経済学では個人の信念から出発して、それに基づく相互行為からどのように複雑な社会現象が生まれてくるのかを説明する、という構成的方法を取る必要があると考えました。

　主観的概念は経済学の説明において欠かすことのできない役割をもっています。ハイエクは独自の心理学研究を行い、意識や心的現象を構成するメカニズムのレベルから、人間行動を説明する際には主観的要因を参照する必要があるという議論を展開しました。しかし、個人の主観が多様であるからといって、その科学的探求が不可能になるわけではありません。ハイエクは人間の認識枠組みには一定の共通性があり、そこから人間行動の原理を見出すことができると考えました。また、社会現象は個人の意図的行動のみでなく、それら相互の関係とそこから生まれる意図せざる帰結を含みます。

　社会現象を構成する要素には個人が含まれ、各人の信念をもとにした相互作用から発生していますので、経済学を含め、社会を対象とする社会科学において、意味や目的といった主観的概念を排除しようとすることはむしろ非科学的であるとハイエクは主張します。これは社会科学と自然科学では対象の性質が異なっているということです。そのため、人間行動の把握と自然現象の把握はまったく別種の活動だと考えられます。また、対象の複雑さという点からも自然科学と社会科学の違いを指摘することができます。自然現象は物理的対象を取り扱い、その変数は比較的少なく、安定的な性質をもつと考えられますが、社会現象が含む変数は非常に多く、その主観的な要素は不安定で変化に富み、より複雑で捉えがたい性質を有しています。そのため、正確な予測や厳密な説

明は社会科学ではより難しくなってしまうのです。こうした両分野の相違点を踏まえて、自然科学で正しいとされる方法であっても、それを対象の性質の異なる社会科学にも無批判的に適用しようとする態度は誤りであるとハイエクは主張し、科学主義と呼んで批判しています。

　この科学主義に陥っていると考えられる一例が、ケインズ主義経済学です。経済学者が説明対象とする経済や資本主義、景気といった集合的概念の実態を直接的に観察することはできません。ケインズ主義経済学ではそうした集合的概念を統計的に計測しうる数値として捉えようとしますが、観察可能な集計量からはその含意する主観的意味が捨象されてしまっています。そのため、こうした経済の複雑な集合的概念間の関係を統計的手法によって法則的に表すことは不可能であるとハイエクは主張しています。

　それでは、自然科学とは異なる社会科学の説明とはどのようなものなのでしょうか。自生的秩序のような複雑な現象は、それが含む多数の構成要素による相互作用の結果として生じています。こうした複雑現象を科学的に理解するということは、それがもつ変数間の因果的法則を正確に推定するということではなく、複雑な現象を構成する原理を説明することによって大まかなパターンの予測をもたらすことを目指すことだとハイエクは述べています。各個人は自らの主観的な判断に基づき行動しますので、個人の実際の行動をあらかじめ法則的に示すことはできません。しかし、個人の認識枠組みの共通的性質から、その行動の基礎的なタイプを分類することは可能だと考えられます。個人の行動原理が明らかになれば、そこから生じる相互作用の結果を導き出すことができるでしょう。社会科学における科学的説明とは、複雑現象のなかで生じうる抽象的なパターンを発見することであるとハイエクは考えました。これによって、特定の事象を予測することはできないにしても、起こりうる可能性のある範囲を示し、それが起こる原理についての説明を提供することができるのです。

● ラッハマンにおける期待の主観性

　ハイエク以後、オーストリアを離れて主にアメリカを中心に活動した世代を現代オーストリア学派と呼びます。そのなかで主観主義をより徹底して発展さ

せたのがラッハマンであり、その立場は急進的主観主義と名付けられています。急進的主観主義の最大の特徴は、期待の主観性とそれが経済にもたらす不確実性を強調したことです。とはいえ、それ以前の主観主義の見解を否定しているわけではなく、ラッハマンは自らの立場をメンガーやハイエクの主張を自然に拡張したものであると考えていました。

　ラッハマンはオーストリア学派経済学とは人間の計画の追求と行為という観点から、我々を取り巻く世界を理解しようとする課題に取り組む研究プログラムであると述べています。人々のもつ動機や知識、期待と計画などは個人の主観的な要素として世界に存在しています。経済現象を人間の行為から説明するためには、現実世界に起こっていることと、その観察可能な現象を生み出している人々の主観的要素を結びつける必要があります。

　経済学史上におけるメンガーの最大の意義は、価値が主観的な評価によって定まるという認識に到達したことであるとラッハマンは評価しました。経済理論の発展に与えたインパクトから限界効用概念の意義が着目されて限界革命と呼ばれていますが、メンガーがもたらした貢献は本来、主観主義革命と捉えられるべきなのです。ラッハマンはメンガーの経済学を「欲望の主観主義」と呼んでいます。しかし、これは経済学に主観主義を導入する第一歩でした。次のステップは1930年代にハイエクやケインズによって進められ、個人の主観に基づいて自らの目的とそのための最適な手段を選んで行動計画を決定する「目的と手段の主観主義」に至ります。利用できる知識の主観的な解釈が行動計画を決定づけますが、知識は時間の流れのなかで拡散し、修正されながら獲得されますので、市場は知識の絶え間ない伝達プロセスとして理解されるようになりました。しかし、時間の経過を考慮に入れるのならば現在もちうる知識のみならず将来についての予測も意思決定に必要となってきますが、将来予測もまた個人が主観的に判断するものです。この点に着目したのがラッハマンやシャックルであり、想像や期待の主観性を組み入れた「精神の主観主義」へと発展させたというのがラッハマンの自己認識です。

　それでは、期待の主観性をどのように経済理論に導入すればよいのでしょうか。ラッハマンは資本理論や投機の研究を通じて、想像可能な未来に対する個

人の主観的な期待に基づく意思決定が経済活動において大きな役割を果たすと考えるようになりました。しかし、現在入手した情報に基づいて、いまだ発生していない状況に対して抱いた想像こそが将来の期待ですので、ある状況における個人がどのような期待をもつかを定式化したり予測したりすることはできません。言い換えれば、同じ状況下で同じ知識を有する人々が、それぞれに異なる将来期待をもつことが十分に起こりうるということです。

　したがって、期待をデータとして定量的に扱うことは不可能です。また、期待を経済プロセスの帰結として扱うこともできません。期待とは経験を解釈して不確実な将来に対して何らかの判断を下すことであるとラッハマンは考えました。もし市場が定常状態であれば、期待は一定となり変化しません。また、ある変化の余波が次の変化が発生する前に収まるような準定常状態でも期待の変化はそれほど問題とはなりませんが、このいずれも非現実的な想定であるとラッハマンは批判しています。現実世界における変化は同時多発的にあらゆる場所で発生し、それがまた新たな変化を引き起こします。その結果、ハイエクが主張したように、市場における価格シグナルは意思決定を行うために必要な情報を伝えますが、それは非常に断片的で不完全なものにしかならないとラッハマンは考えました。

　こうした不完全な情報を知識に変換するためには個人の解釈が必要になるのです。そして個人の解釈は将来期待の主観性により多様なものとなり、それに基づく人々の行為によって、また新たな知識が人々の間に伝わります。結果として、個人の意思決定は常に変化し続けることが避けられず、その相互作用の産物である社会現象も一定のパターンを示しながらも常に変化し続けることになります。このような状態を指して、シャックルは万華鏡的社会と名付けましたが、ラッハマンは市場プロセスがまさにそれに該当すると考えました。

● 期待の主観性と制度

　期待の主観性を考慮に入れると、市場プロセスの性質の理解も異なってきます。以前の節で見たように、ハイエクは市場を知識の発見プロセスと考えました。市場が知識のコミュニケーション・システムとしてうまく機能するならば、

人々の計画を調整するために必要な情報は価格シグナルを通じて伝達されます。その結果、市場競争を通じて人々の計画は相互に整合的なものとなるため、社会全体の均衡は容易には達成されないものの、それに向かって発展していくことが想定されていました。市場の均衡到達は否定しつつも、それに向かう調整機能は信頼するという発想は、ハイエク以後のオーストリア学派の世代に広く見られる共通見解です。現代オーストリア学派の**カーズナー**もまた、企業家による利潤機会の発見を通じた知識の発見という要素を強調しつつ、基本的にはハイエクと同様に市場プロセスが均衡に向かう傾向を有していると考えています。

　これに対し、ラッハマンの万華鏡的社会としての市場プロセスでは、新たな知識の発見が人々の認識を一致させるように働くこともあれば、期待の主観性により、むしろ異なる認識をもたらし相互不一致を生じさせることもあると考えます。したがって、市場プロセスが知識の発見・伝達を促す力を有しているとしても、それが常に均衡に向かって収束する傾向をもつと考えることはできなくなるのです。ラッハマンは、市場そのものは均衡に向かう力と不均衡に向かう力が相互作用する未決定のプロセスである、と述べました。

　しかし、これをラッハマンが市場プロセスを用いた社会的調整に悲観的であったと捉えるべきではありません。ラッハマンはこの点に関して、メンガーやハイエクと同様にさまざまな社会制度の役割を重視する立場をとりました。人々の期待が多様で不確実であるからこそ、相互行為の予測のアンカーとなる行動パターンが必要になり、それを可能にするのが社会制度なのです。

　ラッハマンは、制度とは個人を超越した思考枠組みであり、人々の行動を方向づけるガイドとして機能すると述べています。実際に、現代社会において経済活動を行う際には、多種多様な制度の存在を前提としています。これらの制度が人々の行動範囲を制約し、起こりうる事態を示唆するからこそ、人々は他の個人の目的や計画を正確に知らずとも、多数の人々の行動に依存しながら一定程度に整合的な活動を継続することができます。ラッハマンは郵便局を例に挙げて、望む相手に手紙を届けるという目的達成のために我々が知るべき知識と、郵便システムを運営するさまざまな仕組みや人々の働きの間に大きな差が

あると指摘しています。まさに「このような制度の存在は文明社会の基礎」
（『ウェーバーの遺産』1971、第2章□□）なのです。

　ラッハマンは制度の役割を検討する際に、意図せざる制度と設計された制度、
そして内的制度と外的制度という異なる二分法を提案しました。前者の二分法
はメンガーの有機的制度と実用的制度、ハイエクの自生的秩序と組織という区
分と概ね一致すると考えられます。一方、後者の二分法は前者とほぼ重なるも
のの、外的制度がなんらかのかたちで明文化されることで外部から規定される
のに対して、内的制度は各個人の内部で徐々に変化するという点を強調してい
るところが異なっています。つまり、制度が機能する際に人々がその制度に対
する意味づけを行うという意味で、制度もまた主観的な解釈の対象になると
ラッハマンは考えたのです。言い換えれば、制度は個人の行動を方向づける
ルールとなる一方で、そのルールがどのように運用されるのかは個人の解釈に
よって主観的に変化することになります。このようにラッハマンは急進的主観
主義の観点から、歴史的時間を通じて安定的に維持されると同時に、状況の変
化によって柔軟に更新されていくという制度の性質を説明しました。

　●おわりに

　本章ではメンガー、ハイエク、ラッハマンというオーストリア学派に属する
3人の経済学者を取り上げて、経済学における主観主義の役割を検討しました。
各個人がそれぞれの目的を追求して行動した結果として、誰も意図せざる帰結
として現れる社会現象を説明するのが、オーストリア学派に共通する方法で
あったと言えます。そして、論者によって差はありますが、個人の行動決定に
その主観的要因が決定的な役割を果たしているというのも共通した見解である
ことがわかりました。

　ここまで見てきたことを踏まえると、主観主義を徹底するほどに法則的説明
や予測は困難となり、経済学が達成しうる領域を狭めてしまうという危惧をも
つ人もいるかもしれません。しかし、さまざまな主観性が経済活動の中心的要
素として機能している以上、それを便宜的理由によって排除すべきではないと
オーストリア学派の経済学者たちは考えたのです。

　ハイエクは「過去数百年の経済理論の重要な進歩はすべて、主観主義の一貫した適用への前進だったと言っても過言ではない」(『科学による反革命』1952、第 1 部第 3 章📖) と述べました。彼らの議論からは、経済現象を主観的に説明することは不可避であり、可能な限りで主観主義を徹底することが経済現象を正しく理解するために必要なのだと言えるでしょう。

より深く学習したい人のための文献リスト（50 音順、＊は本章内で参照されている書籍）

　K.I. ヴォーン『オーストリア経済学──アメリカにおけるその発展』渡部茂・中島正人訳、学文社、2000 年。

　尾近裕幸・橋本努編『オーストリア学派の経済学──体系的序説』日本経済評論社、2003 年。

＊G.P. オドリスコル Jr. & M.J. リッツォ『時間と無知の経済学──ネオ・オーストリア学派宣言』橋本努・井上匡子・橋本千津子訳、勁草書房、1999 年。

　桂木隆夫編『ハイエクを読む』ナカニシヤ出版、2014 年。

　B. コールドウェル『ハイエク──社会学方法論を巡る闘いと経済学の行方』八木紀一郎監訳、田村勝省訳、一灯舎、2018 年。

第6章

経済学はなぜ歴史的でなければならないのか
—— ドイツとイギリスの歴史学派 ——

佐々木憲介

　経済学史上の歴史学派というのは、19世紀の中頃から20世紀の初めにかけて、ドイツを中心に興隆した学派です。このころ、日本からも多くの留学生がドイツに渡って勉強し、帰国後にその学説を伝えましたので、歴史学派は日本にも大きな影響を与えました。歴史学派の勢力が最も強かったのはドイツですが、それに次ぐ勢いをもっていたのがイギリスでした。経済学の中心地イギリスでも、歴史学派が台頭したのです。本章では、両国間の学問的な影響関係も考慮しながら、歴史学派について学ぶことにします。

　ドイツ歴史学派は通常、次のような人物によって代表されると言われています。まず、先駆者として**リスト**がいます。歴史学派の本隊は、旧歴史学派と新歴史学派に区分されます。旧歴史学派というのは、**ロッシャー**、**ヒルデブラント**、**クニース**の3人のことです。これに対して、新歴史学派とされるのは、**シュモラー**、**ブレンターノ**、**ヴァーグナー**などです。もう一方のイギリス歴史学派について見ると、先駆者として**ジョーンズ**、それに続いて**クリフ・レズリー**、**イングラム**、**ロジャーズ**、**トインビー**、**カニンガム**、**アシュレー**、**ヒュインズ**といった人々がいます。

　さて歴史学派は、一般的に言って次のような主張をしていたと言われます。（1）時代や地域の状況によって正しい経済学説が異なる（学説の相対性の観点）。（2）経済生活は政治・道徳・宗教などから切り離すことができない（社会生活の統一性の観点）。（3）人間の動機・知識・合理性は多様である（行為の多元

性の観点）。（4）経済は発展する過程である（発展の観点）。（5）科学は一般的なものだけではなく個別的なものも対象とする（個別的連関に対する関心の観点）。（6）人間社会と生物有機体との間には類推が可能なところがある（有機的観点）。（7）抽象的な理論よりも、具体的な事実の記述とそれに基づく帰納的一般化とが優先されなければならない（歴史的方法）。

　とはいえ、歴史学派とされる全員が以上の特徴をすべてもっていたわけではありません。論者によっては、明確に反対している項目もあります。また、これらの特徴を具えているように見える場合でも、個々の経済学者ごとに微妙な違いがあります。誰を歴史学派と考えるのか、ということについても、研究者の間で意見の相違があります。「歴史学派」をどう規定するのかということは、簡単な問題ではありません。

● 歴史学派の形成

　ドイツ歴史学派について見ると、旧歴史学派と新歴史学派を合わせてドイツ歴史学派とする通説に対して、シュモラーのグループだけをドイツ歴史学派とするべきだという見解があります。通説では、旧歴史学派のロッシャーがドイツ歴史学派の創始者とされます。ロッシャーが創始者と見なされるのは、1843年に出版した『歴史的方法に拠る国家経済学講義要綱』（□；以下『要綱』）で「歴史的方法」を提唱したからです。このような通説を定着させるうえで大きな役割を果たしたのが、イギリス歴史学派のイングラムとアシュレーでした。イングラムは、1885年に『ブリタニカ百科事典』に、「経済学」という論文を発表しますが、これが改訂されて、1888年に『経済学史』（□□）という書名の独立の著書として出版されます（増補版は1915年）。この著作は非常な成功を収め、多くの読者を獲得しました。ドイツ語、フランス語、ポーランド語、ロシア語、スウェーデン語、チェコ語、セルビア語、オランダ語、日本語にも翻訳されました。またアシュレーは、1896年刊行の『パルグレイヴ経済学辞典』で、「経済学者の歴史学派」という項目を執筆します。この権威ある辞典は、当時の標準的な知識を提供するものとして受容されましたので、アシュレーの見解は、歴史学派についての見方を普及させるうえで大きな影響を及ぼしまし

た。

　興味深いことに、経済学上の「歴史学派」という呼称も、ドイツ語圏に先行して英語やフランス語で使われていました。ドイツ語圏では、「歴史学派（die historische Schule）」という呼称が、1883 年に始まるシュモラーとメンガーの「方法論争」のときに出現し、その後一般化することになるのですが、英語圏では、それよりも前に、クリフ・レズリーが「ドイツ経済学者の歴史学派（the historical school）」（1875）という表現を用いています。また、ベルギーのラヴレーは、フランス語で「歴史学派（l'école historique）」（1876）という呼称を用いています。これは、ドイツの歴史学派運動が、国外からも注目されていたことを示しています。

　イングラムとアシュレーが歴史学派の核心的な主張と見なしたのは、「歴史の重視」に加えて、「学説の相対性」ということでした。「学説の相対性」というのは、時代や地域によって適切な経済学説が異なるという主張です。ここで経済学説とは、経済を分析する理論装置と、実践的な政策提言の両方を含んでいます。「学説の相対性」は、リスト、ロッシャー、ヒルデブラント、クニースに、多かれ少なかれ見られた主張でした。そのなかで、歴史的方法を提唱したということをもって、ロッシャーが歴史学派の創始者とされたわけです。リストの著作の大部分はロッシャーの『要綱』の前に発表されていましたので、リストは歴史学派の先駆者とされました。しかし、ロッシャーの「歴史的方法」宣言を学派創設の指標にするといっても、旧歴史学派の 3 名はそれぞれ別々に行動していて、ロッシャーの旗の下に集まったわけではありません。それぞれが独立に国民経済の歴史的発展について論じていたわけですから、イングラムやアシュレーも、ロッシャーを創始者としながら、同時にヒルデブラントとクニースを共同創始者に位置付けています。

　ロッシャーの歴史的方法は、次のような主張を伴うものでした。（1）経済は法律・政治・文化と密接に結びついている。（2）国民経済は歴史的に形成されたものである。（3）各国民経済を比較して、それらに共通する発展過程の本質的な特徴を発見することが重要である。（4）経済制度や政策の是非は歴史的に相対的であり、同じ制度や政策が時代状況によって適切であったり不適切で

あったりする。

　ロッシャーの歴史的方法は、先に述べた歴史学派の観点のいくつかを伴って
います。その意味では、確かに歴史学派の特徴を示していたのですが、ロッ
シャーの歴史的方法は、古典派経済学に対抗する新しい学派の創立を宣言する
ものではありませんでした。ロッシャー自身も、歴史的方法は**リカードウ**の学
派には遠いが、もともとその学派に反対するものではなく、かえってその成果
を感謝して利用しようとするものである、それはむしろ**マルサス**およびラウの
方法に近い、と述べています。イングラムやアシュレーも、ロッシャーをドイ
ツ歴史学派の創始者としながら、ロッシャーの不十分さを指摘しないわけには
いきませんでした。ロッシャーは、その後の彼の著作においては必ずしも歴史
的方法に従っていない、というのです。ロッシャーの主著『国民経済体系』の
第 1 巻『国民経済の基礎』は英語にも翻訳されましたが、アシュレーによれば、
それは非常に旧式の方針に沿って構築されており、**ジョン・ステュアート・ミ
ル**の『経済学原理』（1848 📖）に文献史に基づく引用や注を付したものといっ
ても不適切ではない、と認めています。イングラムもアシュレーも、歴史学派
の運動はシュモラーたち新世代の下で本格化したと指摘しているのです。

　ドイツ歴史学派の創始者はロッシャーであるとする通説に反対して、シュモ
ラーを創始者と考えるべきであると主張する論者の代表は、**シュンペーター**で
す。ロッシャーが古典派の学説を歴史的事実で例示したのに対して、次節で述
べるように、シュモラーは古典派とは異なる独自の研究プログラムを推進しま
した。またシュンペーターによれば、社会学的な意味での学派の形成という点
からいっても、シュモラーを歴史学派の中心とすることには根拠があると言い
ます。「学派」は、二つの観点から規定できます。第一は、学説の類似性を
もって「学派」の特徴と見なす観点です。この意味での学派は、研究上の共通
の傾向をもつグループというものであり、緩やかな結合の思想潮流を表してい
ます。第二に、もう一つの観点は、社会学的な意味での学派、つまり強固なま
とまりをもつ人間集団というものです。ここでは、学説の類似性だけではなく、
社会的な行為の仕方が問題になります。シュンペーターが「学派」というのは
この意味であり、「一人の師匠、一つの学説、人間的な結合」があることを

もって学派と規定します。[1]このような人間集団としての学派は、大学・学会・雑誌などを活動の場として形成されます。シュモラーたちの集団は、後述する社会政策学会を舞台に、シュモラーを指導者、ブレンターノ、ビューヒャーなどを副指導者として形成されました。旧歴史学派は、このような意味での学派ではありませんでした。したがって、学説の類似性という緩やかな意味においてであれば、旧歴史学派も学派と呼ぶことはできますが、独自の研究計画を推進したことに加えて、集団として行動したという意味でも学派といえるのは、新歴史学派に限定されることになります。両方の意味の違いを踏まえて、学派という言葉を使うのが適切でしょう。

　イギリス歴史学派は、「一人の師匠、一つの学説、人間的な結合」によって特徴づけられる学派ではなく、学説の類似性を示す集団という緩やかな意味での学派でした。イギリス歴史学派の活動は 1870 年代後半から活発になりますが、このころドイツでは、すでに歴史学派の勢力が大きなものになっていました。そのため、イギリス歴史学派はドイツ歴史学派の模倣であると見なされたこともありました。しかし、その見方は正しくありません。イギリス歴史学派は、イギリス経済学の伝統のなかから現れた学派でした。イギリスの主流であった古典派経済学は、主としてイングランドやスコットランドを研究対象として構築された経済学です。ところが、当時イギリス帝国の一部であったアイルランドやインドは状況がかなり違っていました。ドイツ歴史学派は、先進国イギリスの経済学を後進国ドイツにそのまま適用することはできないとして学説の相対性を唱えたのですが、同じような観点を必要とする条件がイギリス帝国の領域内にも存在していたのです。また、**アダム・スミス**の『国富論』（1776📖）には、経済理論だけではなく、豊富な歴史的考察が含まれていました。ところが、その後のイギリス経済学では、リカードウに代表されるように、経済理論が重視されるようになります。こうした理論重視の流れに対して、歴史研究の意義を強調する経済学が登場したのは当然のことでした。イギリス歴史学派は、このようなイギリス固有の事情と学問的伝統とを背景として登場した

1　この意味での経済学史上最初の学派は「重農学派」である。第 2 章を参照せよ。

のであり、ドイツの真似をしたというわけではありませんでした。たしかに、
イギリス歴史学派がドイツ歴史学派を持ち上げたという事情はあります。イギ
リスでは理論派（古典派、その後は新古典派）が主流派で、歴史学派はそれに対
抗する反主流派という位置にありましたが、ドイツでは歴史学派が主流派でし
た。1871 年のドイツ帝国成立後、ドイツの学問は声威を高めていましたので、
イギリス歴史学派がドイツ歴史学派を頼りになる友軍と見なしたとしても不思
議ではありません。ドイツでは歴史学派が経済学の主流だと語ることが、模倣
と誤解される一つの理由であったと考えられます。

● 歴史的方法

　歴史学派の方法論は、理論派の方法論に対抗するものとして登場しました。
しばしば、歴史学派は帰納法を支持し理論派は演繹法を支持した、と言われま
す。そこでまず、帰納法と演繹法の意味を確認しておきましょう。論理学では
帰納・演繹という用語が使われ、科学の方法としては帰納法・演繹法という用
語が使われるのが普通ですが、厳格に区別されているわけではありません。論
理学上の用法としては、(1) 狭い意味では、帰納とは特殊なものから一般的な
ものを導く推論であり、演繹とは一般的なものから特殊なものを導く推論です。
(2) 広い意味では、どのような推論であれ、前提と帰結との関係が蓋然的で情
報量が増えるものは帰納と呼ばれ、前提と帰結との関係が必然的で情報量が増
えないものは演繹と呼ばれます。これらに加えて、経済学方法論の議論におい
ては、(3) 帰納法とは所与の事実を対象にする方法であり、演繹法とは仮定さ
れた状況を対象にする方法であるとされました。今日であれば、実証的研究と
理論的研究の関係として語られることが、帰納法と演繹法の関係として問題に
されたのです。

　さて、前節で述べたように、歴史学派独自の立場をはっきり示したという意
味でも、集団を率いたという意味でも、ドイツ歴史学派の中心に位置したのは
シュモラーでした。シュモラーを中心とする歴史学派の方法論について、シュ
ンペーターは次のように述べています。「歴史学派の方法論的信念の基礎的な
かつ独自な条項は、科学的経済学の原則が主として——最初の頃には、もっぱ

ら、というふうに考えられた――歴史的なモノグラフ（単一小分野の研究）の
結論から、またはこれらからの一般化から、成り立つべきであるという点に
あった。……これが、経済学における歴史的方法として知られるようになった
ものの最初の中軸であった」（『経済分析の歴史』1954、第4編第4章 📖）。この
歴史的方法には、事実の記述と帰納による一般化の二つの手続きが含まれてい
ます。モノグラフ、例えば特定の時代・地域の「織物工ギルド」に関する研究
は、かなりの部分が事実を記述するものになるでしょう。これに対して、与え
られた事実の記述を超えて、一つの事実について言えることが同類の他の事実
にも当てはまると推論することは、帰納的推論になります。シュモラーは、自
ら歴史研究を行うだけではなく、多数の弟子たちを指揮して大規模な調査を実
行しました。このような研究の進め方は、ある仮定された状況を前提として演
繹的に推論する経済理論の方法とは異なっています。シュモラーは、理論研究
よりも歴史研究を優先させるべきだと主張しましたので、経済理論の研究を進
めるべきだと考える経済学者たちと対立することになりました。

　対立した経済学者の一人が、ヴァーグナーでした。ヴァーグナーは社会政策
学会の創設メンバーの一人でしたが、1877年に学会を脱退します。その理由
の一つが、シュモラーとの方法論上の対立でした。ヴァーグナーはこのころ、
経済理論の著作を準備していました。これに対してシュモラーは、今はそのよ
うなことを試みる時期ではなく、経験的・統計的・歴史的研究がそうした試み
に先行しなければならない、と主張しました。本章冒頭で示した「通説」では、
ヴァーグナーも歴史学派の一員とされているのですが、このような対立がある
ために、ヴァーグナーは歴史学派とはいえないという意見があるのです。

　イングラムは、「ドイツにおける科学的経済学者の新世代」の一人にヴァー
グナーも加えています。アシュレーもまた、ヴァーグナーが、歴史法則として
「公的・国家的活動が拡大してゆくという法則」を定式化しようと試みたこと
などを踏まえて、彼には歴史的思考が顕著に見られると述べています。ところ
が、新歴史学派の中心にいたシュモラーやブレンターノは、ヴァーグナーは歴
史学派ではないと考えていました。彼らはヴァーグナーについて、方法的には、
もともと抽象的・演繹的な学派に属しており、実践的には、社会改良的潮流よ

りも国家社会主義的潮流に著しく接近している、と見ていました。ヴァーグ
ナーは、労働条件の改善などの社会改良政策を超えて、重要産業の国有化など
を主張していました。

　シュモラーやブレンターノは、ヴァーグナーが抽象的・演繹的な理論を優先
し、また社会改良よりも国家社会主義を支持することをもって、自分たちとは
違うと考えていました。ヴァーグナーはシュモラーのグループには入っていま
せんでしたので、社会学的な意味での学派の一員でもありませんでした。しか
し、経済発展の様式を定式化しようと試みること、歴史的相対性を重視するこ
となども歴史学派の特徴であることを考えるならば、ヴァーグナーも歴史学派
の特徴の一部を具えていたことになります。ここにも、何をもって歴史学派と
規定するのかという問題が関わっています。

● 記述・帰納・演繹

　シュモラーとヴァーグナーの方法論的対立が顕在化してから数年後、1883
年にオーストリア学派の創始者メンガーが経済理論の意義を強調して歴史学派
を批判します。その批判に対してシュモラーが反論し、「方法論争」が始まり
ました。ドイツ語圏で起こったこの論争は、経済学の方法論をめぐる論争のな
かで、最も有名な論争であると言ってよいでしょう。メンガーの批判に対して、
シュモラーは理論研究よりも歴史研究を優先させるべきだと主張しました。あ
る学問において記述的な部門がまだ不完全であればあるほど、また、理論が暫
定的な、まだ疑わしい、部分的に時期尚早の一般化の総和から成り立っている
にすぎないことが多ければ多いほど、記述と理論の隔たりは大きいはずである。
そして、社会科学の状態は、部分的にはとりわけ国民経済学の状態も、その比
較的大きな進歩にもかかわらず、そうであるように思われる、というのです。
ある学問において、一時的にもっぱら記述的方法が行われるとしても、それは
決して理論の軽視ではなく、理論のための必要な基礎工事なのである。このよ
うに述べてシュモラーは、メンガーの理論重視の姿勢を時期尚早と批判したの
でした。

　この議論の背景にあったのは、理論の前提を導くときに科学的に正当とされ

る手続きはあるのか、という方法論上の問題です。一方には「ない」という立場があり、他方には「ある」という立場があります。「ない」という立場の代表は、「仮説演繹法」と呼ばれるもので、仮説の発見の仕方は理論の正当化とは関係ないのであり、正当化は演繹の結論を検証することによって行うのだ、とする立場です。これに対して、「ある」という立場の代表は、「帰納主義」と呼ばれる立場で、帰納法によって理論の前提を導出しなければならない、と主張するものです。シュモラーは、後者の立場を支持していました。この立場は、すでに**アリストテレス**にも見られたものですが、当時の代表者はミルでした。ミルによれば、科学の研究は「帰納－論証－検証」という3段階の手続きを踏まなければなりません。ミルは、帰納を支持して演繹を否定したわけではなく、帰納が演繹に先行しなければならないと主張したのでした。シュモラーも同じでした。彼の方法論は、イギリスの哲学・論理学からも養分を吸収していたのです。

　シュモラーが強調する記述は、帰納に先立って行われるものです。ミルは『論理学体系』（1843 □）のなかで、記述は帰納を補助する操作の一つであると述べていました。シュモラーは、あらゆる記述の最大の目的は帰納を準備することにある、と述べます。シュモラーによれば、メンガーのようにすでに経済理論を展開している人々は、十分な記述・帰納の研究を行うことなしに、性急に理論の前提を設定しているというのです。

　演繹とは、例えば、「状況Sの下で、人間が私益を合理的に追求するならば、結果Eが生じる」といった推論を行うことです。この場合の演繹の前提は、「状況S」と「人間が私益を合理的に追求する」ということですが、帰納によって演繹の前提を導くというときに、特に問題になったのは、「人間は私益を合理的に追求する」という行為の仕方でした。このような行為の仕方が経済理論の前提とされるときには、個々の実際の経済的行為を観察して記述し、さらに、それらから帰納によって一般化しなければならない、というのがシュモラーの主張でした。

　経済学は演繹に進む段階には至っていないという見解は、イギリス歴史学派の初期の展開を担ったクリフ・レズリーにも見られます。イギリス版の方法論

争は、1870 年代後半に始まっていました。クリフ・レズリーは、1879 年の論文「経済世界における既知のものと未知のもの」のなかで、次のように述べています。「経済科学では演繹が不要だといっているのではない。一般的原理からの推論や、一般的原理の適用はすべて演繹である。言わんとすることは、経済学は演繹的科学の段階に到達していないということ、経済世界の基本法則はなお不完全にしか知られていないということ、忍耐強い帰納によってのみそれらを十分に知ることができるということ、これである」というのです。当面の課題が記述なのか帰納なのかということについては、強調点の違いがありますが、シュモラーもクリフ・レズリーも、いずれにせよ経済学は演繹に進む段階にはないと主張したのです。

　ドイツにおいてもイギリスにおいても、歴史学派も理論派も、ほとんどの論者が経済学においては帰納と演繹の両方が必要だと認めていました。それにもかかわらず、両者が対立することになったのは、当面の課題は何か、ということが問題にされたからです。シュモラーもクリフ・レズリーも、理論そのものに反対したのではなく、経済学の現段階においては、歴史的研究が優先されるべきだと主張したのです。しかし、彼らの方針に従えば、理論化の手続きは、かなり後まで延期されなければなりませんでした。そのため、シュモラーとクリフ・レズリーは理論を否定する過激な歴史学派である、という印象を与えることになったのでした。

● 単純な現象と複雑な現象

　シュモラーとメンガーの方法論争においては、経済理論の抽象性も問題になりました。古典派の経済理論では、複雑な社会現象のなかから考察目的にとって重要だと思われる要因だけを抽象し、重要ではないと思われる要因を捨象します。例えば、現実の人間は多様な動機をもっていますが、そのなかから経済的動機のみを抽象します。経済的動機は、「利己心」「富の動機」「人間の欲望」「私的利益」など、さまざまに言い換えられますが、いずれにせよ人間の動機の一面だけを取り上げるものです。こうした抽象によって経済理論の前提が形成されます。「人間は私益を合理的に追求する」というとき、実際には多

くの動機があるにもかかわらず、主要な動機として「私益の追求」だけを取り出して、その他の動機を副次的なものとして無視するわけです。

　メンガーは、経済理論の内容については古典派と違う考えをもっていましたが、抽象の手続きは支持します。社会理論のそれぞれは、人間活動の諸現象の特別な一つの側面だけを取り上げるのであり、経済理論は完全な経験的現実から経済的な側面だけを抽象するというのです。これに対してシュモラーは、経済現象は人間の欲望や利己心にのみ基づいているわけではなく、そのようなことを考えるのは、世間に背を向けた書斎学者の無邪気さのせいであると批判します。そうではなく、「経済現象のすべての本質的な原因」を検討しなければならないというのです。

　このような対立の背景を理解するために、再びミルの議論を参照しましょう。メンガーもシュモラーも、明示してはいないのですが、ミルの「原因の合成」の議論を踏まえて自説を展開していると考えられるからです。ミルによれば、社会現象は多くの原因が合成した結果です。人間の動機だけを見ても、富の動機のほかに、政治的・宗教的・道徳的などの多様な動機があります。それらの動機が原因となって、人間の行為が生じます。一つひとつの原因の結果が分かっていれば、多くの原因が同時に作用するときの結果は、それらを足し合わせることによって求めることができます。社会科学の一部をなす経済学は、富の動機だけを取り出し、他の動機によって妨げられない場合に、人間が富を合理的に追求することからどのような結果が生じるのか、ということを研究します。他の動機がもたらす結果は、社会科学の他の分野において研究されます。社会現象を解明するためには、それぞれの原因－結果の関係が明らかにされた後で、総合の操作が行われなければなりません。つまり、複雑な現象を要素に分解し、しかる後に、研究の目的に応じて必要な要素を選んでそれらを再び組み立てる、という方法によって社会現象を研究しなければなりません。

　問題は、組み立てる集合的結果が単純な現象なのか複雑な現象なのか、ということです。価値・価格などの市場の事象は単純な現象であり、少数の要素的原因から組み立てることができます。これに対して、社会問題とされる労働者階級の状態などは複雑な現象であり、非経済的なものを含む多数の要素的原因

から組み立てなければなりません。メンガーが経済現象と言うときに考えていたのは、単純な現象です。単純な現象を組み立てようとしていたので、少数の原因だけに注目しました。それに対してシュモラーは、複雑な現象を組み立てようとしていたので、多数の原因を取り上げることになりました。両者の対立は、説明しようとするものが単純な現象なのか複雑な現象なのか、という点をめぐって生じたものでした。同じ問題をめぐって正面から対立していたのではなく、それぞれ別の問題に取り組んでいたのです。

● 経済学の精密性

　シュモラーもメンガーも、自分の方法の「精密性」を主張しました。この対立も、ミルの議論を参照すると理解しやすくなります（『論理学体系』第6篇第3章および第5章）。ミルによれば、精密科学とは、個々の現象を正確に説明し予測することができる科学のことです。現象を正確に説明し予測するためには、第一に、関係するすべての原因を知ること、第二に、それぞれの原因に関する因果法則を知ること、第三に、これらの原因や因果法則から集合的結果を演繹する能力を有すること、これらの条件を満たさなければなりません（☞コラム④「演繹と帰納」、コラム⑥「因果関係」）。この条件を満たしている科学の代表例としてミルが挙げるのは天文学ですが、そこでは考慮する必要のある原因が少ないので、精密な説明・予測ができるというのです。膨大な原因を考慮しなければならない社会科学においては、こうした条件を満たすことは、ほぼ不可能です。ところがミルは、もう一つの「精密性」を考えていました。人間や社会のような複雑な現象に関しては、精密性にとって必要なのは、ある限定された事情の下で起こることを解明することだ、というのです。そこで解明されるのは、ある事柄が実際に起こるということではなく、もし反対作用をするものがないならばそうなるであろう、ということです。攪乱原因が存在する状況の下では、事実ではなく傾向を表現するだけです。すなわち、ミルの「精密科学」には二つの意味がありました。実際の出来事を正確に説明し予測することができる科学という意味と、ある限定された事情の下で起こることを正確に解明する科学という意味です。前者は現実的な精密性であり、後者は、いわば理

コラム⑥　因果関係

　因果関係とは、原因と結果の関係のことをいいます。しかし、因果関係とは、「A が原因で B という結果が生じた」のように単純に説明することができません。因果関係をめぐる議論の歴史において大きな影響を与えた人物に**ヒューム**がいます。ヒュームは、『人間本性論』（1739–40 📖）において、因果関係は主観的なもの、すなわち思い込みであり、客観的なものではないことを主張しました。基本的に、ヒュームの考え方は、世界に関する知識は経験に由来するという経験主義および、私たちは事実について何も知らないとする懐疑主義の立場にたっています。そして、ヒュームは経験主義を極端に推し進めることで、知覚できないことはすべて否定する極端な懐疑論を展開しています。

　ヒュームによれば、原因と結果は別物です。例えば、「火を触ると熱い」という場合、火が原因であり、熱いが結果となります。しかし、ヒュームに言わせれば、今回はたまたま熱かっただけで、もし次に火を触ると冷たいかもしれないのです。そして、このような懐疑の可能性は常にあり、原因と結果の間に絶対的な必然性はないとするのです。

　ヒュームによれば、因果性とは、ある事象が生じたとき、いつも別の事象が引き起こされ（恒常的連接性）、それが、繰り返し知覚されることによって生じる思考の習慣にすぎません。すなわち、因果関係とは、客観的なものではなく、人間の主観的なものにすぎないのです。これにより、因果法則によって成り立つ物理学などの自然科学は否定されるのです。この因果関係の客観性を否定するヒュームの考えは、当時の自然科学には何の根拠もないとして大変な衝撃を与えたのです。

（藤村哲史）

論上の精密性です。

　シュモラーが目指していた精密性は、前者でした。つまり、実際の出来事を正確に説明し予測するために、それに関連するすべての本質的な原因を調べようとしたのです。歴史的な細目研究こそが精密な研究だというわけです。それに対してメンガーは、後者の精密性を目指しました。つまり、人間が経済的動機のみによって行動するような、限定された事情の下で起こることを正確に解明する「精密的方針」を主張したのです。もちろん、「精密的方針」の結論は、

非経済的動機などの攪乱原因がある状況においては、そのまま現れることはないのですが、現実を認識するための有益なアプローチだというのです。

　シュモラーの方針は、実現可能性が疑われるような遠大な目標に向かうものでした。複雑な現象については、それに関連するすべての本質的な原因を発見することは容易ではないからです。この困難は、シュモラー自身も自覚していたと思われます。それは、国民経済の発展という複雑な現象についての議論に表れています。ドイツ歴史学派は、国民経済の発展を発展段階論として提示することがありました。先駆者リストは、「未開・牧畜・農業・農工業・農工商業」、ロッシャーは「幼年期・青年期・壮年期・老年期」、ヒルデブラントは「実物経済・貨幣経済・信用経済」という発展段階論を提唱しました。シュモラー自身も、「村落経済・都市経済・領邦経済・国民経済」という発展段階論を提示しています[2]。しかしシュモラーは、自身の発展段階を「法則」とは考えませんでした。シュモラーにとって法則とは因果法則のことですから、段階が継起する原因が認識されていない場合、それは因果法則とは言えません。また、適用できる範囲も限られているので、「経験法則」という名称も使用しないというのです。

　同じく発展段階論を提唱しているといっても、旧歴史学派とシュモラーとの間には違いがあります。シュモラーによれば、旧歴史学派は、しばしば一般史の結果を性急に理論に利用しようとしました。それに対して、苦労の多い経済史的特殊研究を前提として初めて、国民経済理論に十分な経験的基礎を構築することができる、というのがシュモラーの見解でした。一般化された定式は暫定的なものにすぎません。「こうした理由から、国民経済的科学の新しい時代は、ロッシャーやヒルデブラントの、国民経済学を歴史的に加工しようとする一般的傾向よりも、むしろ経済史的なモノグラフの時代から始まった」というのが、歴史学派の展開についてのシュモラー自身の評価でした（「国民経済、国民経済学および方法」1893、第 14 章📖）。

2　発展段階論は歴史学派に固有のものではない。第 1 章・第 2 章のスミスと**チュルゴ**の段階論を参照せよ。

● 経済社会学

　シュモラーをはじめとする新歴史学派は、社会政策の対象になるような社会問題に関心をもっていたわけですから、非経済的な原因も無視することはできませんでした。ここから、経済現象の孤立化に反対する観点が出てきます。歴史学派は、経済学の枠組みを超えてゆく傾向がありました。シュモラー流の経済学者は歴史的意識をもつ最広義の社会学者であった、と言われる所以です[3]。歴史学派は、人間の行為が法や慣習（これらを併せて制度といいます）によって制約されることを強調しました。人間の行為を理解するためには、個人の行為の枠組みとなる制度から出発しなければならない、というのです。そのような制度についての研究は、「経済社会学」と呼ばれます。制度が個人の行為に影響を与えるという歴史学派の主張は、経済社会学の必要性を説いたものということができます。シュモラーが、「国民経済学の倫理的性格」という言葉に託したのは、そのような考え方でした。「国民経済学の倫理的性格」という表現は、しばしば誤解を招きました。経済学者は倫理的な観点から経済学を研究しなければならない、つまり、たんに経済的事実がどうなっているかを研究するだけではなく、望ましい経済状態についても語らなければならない、と主張しているものと受け止められたのです。経済学は「何であるか」だけではなく、「何であるべきか」をも問題にする、というのが歴史学派の立場だとされたのです。

　しかし、そこには誤解がありました。シュモラーの真意を知るためには、経済主体の倫理と経済学者の倫理とを区別して考えなければなりません。シュモラーが「国民経済学の倫理的性格」について語るときに考えていたのは、経済主体の倫理でした。すなわち、「ドイツでは、歴史学派が国民経済学の倫理的性格を強調したが、もちろんそれによって、不当に批判されているように、間違いなく高い「尊厳」を国民経済学に付与しようなどと考えたのではなく、すべての国民経済的生活においても、社会的・歴史的生活においても、人間行為

3　歴史学派は、ドイツでもイギリスでも、「経済史学」の確立に貢献することになったが、ドイツでは「社会学」の形成にも寄与した。

と社会制度に対する倫理的価値判断が重要な役割を果たし、あらゆる原因のかなりの部分を占めている、という事実を言いたかっただけである」というのです（「国民経済、国民経済学および方法」第16章）。つまりシュモラーは、自分の倫理的判断を経済学のなかに持ち込み、国民経済のあるべき姿を語ったわけではないのです。そうではなく、経済主体が行為をする際には、それぞれの倫理的判断が行為に大きな影響を与えると言っているのです。経済主体の倫理的判断について語ることは、経済学者にとっては事実の研究なのです。

● 社会政策

とはいえ、歴史学派の人々は、強い実践的関心をもって当時の社会問題に取り組んでいました。経済学者が、事実の研究を超えて、望ましい状態について語ることは珍しくありません。そこで問題になるのが、経済学者自身の倫理ということです。

歴史学派は、実践面では保護貿易と社会政策を支持した、と言われることがあります。しかし、貿易政策に関しては、歴史学派の間に意見の対立がありました。ドイツで保護貿易政策が採用されたのは1879年ですが、シュモラーが保護関税を容認したのに対して、ブレンターノは反対しました。ブレンターノは、強固な自由貿易主義者でした。イギリスでは、20世紀初頭に貿易政策について論争が起こります。その頃には、カニンガム、アシュレーなどは保護貿易主義に転向していましたが、イングラムは一貫して自由貿易を支持しました。

貿易政策に比べると、社会政策は1870年代以降、ドイツでもイギリスでも、歴史学派の人々に共有された政策的主張であったと言うことができます。社会政策とは、労働者階級などの貧しい人々の生活向上のために国家が行う政策のことです。特にドイツでは、1872年に社会政策学会が結成され、労働条件の改善策などが提案されます。学会に参加した人々のなかには大学教授も多く含まれていましたが、大学の講壇で社会改革を唱える者という意味で「講壇社会主義者」という綽名をつけられました。この学会を舞台に活動したシュモラーのグループが、新歴史学派と呼ばれることになります。

シュモラーにとって社会政策の目的は、あらゆる人間をより高い文化へと招

き入れることでした。当時のドイツの知識人にとって、たんなる物質的豊かさを目指すのは浅薄なことであり、理想とすべきは高い精神文化と人格的陶冶（とうや）の追求でした。問題は、その理想を追求する人々の範囲にありました。この頃の知識人のなかには、高い文化を維持・発展させるためには、所得分配の不平等が必要だと主張する人々がいました。額に汗して働くことを免除された少数の者が高い文化を担う、という主張です。これに対して、シュモラーやブレンターノは、多くの人々が高い文化を享受することは可能だと主張しました。そのころドイツでは、高等教育を受けた少数の人々の特権的地位が、工業化とそれに伴う社会の変化（民主化など）に臨んで、動揺していました。一方には、そうした変化を拒否して、旧来の地位を守ろうとする人々がいましたが、他方には、その変化を避けられないものとして受け入れた人々もいました。社会政策学会に集まった人々のなかにも、両方の意見がありましたが、シュモラーやブレンターノは、人格的自己発展の理想が従来の教養ある人々以外の社会階層にも適用できると考えていました。

　経済的豊かさは高い精神文化の基礎となります。労働する多数者の所得や財産を増加させるために、シュモラーは「功績による分配」を主張します。これは、アリストテレス以来の分配的正義にかかわる問題です。分配的正義とは、各人の価値に応じて分配すること、各人に与えるべきものを与えることが正義に適うという考え方です。しかし、何が各人の価値なのかということについては、意見が分かれます。シュモラーの「功績による分配」は、個々人の徳・知識・業績と調和する分配ですが、現に行われている分配は必ずしもそうなっていないということを含意しています。社会的な強者が過度に多くの所得と財産を得ており公正ではない、というわけです。たしかに、実際の分配においては、勤勉に労働に励む人が必ずしも多くの所得を得るわけではありません。大きな財産をもつ人は、労働することなしに、その財産から利子や地代として多くの所得を得ることができます。シュモラーは、社会政策の拡大によって、分配関係を是正するべきだと考えたのです。

　では、このような社会改良を実現するためには、どのような手段を用いればよいのでしょうか。シュモラーは、ドイツ・マンチェスター派と社会主義者の

中間の路線を提案します。前者は、自由貿易を唱えたイギリスのマンチェスター派に倣って、ドイツで経済活動の自由を主張したグループです。19世紀中葉の経済政策論議を支配したのは、このドイツ・マンチェスター派でした。しかし、経済活動の自由は貧富の格差を拡大させました。富裕な者が所得と財産をますます増大させる一方で、その日暮らしの生活をしている人々が絶対的にも相対的にも増えていました。このような貧困を解消するために、また労働条件を改善するために、活動を始めたのが社会主義者たちでした。しかし、シュモラーの目から見ると、社会民主党系の社会主義者のなかには、階級対立を煽り、暴力的な社会主義革命を目指すという危険な側面がありました。富める者と貧しい者との分断、両者の暴力的な対立を防ぐためには、広範な中産階級の維持と、下層階級の所得・財産・教養を引き上げることが必要だ、とシュモラーは言います。そうすることによってのみ、ドイツ帝国は安定を保つことができる、というわけです。

　社会改良を進めるうえで、主要な役割を担うものとされたのは国家でした。ドイツ歴史学派は、国家をたんなる秩序維持のための制度とは見なさず、個人の自発的な努力によっては適切に対処しえないすべての目的を実現するための国民的機関と見なしました。プロイセン国家そしてドイツ帝国がこれまで実際に行ってきたことは、講壇社会主義者が提唱していることと整合的であり、国家に対して無理な要求をしているわけではない、というのです。とはいえ、プロイセン国家もドイツ帝国も君主権限が強い国家でしたが、シュモラーが期待する国家は専制的なものではありませんでした。シュモラーが国家に期待したのは、個人の自由を基本的に認めたうえで、個人ではなし得ないことを行うことでした。社会改良的方策とされるものは、現実の国家・君主・官僚が行っていることをそのまま述べたわけではなく、かなり理想化されたものとなっています。

　いずれにせよ、社会改良の有効な手段を見出すためには、歴史的に行われた政策を知らなければならない、ということは確かです。歴史的経験を踏まえて、実際の政策のなかから労働者・農民・零細な商工業者の生活向上に役立った方策を抽出し、将来の社会改良のための指針にするのです。また、社会政策の対

象となる人々の生活実態を詳細に調査しなければなりません。このようにして、社会政策学会に集まった新歴史派においては、社会改良への志向と歴史研究とが結びつくことになります。

● 客観的価値判断

　経済学者自身による政策提言には、重大な方法論的問題が含まれています。この問題について、イギリスでは、科学の任務は価値判断ではなく事実判断にある、というのが通説でした。イギリス歴史学派のなかでは、特にトインビーやカニンガムが、この点を強調しています。政策目的の設定は、人によって意見が異なる主観的な価値判断であり、科学者としての経済学者の任務ではない、とされました。それに対して、目的を達成するための最適な手段は何かということは、正しいか正しくないかが客観的に判定できる事実判断ですから、科学者としての経済学者の守備範囲に入ります。経済学も科学であろうとするならば、目的の設定にはかかわらず、目的を達成するための手段の研究に専念しなければなりません。経済学者が政策目的について語るときには、それは科学者としてではなく、公共政策に関心のある市民として個人的な意見を述べているのだ、というわけです。イギリスでは、方法論的自覚のない者を別として、理論派にも歴史学派にも事実判断と価値判断を区別する態度が定着しており、この点では両陣営が一致していました。

　しかし、シュモラーの考えは違っていました。シュモラーは、個人の主観的価値判断のほかに、客観的価値判断がありうると考えたのです。最も重要な実践的価値判断に関しては、同じ文化時代・同じ国民に属する良識ある高潔な人々の意見はますます一致していく、というのです。例えば、保守的な土地所有者、リベラルな工場所有者、社会主義的な労働者が、社会改良の多くの点でようやく歩み寄ることができるようになった、と主張します。つまり、社会改良を支持することは、個人的な、あるいは党派的な価値判断ではなく、客観的な価値判断だというのです。こうした見解は、シュモラーよりも若い世代の**ヴェーバー**や**ゾンバルト**によって、事実と価値を混同するものであるとして、1909 年に始まる「価値判断論争」で批判されることになります。「良識ある高

潔な人々」をあらかじめ定義しておかなければなりませんが、シュモラーの客観的価値判断は、そうした人々の間で一致する傾向があると主張する限りにおいては、事実判断といってもよいものでした。「一致する傾向がある」という判断は、間違っているかもしれない事実判断ですから、科学としての経済学の考察範囲に入ります。社会改良という政策目的は、シュモラー個人の価値判断ではなく、多くの人々に共有されてゆく価値判断だとされたのです。

● おわりに

経済学はなぜ歴史的でなければならないのでしょうか。この問いに対して、歴史学派は次のような回答を考えていたように思われます。

第一に、経済学研究のある局面では、理論よりも歴史が優先されなければなりません。つまり、演繹的な経済理論の構築に先立って、事実の記述とそれに基づく帰納的一般化が行われなければなりません。歴史的方法とは、まさに記述と帰納からなる方法でした。

第二に、社会改良の有効な手段を見出すためには、歴史的経験を参照しなければなりません。個人の競争を前提とする経済理論から社会改良の方策を導くことはできませんでした。社会改良の有効な手段を見出すためには、歴史的に行われた実際の政策のなかから、労働者・農民・零細な商工業者の生活向上に役立った方策を抽出しなければなりませんでした。

第三に、ある理論装置や経済政策は、状況によって有効であったり無効であったりしますので、それが適用可能かどうかを判断するために、時代状況を調べなければなりません。歴史学派は、ある学説を普遍的に正しいと見なすことはできないと考えたのです。

第四に、経済発展の大きな流れを把握するには、大局的に歴史を見なければなりません。歴史学派が提唱する発展段階は、歴史に内在する法則と考えられることもありましたが、だんだんと、現実を分析するための見方、研究上の道具と見なされるようになります。経済の歴史的発展を分析するために、こうした図式が有効だと考えられたのです。

より深く学習したい人のための文献リスト（50音順）

佐々木憲介『イギリス歴史学派と経済学方法論争』北海道大学出版会、2013年。

竹林史郎『歴史学派とドイツ社会学の起原——学問史におけるヴェーバー資本主義論』田村信一・山田正範訳、ミネルヴァ書房、2022年。

田村信一『グスタフ・シュモラー研究』御茶の水書房、1993年。

田村信一『ドイツ歴史学派の研究』日本経済評論社、2018年。

F.K. リンガー『読書人の没落——世紀末から第三帝国までのドイツ知識人』西村稔訳、名古屋大学出版会、1991年。

第7章

経済活動にとって制度はいかなる意味で本質的か
——ヴェブレン、ミッチェル、クラークおよびタグウェル——

石田教子

　経済学の歴史をたどると、19世紀後半ぐらいから、制度を重視する経済学者が現われます。特に、アメリカが発祥の思潮を制度派経済学あるいは制度学派と呼び、教科書的には、たいてい**ヴェブレン**、**コモンズ**、**ミッチェル**という3人の人物が挙げられます。しかし、制度学派といっても、制度の概念を重視するという共通点はあるものの、その定義は同じではないし力点もだいぶ違っています。

　例えば、ヴェブレンはいかなる学派も作らなかったという解釈や、20世紀初頭の制度主義運動に関わった人々を制度学派と見なす解釈もあります。他方で、制度主義の元祖として、ドイツ歴史学派の**シュモラー**を挙げるだけでなく、経済人類学者**ポラニー**もこの学派に含め、オーストリア学派およびオルド自由主義、新制度学派の他、ヨーロッパのレギュラシオン理論やコンヴァンシオンの経済学なども現代の継承者と位置付ける解釈もあります。

　経済学において制度を重視することの本質とは何でしょうか。上記のように、制度を重視した経済学者の系譜は一つではありませんが、本章では、初期のアメリカの制度学派、特にヴェブレンに始まる系譜に光をあてながらこの問題を考えます。

● 制度とは何か

　そもそも、制度とは何でしょうか。『広辞苑』によれば、意味は二つあり、

一つは①「制定された法規、国のおきて」、②「社会的に定められている、し
くみやきまり」とあります。例えば、税制度という場合、法律にしたがって、
国民が国や地方自治体に金銭を納めるルールを指し、その義務を果たさないと
処罰されます。したがって、税制度は制定された法規であり、①の意味の制度
ということになります。他方で、②のように、法規ではないが人々が守ろうと
するきまりもあります。例えば、婚姻制度という場合、それは結婚に関する
ルールを指しますが、そもそも結婚しなくても処罰されませんし、どのように
結婚するかは個人の自由です。現代の日本では、住んでいる地方自治体に男女
が戸籍を届け出ることで夫婦となりますが、そのような手続きは行わない事実
婚という選択肢もあります。また、キリスト教圏では、古くから教会で結婚を
宣誓し許可を得るのが普通ですが、現代のフランスやスウェーデンでは、およ
そ半数の人々が当事者の合意のみで子どもを産み、生涯未婚をとおすことが知
られています。さらに、世界に先駆けて、オランダでは、性的指向や性自認に
かかわらず、どんなカップルでも結婚できるようになり、この動きは世界各国
に広がりつつあります。このように、②の意味の制度は、必ずしも法規によら
ないルールも含んでいます。

　経済に関する制度にもおおよそこの二つの意味があります。新制度派経済学
者とされる**ノース**は、①をフォーマルな制度、②をインフォーマルな制度と呼
びました。②は社会のなかに暗黙に存在しているルールですので、慣習とも言
い換えられるでしょう。制度派経済学は、いずれのルールも人々の経済活動に
少なからず影響を与えると考えます。本章で扱う経済学者では、ヴェブレンは、
主として②の制度を扱い、人々の思考や行動を導く慣習を主題にしました。他
方で、その他の論者は、①の制度のあり方についても積極的に考察しました。
彼らは、経済学を、現象を観察し記述するだけではなく、私たちの暮らしをよ
りよいものにするための道具と位置付け、それを用いて経済政策を立案したり、
それに関連する立法を構想したりできる、言い換えれば、制度をつくることが
できると考えたのです。

● ドイツ歴史学派からの学び

　本章でドイツ歴史学派にふれるのは、それが 19 世紀末アメリカにおける経済学の制度化、そして制度派経済学の形成に大きな影響を及ぼしたからです。ドイツ留学で**クニース**に師事した**イーリー**は、アメリカの経済学界に対するドイツ歴史学派の役割を「助産婦」と表現しました。

　今日、アメリカにおける最古にして最大の学会であるアメリカ経済学会（American Economic Association; 以下「AEA」）は主流派の経済学者が集まる学会とされ、会員数は 2 万 3,000 人以上を誇り、ノーベル経済学賞受賞者が歴代会長リストに名を連ねています。したがって、AEA の設立（1885）が、今日では異端とされる制度派経済学の精神にもとづいていたという事実を知るなら、おどろく人も多いでしょう。この学会の設立者の一人であるイーリーは、1931 年に開かれた AEA 第 44 回大会のラウンドテーブルにおいて、制度派経済学の淵源は 1885 年にさかのぼれると回想しています。

　また、AEA のひな形は、1872 年に設立されたドイツの社会政策学会でした。アメリカでは、1870 年代から第一次世界大戦が勃発する頃までに最初は医学の分野でドイツ留学熱が高揚し、その後、この流れは社会科学にも広がりました。経済学でもドイツの経済学への関心が高まり、とてもたくさんの若者が海を渡りました。帰国した若者たちはヤング・ジャーマンズと呼ばれ、新たな経済学を求めて AEA を設立します。イーリーもその一人でした。

　イーリーが執筆し 1885 年 6 月頃に配付した趣意書には「綱領」案が添付されていましたが、私たちはその文言にドイツ歴史学派からの影響をみることができます。例えば、レッセ・フェール（自由放任主義）の学説は政治的に危険であり、道徳的に不健全であるという立場、人類の進歩のために国家が教育的で倫理的な機関として積極的に支援すべきであるという見解が打ち出されていました。[1] それから、経済学は常に発展していくものだから、究極的な諸命題

1　ただし、イーリーが執筆した「綱領」には内外からの批判や反発も多く、後に書き直され「原理の声明」となり、最終的には AEA 設立から 3 年で削除されるにいたる。一見するところ類似しているように見える米独両学会の設立趣意は微妙に違っており、AEA はより広

を掲げるだけでなく、現在については統計、過去については歴史の援助を求め
つづけなければならないとも書かれています。彼らは新学派と呼ばれ、レッ
セ・フェールを主唱する先行世代と対立しました。

● 制度派経済学の方法論

　次に、制度派経済学の方法論的立場についてもみてみましょう。それが記述
されるようになるにはさらに 30 年以上の時を経ます。

　制度派経済学という言葉自体は、1919 年に開催された AEA の第 31 回大会
におけるハミルトンの報告によって広まりました。彼は、ここで経済学を制度
派経済学と価値経済学という二つの種類に分類し、後者だけではなく前者も
「経済理論」の一つと見なすべきだと主張しています。彼によれば、価値経済
学は価格という価値尺度を用いた均衡理論を展開し、そこから引き出された
レッセ・フェールの考え方を支持し、その理論は根本的に静学的であるといい
ます。それに対して、制度派経済学は価格だけではなく、歴史的な変化の動態
的なプロセスを重視し、したがって制度の違いに目を向け、現代の産業社会に
ひそむ問題をコントロールすることを念頭におきます。そして、こうした違い
は人間の捉え方にも波及するといいます。制度派経済学の考え方を取り入れれ
ば、価値経済学の「経済人」（☞コラム⑦）という見方も修正されると展望し
ています。

　このような対比が示すのは、アメリカでは、ドイツに始まる「経済学方法論
争」の残り火が 20 世紀初頭までくすぶっていたということかもしれません。
見方を変えれば、この時期は経済学方法論の多様性が広く許容されていた時代
でしたが、その後、大恐慌を経て 1970 年代頃までの時期は、モデル構築と計
量経済学がパラダイム（☞コラム①）となり、AEA はそうした正統派の牙城
となりました。他方で、制度派経済学は、人間行動に対する制度や慣習の影響
を入念に考察し、マクロ経済のデータを収集し、その成果をもとに、私たちの
経済社会にとっていかなる制度が望ましいかを問いつづけました。制度派経済

範な分野の経済学者たちに門戸を開き、自由な研究や討議を可能とするような方向へ方針を
転換した。

学は、20世紀になってちょうど始動し始めたアメリカ型福祉国家と伴走する
道を歩みはじめたのです。**タグウェル**が編集した論文集『経済学の趨勢』(1924
📖) は制度派経済学のマニフェストともいわれており、当時の制度派経済学
者たちが自らの経済学方法論をどのように自覚していたかを知る最良の資料で
す。

●進化しつづける制度と人間

　では、時を19世紀末に戻し、制度派経済学の先駆者[2]とされるヴェブレンの
経済思想についてみてみましょう。ヴェブレンは、制度が時代によって進化し
つづけ、変わりつづけていくものだと考えました。つまり、現行の制度は絶対
的なものとは限らないということです。だから、彼は、最初からフォーマルな
制度を考察するのではなく、その形成に寄与するインフォーマルな制度がどの
ように生じてくるのか、それが経済社会にどのような影響を及ぼすのかについ
て検討しました。

　ドイツ留学帰りのイーリーとは対照的に、ヴェブレンが表だってドイツ歴史
学派に傾倒することはありませんでした。とはいえ、ヴェブレンも、制度を歴
史的に変化するものと捉え、その変化が人々の行動に及ぼす影響を重視しまし
た。ただし、ヴェブレンのいう制度の概念は、制定された法規というよりは、
人々が暗黙のうちに従う慣習を指し、その源には人間の本能があるとされました。

　そして、ヴェブレンが初期の考察において、こうした見解を示した背景には、
経済学方法論上の課題がありました。論文「経済学はなぜ進化論的科学ではな
いのか」(1898) では、ヴェブレンは当時の経済学があまりにも時代遅れであ
ると考え、**ダーウィン**の生物進化論をお手本にしてその方法論を刷新すべきだ
と主張しました。それは、経済学が歴史的視点を取り入れるだけでなく、人間

2　意外にも、ヴェブレン自身は「制度派経済学」という言葉を使うことはなかった。新しい
　経済学方法論として彼が提案したのは「進化論的経済学」である。本章でヴェブレンを「先
　駆者」と位置付けるのは、彼の提案が制度主義運動の高揚より20年ほど早かったことによ
　る。ただし、すでに紹介した1919年のハミルトンの議論やタグウェルが編集した論文集で
　は、ヴェブレンは制度派経済学者と位置付けられている。

を能動的な存在として位置付け、経済現象をより現実に即して描くべきだという提案を含んでいました。歴史が変われば、制度が変わり、制度が変われば、人々の考え方も変わります。その変化に応じて、おのずと人々の経済行動も変わっていくはずだというのです。また、ヴェブレンは、変化について行けない人々の姿も描きました。新しい社会環境におかれても古い慣習にしがみついて生きていく人もたくさんいます。ヴェブレンは、こうした制度の両面を捉えながら、進化する社会に生きる生身の人間を主題とすることを求めました。しかし、当時の新古典派経済学が前提した「経済人」（☞コラム⑦）は、彼にとっては、時間のない世界に住む理論上の仮想モデルにすぎませんでした。なぜ仮想モデルの「経済人」では失格なのか。その読み解きは、同時期に出版された『有閑階級の理論』（1899📖）にもちこされます。

● 「経済人」モデルと人間の諸本能

　ヴェブレンによれば、人間の行動を導いているのは本能です。ここでいう本能は生物学的ないし生理学的な概念ではなく、彼自身が仮説的に設定した概念で社会的な本能を指しています。「経済人」が時間のない世界に独りぼっちで生きる人間であるのに対して、ヴェブレンのいう人間は現実の社会のなかで生きています。それを表現するために、彼は本能という概念を使用しました。

　例えば、人間は、何かをする際に、無駄なく効率的に行動することを望んだり、その成果をめぐって張り合ったりします（製作本能）。私たちの暮らしをよくするためのものづくりの精神はここから湧き出してきます。他方、知りたいという好奇心をただ満たそうとしてあてもなく探究しつづけることもあります（とらわれない好奇心）。また、自己を犠牲にして子や次世代のために奮起することもあれば（親性本能）、反対に、他者を犠牲にしたり、他者のものを奪い取ろうとしたりすることもあります（略奪本能）。こうした諸本能は、第一に人間に目的を与え、その行動を律します。次に、そうした行動が繰りかえされるうちに、それらは習慣となり、それらが社会のなかで共有されると慣習となるでしょう。そのようにして、一定の思考習慣がその社会における支配的な制度として確立されていくといいます。

コラム⑦ 経済人

　経済人は経済学における仮説的な人間像で、他者の福祉を考慮せずに、自己利益を追求する人間を指しています。

　この語は 1880 年代頃から使われたので、背景には限界革命の影響があると考えられます。もっとも、自己利益を追求する人間像それ自体は経験的に観察できるものなので、**アダム・スミス**の「見えざる手」や**マンデヴィル**の「私悪すなわち公益」などの文脈からも読み取ることができます。この思想の特徴は、自己利益の最大化が社会全体の福祉をも最大化するという暗黙の了解でしょう。ただし、スミスに関しては再評価が進んでおり、他者を考慮しないという定義は強すぎるかもしれません。スミスにおける人間は利己心だけではなく、他者の気持ちについていこうとする同感の原理にも立脚していたからです。

　限界効用理論が広まると、経済主体は効用を合理的に最大化する存在と位置付けられ、数学的にも表現されるようになりました。特に、数学や物理学の方法を用いて、功利主義の幸福論を経済学において実現しようとした**ジェヴォンズ**は、経済学の目的を、苦痛を最小限に抑えながら快楽を最大化することに定めました。個人の行動原理の説明としても、学としての経済学の目標としても、この考え方が土台となっています。

　また、経済人の概念は批判のツールとしても重視されてきました。例えば、歴史学派や制度学派は、基本的に人間の思考や行為は多様であると考え、普遍的な人間像の想定自体に疑問を付しました。現代において批判的立場を取るのは行動経済学です。彼らは「限定合理性」の概念を示すことで新しい視点をもたらしましたが、人間のさまざまな主観的傾向を数理モデル化する課題においては依然困難に直面しています。

（石田教子）

　確かに、「経済人」モデルが示すように、人間は効用を最大化しようと行動しますが、ヴェブレンの考えでは、効用の中身こそが問題でした。何を目的に効用を最大化するのかという問いです。彼によれば、人間は重なり合う複数の本能（目的）に突き動かされながら、自ら思考し能動的に行動しているというのです。

● 有閑階級制度と顕示的消費

　そして、初期のヴェブレンが考察を深めた制度は有閑階級制度でした。この制度は私有財産制度と同時期に成立するとされ、二つの制度は同一の社会構造を違う切り口から見たものにすぎないといいます。私有財産制度がフォーマルな制度であるとすれば、有閑階級制度はインフォーマルな制度といえるでしょう。前者の成り立ちを理解するためにも後者の制度に光を当てるべきだというのが彼の問題意識です。

　私有財産制度が浸透すると、金銭を中心に物事を判断する価値観が広く行き渡ります。すると、上記の本能的な行動にも、金銭的な価値観を優先する傾向が強くなります。このように、本能は単体で作用するのではなく、混じり合って人々の行動を導きます。人々の暮らしを元来支えてきた製作本能は、金銭的な思考習慣と対立しながらも共存するようになります。すると、効率性を求める張り合いは金銭的な効率性をめぐる張り合いへと変質するし、他者を犠牲にする行動も金銭的優劣をめぐる闘争に姿を変えます。科学研究も金銭を主題とするようになれば、経済学が誕生します。また、こうした金銭重視の価値観からは、卑しい肉体労働に従事しなくても豊かな暮らしができることをひけらかす思考習慣が広まります（顕示的閑暇）。これが、有閑階級制度が確立する経緯で、ヴェブレンはその最高度の発展をヨーロッパや日本の封建時代にみています。まもなく身分制が崩壊し始めると、産業化と都市化を経て、見知らぬ人とすれ違う生活が普通となります。すると、余暇を享受できる事実は他人には分かりにくくインパクトに欠けます。したがって、今度は消費を見せびらかすこと、「顕示的消費」がステータスの高い生活様式と見なされるようになります。有閑階級制度が依然として支配的である社会では、できるだけ価格の高い財やサービスをたくさん消費できることが、世間の評判を得て尊敬されるための手段となるのです。

　さて、昼食を我慢し学ぶ時間を削ってまでアルバイトをし、何とか流行のファッションに身を包む大学生がいるとします。あなたはこの行動が理解できますか。理解できるとすれば、あなたはヴェブレンの顕示的消費論の核心を掴

んだといってよいでしょう。ヴェブレンによれば、顕示的消費は理念的には生活必需品を超えるすべての消費を指しています。したがって、顕示的消費は、北米の先住民によるポトラッチ[3]や一部の大富豪の浪費だけを指すわけではありません。貧しい人ですら、金のあるふりをして人に酒をおごったり、安っぽい装身具をつけたりして世間体を維持するといいます。これらも顕示的消費に該当しますし、他者と張り合う心を導いているのは製作本能です。

　また、見たところ別の範疇であるように見える美的感覚と消費の選好も、実は切り離せない関係にあるといいます。私たちは、なぜ機械製のアルミニウムのスプーンよりも、職人による手作りの銀のスプーンをより美しいと判断するのでしょうか。アルミニウムのスプーンと銀のスプーンは、スープをすくい口に運ぶ際の有用性においてはどちらも同じです。それにもかかわらず、銀のスプーンの方が美しいし、高い効用を得られると感じます。なぜなら、それは所有者に優越感を与えてくれるからなのです。その反面、本物と思われていた銀のスプーンが偽物だと判明すれば大変です。所有者は軽蔑され、恥ずかしい思いをすることになります。このように、他人の目に触れるものを買うとき、私たちはそれにより他者から尊敬を得られるか、あるいは、軽蔑されないかということにも気を配ります。制度はこのようにして経済活動に影響を及ぼしています。

　現代では、行動経済学などの分野において、同じく「経済人」モデルの不十分さが指摘されています。ヴェブレンの消費理論はそれと同じ批判だといえるでしょうか。行動経済学では、確かに人間の意思決定におけるバイアスの存在を重視しています。しかし、バイアスの列挙は人間理性の無謬性を否定するとはいえ、人間を本質的に合理的存在と見なす立場を放棄したことを意味しません。その点でヴェブレンの議論とは根本的に違っているといえるでしょう。ヴェブレンは、人間を合理的な意思決定に失敗する存在、言い換えれば、限定的な合理性しかもちえない存在として描いたのではなかったからです。それは、

3　北アメリカのネイティブアメリカンの贈答の儀式のことで、盛大な宴会を催し、高価な物品を贈ることにより、財力や地位を顕示する慣行。もてなされた客も同じような儀式を行い返礼する。『有閑階級の理論』において挙げられた顕示的消費の事例の一つである。

理性に従う人間というよりは、むしろ本能（感情）に動かされる人間です。企業の敵対的買収や環境に配慮する倫理的消費のような事例は、ヴェブレンの人間像からの方が理解しやすいかもしれません。ヴェブレンの解釈では、合理的である人間行動の内容それ自体が歴史的産物であり、合理的かどうかの基準はその時代に支配的となる「制度」次第ということなのです。

● 営利企業を動かす制度とその影響

　ヴェブレンは、およそ5年後に『営利企業の理論』（1904 📖）を出版します。そこでは、営利原則が主題となっています。営利原則の「原則」はプリンシプルズですが、思考習慣と言い換えられている文脈もありますので、これまでにみてきたような慣習としての制度と同じ意味と考えてよいでしょう。序文では、本書の観点は「企業者の仕事によって与えられる観点」であり、「現在の企業活動を制約する目的、動機および手段の観点」とされています。ここから、ひきつづき、企業の活動を現実に即して描こうとする行動論的視点をみて取ることができます。

　ここでは、利潤最大化を目指す企業家の行動に光が当てられ、経済社会の福祉に対するその影響が考察されています。例えば、利潤最大化を目的とする営利企業にとって、コスト削減はその一つの手段ですが、ものづくりに関わる費用を減らすのか、広告費を減らすのかによって、社会全体に及ぼす影響は違ってきます。ものづくりの費用を減らさずにいれば、その企業は安くて性能のよいものをより効率的に生産する設備を維持する、ないし増設するかもしれません。反対に、それを減らして広告費を増やすなら、生産される財の品質は低くなるか同じままなのに、その商品の価格はどんどん上昇していくかもしれません。ヴェブレンは、現代の企業体制のもとでの商品の広告費は、市場価値を高めるためにかかってくる経費であって、人々が財貨を使用する際の有用性を高めるための経費ではないと断言します。それは企業の経営者には利益をもたらすが、社会に暮らす一般の人々にとっては不利益をもたらすかもしれない点に焦点が当てられているのです。こうした企業行動の深部は、利潤最大化および費用最小化という視点だけでは見落とされる可能性があります。

　こうした側面に関し、ヴェブレンが着目した論点として、企業の無形資産
——いわゆる「のれん」——があります。「のれん」は、その企業のブラン
ド・イメージや信用、知名度の他、特許や企業秘密などから構成されています。
例えば、二つの事例が挙げられています。一つは、家庭薬です。医薬の専門家
がその効能に疑いを抱いていても、のれんや広告の力により、たくさんの顧客
を獲得する製薬会社があるとします。消費者が不利益を被る分かりやすい例で
す。また、もう一つの例は、石けんです。当時マーケティング戦略において大
成功した企業としてプロクター・アンド・ギャンブル（Procter and Gamble; 以
下「P & G」）が挙げられています。ヴェブレンは、P & G が有するのれんの価
値は莫大で、その大部分は石けんを生産する能力やそれを購入する消費者が享
受する有用性とは切り離されており、企業が利潤を得て市場を支配しようとす
るための競争的な広告費に由来するものと考えました。今日、P & G のアイ
ヴォリー石けんの登場は、近代的広告の始まりを象徴する事例とされています。
当時石けんは量り売りで買うのが普通でした。しかし、自社のマークが印刷さ
れたきれいな包装紙にくるまれた P & G のアイヴォリー石けんは、科学者が
雑誌に書いた記事により純度が高いことが証明され——「99.44% Pure」が宣
伝文句——、美しい挿絵を添えて美容にも役立つというアピールが行われたこ
とにより、とてもたくさんの消費者に受け入れられました。それは、石けんが
「何かを洗ってきれいにする」ということ以上の価値を創出したかのように見
えた瞬間でした。

　一般に、資産や資本といえば、工場やそのなかにある機械設備などの有形資
産を指しましたから、ヴェブレンの無形資産を重視する視点は斬新な見方でし
た。大企業であればあるほど、ブランド・イメージを維持するために、膨大な
広告費をかけることができます。しかし、そのことは、営利原則の観点からの
利潤最大化には役立っても、効率的な生産という企業の基本的活動からの逸脱
をもたらすかもしれません。しかも、それにより、消費者は高すぎる価格を払
うことになるかもしれません。また、前節で見たように、高い価格のぜいたく
品をありがたがるような有閑階級制度が消費者の選好に影響を及ぼすとすれば、
人々の日常生活に必要とは限らないものが大量に生産されつづける浪費的経済

に到達しかねない将来も見えてきます。そして、後述するように、こうした考察から、彼は不況や恐慌が生じるメカニズムにも筆を進めました。

19-20世紀転換期に出現した独占的企業の動向は、多くの制度派経済学者の関心事でした。そして、そのうち、こうした企業の費用に関するヴェブレンの問題意識は、次世代の制度派経済学者ジョン・モーリス・クラークにも引き継がれました。

● クラーク父子の経済学方法論

クラークは、ヴェブレンのかつての師でありアメリカにおいて限界革命を担ったジョン・ベイツ・クラークの息子です。[4] 興味深いのは、中学生のうちから限界効用の説明をたたき込まれたにもかかわらず、コロンビア大学で父のポストをつぐころには立派な制度派経済学者になっていたことです。息子のクラークは、主流派経済学を批判することが「主流」となった時代の経済学者だったともいえるでしょう。

子クラークは、自らの経済学方法論を「社会経済学」と名づけ、動態的な経済学の原理に関する研究を推し進めようとしました。この立場は、父クラークが『富の哲学』(1886) において取り組もうとした課題の批判的継承でした。父クラークは、イーリーと同じくクニースに学んだヤング・ジャーマンズの一人でしたが、『富の哲学』はキリスト教社会主義[5]の立場から、社会的公正を確保するための道筋を探ることを目的としていました。そのために、競争体制を安易に称揚することなく、生産者協同組合体制が浸透していくような未来を展望しました。[6]

4　1870年代に欧州で起こった限界革命の立役者ジェヴォンズ、メンガーおよびワルラスを限界革命トリオと呼ぶが、父クラークを含めてカルテットとする解釈もある。父クラークの『富の分配』の出版は1899年であり、時期的にはトリオに比べて多少遅いためだ。
5　1850年代ごろイギリスなど欧州から生じた思想・運動のことで、キリスト教の事業としての社会主義の立場を指す。労働者による革命ではなく、労働者の啓蒙と組合による組織化を重視した。
6　本書が出版された1886年の5月、イリノイ州シカゴでヘイマーケット事件が起きた。この事件は8時間労働制を求めるストライキないし暴動として知られている。事件後、政治的潮流は大きく変化し、アメリカにおける社会主義への恐怖が大きく取り沙汰されること

　他方で、子クラークは戦間期の多くの制度派経済学者たちとも問題意識を共有していました。子クラークは、数量的な諸法則の演繹および精緻化よりも、質的な分析を含む方法に重きをおきました。その方法は、諸制度の一般的特徴に関する知識や、商取引が人間の欲望に影響を与えるさまざまな仕方に関する知識を与えるような方法であり、こうした経済学方法論は、現在は科学的でないと見なされているとしても、将来的には、新しい経済学の手続きの基準を打ち立て、真の意味で中心的な位置を占めるものとなるだろうと論じました。

● 間接費用と未使用の生産力

　子クラークは、1923 年に『間接費用に関する経済学研究』（□）を出版します（以下「クラーク」は子クラークを指す）。彼によれば、間接費用（overhead costs）とは、基本的に未使用の生産力（unused capacity）を生じさせる費用を指していました。何も生み出さない間接費用は、手工業時代には存在しない費用であり、現代における「産業上の大罪」にほかなりません。一般に、靴をたくさん作れば、その原材料である革もそれに比した量が必要となるように、生産が増加するとそれに比例して費用も増大するのが普通です。しかし、特に、鉄道、電気、電話などの公益企業を中心に、そうした関係が成り立たない事例がみられるようになりました。クラークはそのことにより、産業上の無駄が生じていることを問題視しました。

　例えば、クラークは、間接費用の一例である差額費用に注目しました。差額費用とは、生産額の違いによって生じる費用の差額のことで、例えば、繁忙期と閑散期が分かれる鉄道会社などではその差は大きくなります。彼は州際通商局の報告書を調べました。そして、積み荷が一番多いのは 10 月で一番少ないのは 1 月でしたが、オフピーク時はもちろん、鉄道会社は未使用の生産力が生じやすいことを突き止めました。ピーク時に合わせて設備を増設すると、さら

なった。このような状況下で、父クラークはラディカルな社会主義者とは距離をおくため、次第にキリスト教社会主義から離れることとなった。その後、経済理論家として限界生産力論にもとづいた経済学説の構築に専心することとなり、その成果は『富の分配』（1899）として結実する。ただし、このように、父クラークの前期と後期の思想には若干の開きが見られるのであり、その解釈をめぐる問題を「ジョン・ベイツ・クラーク問題」と呼ぶ。

なる無駄を生じるかもしれません。オフピーク時も、価格（運賃）をどう設定すべきかが問題となるでしょう。社会全体の効率性を考えれば、輸送サービスを利用する諸企業にとっても無駄が生じていないかが問題となります。

　また、電話会社では、通話する時間や回数によって料金がかかる契約と、一定額を支払って使い放題になる契約とがありましたが、これも社会的にみて無駄を生じさせるかもしれません。例えば、前者では、電話会社側の費用は一定なのに、利用回数が増えれば増えるほど、消費者側はそれに見合わない高い料金を払うことになります。反対に、後者では、消費者側が必要度の低い無駄な通話をかけ続けるかもしれません。

　このように、クラークは、企業の費用は価格の決定の重要な一指標であるはずなのに、企業の規模が大きくなった現代では、それらが歪められやすい現実をみいだしました。そして、電話会社のような例は、慣習的な契約に関係しているので、人間の「制度」の問題であるとも強調しています。景気循環という病気を治すためにも、間接費用の社会化が不可欠であり、個人や私企業の観点ではなく社会全体の効率性の観点から、間接費を評価する一種の社会会計理論の必要性を訴えたのでした。

　未使用の生産力というクラークの視点は、ヴェブレンが『技術者と価格体制』（1921）で論じた「資本家のサボタージュ」とも重なります。ヴェブレンは、資本主義経済では、産業設備や労働者の一部を習慣的に失業させておくことが不可欠の条件となると述べています。そうしなければ、企業は価格や利潤を適当な水準に維持しつづけることも、不況や恐慌から身を守ることもできないからです。すると、企業がそのような行動をとり、生産活動を抑制すれば、割を食うのは消費者だけではないことが分かります。仕事が減れば、生産の現場で働く労働者の賃金は減り、最悪の場合、働きたくても働けない失業者となるでしょう。一般経費の増大に連動し、物価も上がることになれば、ついには消費も低迷するでしょう。ものが急に売れなくなれば、恐慌が引き起こされるかもしれません。

　クラークは、1912 年には共同編集により父の著作『トラストのコントロール』の改訂版を出版していましたが、1926 年には『営利企業の社会的コント

ロール』を発表することになります。企業行動の内実を詳細に記述するにとど
まらず、それらを制御するべく、新たな制度をつくる必要が認識され始めてい
ることが分かります。

● 貨幣経済という制度の動態──景気循環──を解明する

　次に見るのは、ミッチェルの景気循環論です。ミッチェルは 1913 年からコ
ロンビア大学で教え始めます。1923 年からはクラークもファカルティ・メン
バーに加わり、コロンビア大学には制度学派の知的サークルが形成されました。
彼らは、大恐慌後のニューディールの各種政策立案にも関わります。

　ミッチェルの制度派経済学への関わりは、シカゴ大学でヴェブレンに学んだ
ことにはじまります。ミッチェルは、当時の経済学部長であり貨幣論が専門の
ラフリンに師事し、グリーンバック紙幣の歴史に関する修士論文を書きました。
ラフリンは、コーネル大学で研究生をしていたヴェブレンをシカゴ大学に連れ
てきた人物でもあります。ミッチェルはラフリンに学びながら景気循環論の研
究を進めようとしていましたが、妻ルーシーによれば、ヴェブレンに出会い
ショックを受けたそうです。ヴェブレンの経済思想があまりにも独創的だった
からです。

　ヴェブレンの『営利企業の理論』(1904) の議論によれば、現代の営利企業
は熾烈な競争状態に陥っており、資本の回転を速めることでより多くの利潤を
獲得するために、貸付を利用することが普通になっていきました。資本の回転
期間の短縮には二つの手段があるといいます。一つは産業設備の改善ですが、
もう一つは広告などに費用をかけ競争的販売を促進することです。しかしなが
ら、多くの営利企業が信用依存状態に陥るなか、後者の方法にばかり頼ること
で、企業資本と産業設備との間の較差（discrepancy）はどんどん広がっていく
といいます。そして、新たな借入は、その企業の産業設備だけではなく、のれ
んなどの無形資産の部分も含めた予想収益率を基礎にして算出されます。した
がって、名目的な資本額と実際の企業の収益量の間の較差があまりにも広がる
と、恐慌による清算の時期が到来します。ミッチェルは、こうした師ヴェブレ
ンが示した景気循環論を自らの研究テーマの中心に据え、新たな方法を用いて

それを精緻化しました。

● 景気循環を読み解く方法

　ミッチェルの景気循環に関する最初の著作は『景気循環』（1913-📖）でしたが、その第1部が1927年に『景気循環——問題とその設定』として再版されました。ここで、ミッチェルは自らの経済学方法論について語っています。

　ミッチェルは、貨幣経済の本質を、財の生産の側面よりも企業家の利潤最大化——金もうけ——の側面が優先される制度と捉え、安定的な市場均衡ではなく、不安定に変動し続ける制度と見なした点でヴェブレンの基本線を引き継ぎつつも、師が手を出さなかった新たな方法を取り入れます。それは、数量データの収集および計測という方法でした。ミッチェルは、膨大なデータを集め、価格を何度も計算し直すという気の遠くなるような作業を続けたそうです。そして、景気循環を単純化して説明するのではなく、さまざまな複雑な諸要因を見いだし、その意義を確定しようと試みました。繁栄はいかにして景気後退に転じ恐慌を生み出すのか、そして、不況はいかにして再び繁栄を育むのかという問題です。すでにある経済理論を鵜呑みにするのではなく、自らが収集したデータから帰納的に推論することを重視したのです。また、シカゴ大学でのもう一人の師であり、後にコロンビア大学で同僚となるデューイの哲学に学び、経済学は科学的というよりはプラグマティックであると述べ、経済学が有用な道具であるためには、景気循環が引き起こす作用を人間福祉の問題と捉えなければならないとも述べています。

　そして、ミッチェルは、数量的知識の必要性を強調しましたが、そのことは、経済現象を数学的に説明するという主張ではなかったことに気をつけなければなりません。数量的な問題を扱うことは、彼にとっては、統計的な手法を用いることを指していたからです。ミッチェルは、例えば、景気循環の原因を探ろうとして因果的説明を試みようとすることは、分析的記述に向かう際の初期的な段階であると位置付けています。また、ある学説の内容が完成に近づけば近づくほど、形式上はますます数学的になり、因果関係を引き合いに出すことは少なくなるともいっています。景気循環論において因果的説明から分析的記述

への移行が促進されるのは、統計に関する資料や方法を自由に用いることによってであるとも述べています。そして、統計の読み直しは簡単には終わりません。理論と歴史は相互補完的な関係にあり、例えば、統計的研究者が歴史に助けを求めるのは、最も困難な技術的仕事——すなわち、循環的変動から「不規則な変動」を切り離すこと——を実行するときであると述べています。

　現在では、ミッチェルは景気循環と物価指数の統計専門家と見なされていますが、彼の功績はそれだけではありませんでした。貨幣経済の動向を数量的に把握する彼の手法は、企業活動を社会的にコントロールし、国家が社会計画を推進するうえでの科学的な手段を提供したということができます。それにより、社会に暮らす人々の福祉をどのように高めるかという課題も射程に入ってきます。まさしく、よりよい経済社会を支えるための制度づくりという課題です。

　そうした研究を本格的に行うために、ミッチェルは、1920 年、全米経済研究所（National Bureau of Economic Research; 以下「NBER」）を設立しました。NBER は、景気循環を測定するだけではなく、循環によって生じる経済的損失の計算を行ったり、国民所得とその分配の推計を行ったりするセンターとなり、全米の著名な経済学者が多数所属することとなりました。例えば、ミッチェルの弟子に**クズネッツ**がいますが、彼は、1926 年に NBER に入所すると国民所得の研究を開始し、15–25 年周期の建設需要に起因する景気循環——クズネッツの波と呼ばれている——を発見しました。NBER は非営利および無党派の民間の研究組織としてスタートし、現在もアメリカ合衆国の景気動向の転換（景気の山と谷）を判断し発表しています。日本の景気動向判断は内閣府の経済社会総合研究所が行っていますが、基本的な計測法は NBER で開発された方法を用いています。

● 恐慌を乗り越える制度づくり

　1929 年に大恐慌が起こると、フーヴァー政権は、制度学派に白羽の矢を立てました。最初に、ミッチェルがワシントンに呼び出され、社会情勢調査委員会の委員長を引き受けることになりましたが、それは、彼は景気循環論の権威だったからです。アメリカが景気の底から這い上がるにはどうすればよいのか。

ミッチェルの役割は大統領に意見を述べることでした。二人の出会いは、第一次世界大戦中のワシントンでしたが、両者はともに、企業の事業計画を改善し、それによりマクロ経済の安定化をもたらす手段として、経済統計を企業家に普及させた方がよいという点で一致していました。

　まもなく1933年にフーヴァー政権が倒れると、引き継いだのはローズヴェルト大統領でした。ローズヴェルトは大恐慌後の経済復興政策であるニューディールを実施したことで知られています。ローズヴェルトもミッチェルに頼りました。彼は、全国計画委員会を立ち上げると、ミッチェルをそのメンバーに任命しましたが、このことは、国家の計画に関わる行政機関に制度学派が初めて加わったことを意味しています。フーヴァーが重視したのが事実調査であったとすれば、ローズヴェルトが重点を置いたのは行動計画であったといえます。

　しかし、慎重な統計の読み直しにこだわるミッチェルが、「行動計画」を迅速に策定するにはあまりにも時間が足りませんでした。最終的に、ニューディールの基本政策を考案することとなったのは、ミッチェルのコロンビア大学の同僚、政治学者モーレイ、法学者バーリおよび経済学者タグウェルの三人で、彼らはブレイン・トラストとしてローズヴェルトを補佐しました。そして、彼らが基本政策を策定するうえで重視したのは、恐慌の原因を取り除くために政府は規制の対象を広げなければならないが、経済活動を活発で安定したものにするためには、単なる場当たり的な規制では不十分であり、場合によっては、規制のレベルを超えて経済をコントロールする制度づくりが不可欠だということでした。クラークはニューディーラーではありませんでしたが、必要に応じて政権の外から、ミッチェルとともにタグウェルを支えたといわれています。

● ニューディールとその挫折

　周知のとおり、第1次ニューディールの中心的な政策とされているのは、農業調整法（Agricultural Adjustment Act; 以下「AAA」）と全国産業復興法（National Industrial Recovery Act; 以下「NIRA」）です。ブレイン・トラストは、この二つの政策を通じて、大恐慌を乗り越えるための制度づくりを模索しまし

た。

AAA は、小麦、綿花、トウモロコシ、豚肉、米、煙草、牛乳および乳製品などの主要農産物の生産調整を農業生産者に義務づける法律です。これは、タグウェルが中心となって作成した法案です。大恐慌以前から、アメリカでは、農産物価格の下落に歯止めがかからない状態が生じていました。おそらくその原因は過剰生産であると考えられていました。したがって、一般に必需品の食料需要には大きな変化は生じにくいので、基本的な対応は、消費拡大ではなく生産縮小を行うのがよいということになりました。そして、減産に応じた生産者には、農産物加工業者から徴収した税金が奨励金として支払われました。農産物価格の引き上げが実現すれば、農業生産者たちの購買力も回復し、それにより工業生産の促進にも寄与することが期待されたのでした。

ところが、AAA は万能薬とはなりえず、タグウェルは幻滅しました。なぜなら、AAA は農業人口のわずか 20％にすぎない大農業者のみを潤す政策であることが判明し、小作人や農業労働者にはほとんど恩恵をもたらさなかったからです。そのため、次の目標としては貧農の救済改革政策が掲げられることとなりました。

他方、NIRA は工業部門を対象とする政策でしたが、政府の管理下で産業を組織化することを目指し、(1) 産業復興による労働者の利益擁護、(2) 公共事業の実施と失業救済、(3) 復興金融公社による公的貸付の積極的活用という三本柱を基本としていました。これも構造改革を第一に考えたタグウェルの案に沿った政策で、大恐慌克服のためには連邦政府の権限強化が不可欠であるとされました。

最終的に、1934 年以降、景気は回復傾向に入ったものの、第一次ニューディールは、残念ながら大成功と言い切れる幕引きとはなりませんでした。というのも、AAA も NIRA も公正な競争を阻害する制度であるとして合衆国最高裁判所において違憲判決が出されたからです。この判決にタグウェルは怒り狂ったといいます。もっとも、違憲という強い拒絶反応が示しているのは、制度派経済学者たちの一連の試みが、経済学史上、いかに異例の提案であったかということでしょう。

　一般に、ニューディールはアメリカの経済思想を歴史的に転換させた出来事と位置付けられています。これを境に、市場経済の効率性を重視し、それゆえ政府の介入をなるべく求めない経済的自由主義から、国家によって制御される新自由主義的な経済体制へ移行していったからです。それは、ネオリベラリズムではなくニューリベラリズムの立場です。しかし、以上の議論から分かるのは、その方向転換は決して平坦ではなかったということです。

　その後、タグウェルは第二次ニューディールに関わることはありませんでしたが、次世代の経済学者たちがそれを引き継ぎました。彼らは、クラークの『公共事業計画の経済学』(1935) やジョン・メイナード・ケインズの『雇用・利子および貨幣の一般理論』(1936 📖) を道標として、雇用政策や公共事業をより効果的に進める制度づくりを全米に広げていくこととなりました。

● 制度はどのような意味で本質的か

　本章の問いは、経済活動にとって制度はどのような意味で本質的かということでした。一般に、本質というのは、それなしではその物事が存在しえない性質や要素のことを意味しています。本章のこれまでの議論を振り返ってみると、それは、次の二つの文脈に関わっていました。それは、本能、習慣、慣習によって説明される人間行動原理の解明という文脈と、よりよい経済社会を実現するための制度づくりというもう一つの文脈です。本章の冒頭で述べた区別を用いれば、前者はインフォーマルな制度の議論であり、後者はフォーマルな制度の議論ということになります。

　人間行動原理の解明については、まずヴェブレンの議論がありました。彼は、まず人間本性とは何かを問い、本能という独自の概念を用いて、新古典派経済学の「経済人」概念とは異なる消費者像を描きだしました。そして、人間の行動を本能から説明することは、同時に、習慣や慣習が社会的に形成されていく過程をたどる作業でもありました。また、企業の行動については、ヴェブレンは、企業が他社に負けまいとして広告に比重をおいた競争的販売戦略を展開し、信用依存に陥る現状を明らかにし、クラークは、企業が未使用の生産力を抱え込んでしまう実態、そのことから生じる社会的な損失を間接費用という概念を

用いて浮き彫りにしました。

　そして、企業が上記のような行動に向かう背景には、不況や恐慌のリスクを回避しようとする目的がありました。したがって、各々の企業の行動を跡づける作業は、経済全体の景気循環のメカニズムを明らかにする課題とも不可分でした。これは、ヴェブレンの関心を引き継いでミッチェルが取り組んだ問題であり、貨幣経済の動態そのものを制度と捉えて分析する視点でした。また、クラーク、そして主としてタグウェルが抱えたのは、政府はどのように制度を設計すべきなのかという問題群でした。よりよい経済社会であるためには、企業の行動のどこに無駄があるのか。それらをどのように規制すべきだろうか。不況や恐慌から抜け出すためには、どのような法案が必要だろうか。また、健全な経済社会を維持するためにはどのような制度づくりが必要だろうか。

　こうしてみると、制度に関する二つの考察はまったく別の議論というよりは、むしろ連続的な議論であったことも明らかでしょう。行動原理の解明の視点が、よりよい経済社会を実現するための制度づくりを構想させたからです。このように、経済活動にとって、制度は、各々の経済主体の活動を引き起こす原理でありうる点で、そして、社会ないし政府がよりよい経済社会を維持するためにつくりあげる実践的指針を提供する点で、本質的意義を有するといえるでしょう。

より深く学習したい人のための文献リスト（50音順）

佐藤方宣「J.M. クラークの社会経済学のヴィジョン」『経済学史学会年報』第 45 号、40–54 頁、2004 年。

高哲男『現代アメリカ経済思想の起源——プラグマティズムと制度派経済学』名古屋大学出版会、2004 年。

田中敏弘編『アメリカ人の経済思想——その歴史的展開』日本経済評論社、1999 年。

田中敏弘『アメリカの経済思想——建国期から現代まで』名古屋大学出版会、2002 年。

西川純子「制度学派とニューディール——J.M. クラークを中心に」『立命館経済学』第 69 巻 5・6 号、73–92 頁、2021 年。

第 III 部

現代経済学への展開

第III部で登場する経済学者たち
1段め左より、ヒューム、ベンサム、ピグー、エッジワース
2段め左より、クルーノー、ジェヴォンズ、ワルラス、ケインズ
3段め左より、サミュエルソン、フリードマン、フォンノイマン、マーシャル
4段め左より、クーン、ラカトシュ

第 8 章

経済学が功利主義に基礎を置くのはいかなる意味においてか
──ヒューム、ベンサム、ピグー──

中井大介

　功利主義（utilitarianism）の特徴を示すフレーズとして、「最大多数の最大幸福（the greatest happiness of the greatest numbers）」があります。これは、より多くの人々（最大多数）がより大きな幸せ（最大幸福）を得られることが望ましいとする価値判断のことです。そして、経済学的な物事の捉え方の背後には、このような功利主義の考え方があるといわれます。すべての人々の幸福を足し合わせた「一般幸福（general happiness）」の増大が望ましいとする功利主義の考え方は、たしかに社会全体の豊かさや経済成長の問題を扱う経済学のテーマと合致するように見えます。また、功利主義は「効用（utility）」に由来する用語であり、ここにも「効用最大化」や「限界効用逓減」を想定する経済理論との親和性が見出されます[1]。

　本章では、「最大幸福」や「効用原理」などに注目する功利主義の考え方が形成され、経済の問題を捉える主軸となる方法とされるようになった歴史的経緯を明らかにします。まず、幸福や快楽をめぐる古代や近世の議論を垣間見たうえで、近代における功利主義の出発点として、効用や快楽の実現を重視する

1　「功利主義」ではなく「公益主義」と訳すほうが適切であるとする見解もある。実際 "utility" には、「効用」、「有用性」、「実益」、「実利」などの他に、「公益事業」という意味もある。本章で考察するように、"utilitarianism" が個人と政府の両方の行為に当てはめられうることに加えて、このように "utility" 自体が多義的であることも、功利主義の定義が論者によって大きく異なっている一因であるように思われる。

ヒュームの道徳論に注目します。次に、「最大多数の最大幸福」というフレーズを用いて功利主義を定式化し、さらにこれを政府介入の基準として明示的に打ち出した**ベンサム**の主張を確認します。最後に、数理分析を発展させた経済理論と功利主義の方法を結合し、厚生経済学という新たな分野を切り拓いた**ピグー**の議論を紹介します。以上を通じて、経済学が功利主義に基礎を置くことの理由、さらにそのメリットやデメリットについて考察します。

● 幸福や快楽をめぐる議論

　功利主義の起源は、幸福や快楽をめぐる古代の議論にまでさかのぼるといわれます。例えば**アリストテレス**は、人間のあらゆる活動は「善」（アガトン）を目指すものであると考えました。そして、私たちの追求すべき最高善として「幸福」（エウダイモニア）が存在し、そのような幸福は最も卓越した魂の状態において実現可能であると論じました。とはいえ、このようなアリストテレスの幸福論は、結果としての幸福や快楽の増大よりも、むしろ卓越した魂の状態や秀でた人間性の実現を重視するものといえます。

　そこで功利主義の直接の起源としては、**エピクロス**の快楽主義が一般に注目されています。エピクロスは、情念の克服を唱える禁欲主義的なストア派に対抗するかたちで、落ち着いた心の状態を保ちながら苦痛を回避することの重要を説き、快楽の追求を通じて幸福が得られると唱えました。エピクロスは、「快楽が存在する限り、肉体的苦痛も精神的苦痛も存在しない」としたうえで、ストア派を強く牽制するかたちで、「快楽それ自体が悪徳であることはない」と論じます（『主要教説』紀元前 3 世紀頃、第 1 条および第 8 条📖）。とはいえ、「欠乏という苦痛が取り除かれてしまえば、肉体的な快楽がそれ以上に増加することはない」（同第 18 条）とするなど、エピクロスは単に快楽に耽る行為を弁護しようとしたわけではないのも事実です。

　時代を下った近世の**ロック**の言説も、功利主義の重要なルーツの一つと目されることがあります。市民革命の時代のイギリスにおいて、ロックは抵抗権や社会契約論を唱えた社会思想家として知られています。その一方で、生まれた時の人間の心は「空白の石板（tabula rasa）」であると論じながら、経験に基づ

く知識の獲得や精神の形成を重視する彼の発想は、ヒュームらへと受け継がれていく「イギリス経験論」の出発点と見なされています。例えばロックは、「最大快楽を生み出すものが存在しており、さらに何らかの阻害要因や苦痛を引き起こすものが存在しないことによって、最大幸福は得られる」（『人間知性論』1689、第2巻第21章🕮）と論じます。快楽の存在と苦痛の不在によって幸福が実現されること、あるいは人々が幸福を求める際に嗜好における「多様性と相違」があることを訴える彼の議論には、たしかに功利主義の萌芽ともいえる特徴が見出されます。

　ちなみに、ロックに先立つイギリスの哲学者ベーコンが起点とされることもあり、科学者ニュートンもその系譜に位置付けられることのある「イギリス経験論（British empiricism）」とは、人間の経験こそが哲学的認識の出発点であるとする考え方です。これと対置されるのが、「我思うゆえに我あり（Cogito, ergo sum）」という言葉でも知られるフランスの哲学者デカルトにはじまり、オランダの哲学者スピノザなどに代表される、人間の理性を出発点とする「大陸合理論（continental rationalism）」です。後の産業革命の時代に経済学が本格的に成立するその背景には、「イギリス経験論」の伝統があると見ることもできます。

　他方において、ロックは先ほどの引用に続く箇所で、「幸福にとって徳と宗教は不可欠である」（同第2巻第21章）と論じています。このように彼の道徳論や幸福論は、神意の実現という非世俗的な傾向も持ち合わせています[2]。これとは対照的に近代以降の功利主義の大きな特徴の一つとして、ラディカルな態度で宗教的・神学的な道徳観を退けながら、世俗的な快楽の追求を正当化するという面があります。そして、財やサービスから得られる効用の最大化を合理的な経済行動と捉える経済学の考え方は、近代以降の世俗的な快楽主義や功利主義の考え方にいっそう合致するものといえます。

2　ロックの道徳論の性質をめぐっては、さまざまな見解が存在する。このようなロックの神学的傾向は、『人間知性論』の改版を通じて、より顕著に示されることになったものである。

● ヒュームの効用論──快楽と苦痛をめぐって

　ヒュームは、18 世紀を代表する哲学者の一人です。彼はデビュー作である
『人間本性論』（1739-40 📖）の冒頭部分において、「我々は経験を超えること
はできない」と明言したうえで、次のように断じます。「人間本性の究極の根
源となる資質を発見するとうそぶくいかなる仮説も、おこがましく幻想に過ぎ
ないものとして、即座に却下されるべきである」（『人間本性論』序論）。「人間
学」の構築を目指すヒュームは、経験と観察を哲学的考察の起点としながら、
人間の理解力や道徳律に対する鋭い批評を展開しました。
　道徳的判断をめぐる彼の論説は、「ヒュームの法則」として知られています。
これは、「である（is）」という事実に関する主張（事実命題）から、「すべき
（ought）」という価値判断（規範命題）を導き出すことはできないというもの
です。道徳的な判断や信念は、理性によって客観的に把握される類のものでは
ない。このように断じながら、ヒュームは既存の宗教的な信念に対して鋭い批
判の目を向けたため、無神論の嫌疑をかけられることにもなりました。たしか
にヒュームは、ロックの経験論を導きの糸としています。とはいえ、幸福を神
意の実現と結び合わせることもあったロックとは異なり、既存の信条や価値観
に対してラディカルな懐疑主義を唱えることをヒュームははばかりませんでし
た。このような彼の思想や行動から、スコットランド啓蒙[3]が隆盛を極めつつ
あるなかで、神学的影響力が徐々に退潮することになった、18 世紀半ばの知
的雰囲気の特徴を読み取ることができます。とはいえ、ヒュームは聖職者たち
からの強い反発に遭い、彼の望んだ大学での地位を得ることはかないませんで
した。
　理性を行為の動機に据えることに鋭い異議を唱える一方で、ヒュームが実
際的な道徳的判断の基準として重視したのは、「効用（utility）」や「快楽
（pleasure）」です。「あらゆる課題における効用をめぐる状況は、行為のメリッ

3　18 世紀半ばから終わり頃に展開された「スコットランド啓蒙（Scottish Enlightenment）」
　の代表的論客としては、ヒュームや**アダム・スミス**のほかに、「常識」を重視した哲学者リー
　ドや**デュガルド・ステュアート**などがその名を連ねている。

トとデメリットに関するすべての道徳的決定において、常に考慮されるべきである」（『道徳原理の研究』1751、第5篇🔲）と彼は論じます。さらに、机や椅子のような工芸品が備える美しさは、「主としてのその効用から導き出される」（『人間本性論』第2篇第2部第5節）と彼は論じます。このように「効用」が「審美（beauty）」や「美徳（virtue）」の源泉でさえあるとするヒュームの主張は、功利主義的な価値判断の本格的な出発点と呼ぶにふさわしいものです。

　特にヒュームは、道徳が私たちの感情に依拠するものであること、そして快楽をもたらすのか否かが私たちの美徳の基準になっている事実に注目します。ヒュームは、エピクロスやロックと同様に「快楽と苦痛」について繰り返し言及しており、例えば「快楽と苦痛は、……美や不格好に必然的に随伴するだけでなく、それらの本質にとって代わるものである」と論じます（『人間本性論』第2篇第1部第8節）。「理性は情念の奴隷であり、ただ奴隷であるべきである」（同第2篇第3部第3節）という有名なヒュームの言葉があります。理性や美徳は、先験的に導かれるものではなく、情念や感情に由来するものとして認識されるべきである。そして、情念や感情を引き起こすうえでの根幹にあるものこそが、私たちの感じる快楽や苦痛である。だからこそ、快楽がもたらされうるのか、あるいは苦痛が回避されうるのか、実際的な道徳的判断の基準はここにあるというわけです。

　ヒュームは、『人間本性論』における「人間学（the science of man）」の構想を拡充させ、さまざまな実践的問題を扱うべく、『道徳・政治論集』（1741-42）、『道徳原理の研究』、『政治論集』（1752🔲）などの著作を精力的に刊行しました。ヒュームは体系的な経済学書を著したわけではありませんが、そのような構想の一環として、『政治論集』などのなかで数多くの重要な経済論を展開しました。当時有力であった重商主義政策に対して、彼はスミスの『国富論』（1776🔲）に先立つかたちで鋭い批判の声を上げ、自由貿易体制のもたらすメリットを強く訴えました。輸出促進や輸入制限による国内産業の保護や植民地貿易の拡大によって貿易収支を黒字にすることで、国富の増進を目指すべきである。このような重商主義の考え方がいかに間違っているかを示すその論拠の一つとして、ヒュームは貨幣の数量と名目物価が比例するという貨幣数量説

（☞コラム⑩）を提示し、貨幣の中立性を主張しました。さらに彼は、「貿易の嫉妬」、つまり他国の繁栄を妬ましく思う性向の危険性について鋭く言及し、このような「貿易の嫉妬」に根差した考え方でもある重商主義こそが、世界の平和を乱して国際対立を招く大きな要因になっていると喝破しました。あるいは、当時しばしば論争になっていた奢侈の是非をめぐっては、度を超えた奢侈をヒュームは問題視しつつも、奢侈を悪徳と見なすことは過ちであると断じます。そして、奢侈の時代の到来はむしろ最も幸福な時代の到来と見ることができるのであり、さらに奢侈は勤勉な生産を促す原動力でもあると主張するなどして、彼は奢侈を擁護しました。

　このようなヒュームの経済論は、「効用」や「快楽」を軸にした彼の道徳論とどのように接続されうるのでしょうか。ヒュームは道徳論のみならず経済論においても、社会全体の効用や快楽の増進といった功利主義的な観点から、政府のなすべき経済的役割を示したといえるのでしょうか。『人間本性論』、『政治・経済論集』、『道徳原理の研究』などの著作において、ヒュームは「公共の効用（public/publick utility）」という言葉を繰り返し用いています。例えば彼は次のように論じています。「あらゆる道徳的決定において、公共の効用をめぐる状況に主要な関心が常に向けられており、……人類の本当の諸利益を確かめることより他に、義務の領域に関する問題について確実性をもって見定める方法は存在しない」（『道徳原理の研究』第2篇）。これは、政府ではなく個人の行為に関する言説ですが、「公共の効用」や「人類の本当の諸利益」は、たしかに望ましい社会の基準としての「一般幸福」と重なり合うアイデアのようにも見えます。また、効用や快楽を軸とした人間観・道徳観のうえに総合的な人間学を確立する試みの一環として、ヒュームは自らの経済論を展開したと考えられるため、そのような間接的な意味で彼の経済論は功利主義の方法に則っているといえるかもしれません。

　個人の行為というレベルでは、快楽の道徳論とでも呼びうるような非宗教的でラディカルな功利主義的論説をヒュームは展開しました。結果として得られる快楽の増加や苦痛の減少を決定的に重視する彼の帰結主義的な議論は、美徳の体現や人格の完成を重視する徳論とは大きく異なる性質を持ち合わせていま

す。とはいえ、政治や経済などの社会問題を扱う際に、効用や快楽の実現という功利主義の方法が一貫して明示的に当てはめられるようになるのは、以下で見ていくように、おおむねベンサム以降のことであると考えられます。

●ベンサムの功利主義──政府介入の基準として

18世紀後半、産業革命によって文明社会が大きな変貌を遂げつつあるなかで、ヒュームの親友でもあったスミスの『国富論』によって経済学は本格的に成立しました。その後、**リカードウ**や**マルサス**を中心として、経済学はさらなる展開・発展を示すことになります。スミスやマルサスらの経済学の背後には、功利主義の考え方があるといわれることがありますが、例えばスミスを功利主義者と見なすべきでないとする見方もあります。このような見解の不一致の原因として、評者によって功利主義の捉え方が大きく異なりうるという問題点があげられます。例えば『道徳感情論』（1759 📖）や『国富論』において、スミスは「効用」や「快楽」という言葉を何度か用いており、結果として得られる効用や有用性について言及している箇所があります。しかし、ヒュームのように「効用」や「快楽」に決定的な重心を置いているのかというと、必ずしも明確でないようにも見受けられます。功利主義を定式化したうえで、経済学に明示的に組み入れたのは、スミスよりも年少でリカードウやマルサスよりも年長のベンサムです。

ベンサムは、「最大多数の最大幸福」や「効用原理」というフレーズを用いて、功利主義の考え方を定式化しました。「最大多数の最大幸福こそが、正しいのかそれとも間違っているのかに関する尺度である」（『統治論断片』1776、序論 📖）。結果として全体の幸福が増大するのか否か。あらゆる物事の正誤を判定する究極的基準はここにあるとベンサムは論じます。また、彼が「功利主義者（utilitarian）」という言葉を用いたこと自体、「功利主義者」ないし「功利主義」という言葉の起源であるといわれています。エピクロスの快楽や苦痛をめぐる議論に始まり、ロックやヒュームの経験論や効用論を経て、18世紀後半にベンサムの手によって功利主義が本格的かつ意識的に確立されることになりました。

　ベンサムの功利主義は、世俗的で非宗教的な考え方を前面に打ち出した急進的な思想といえます。個人の行為にせよ、政府の活動にせよ、既存の法や慣習にせよ、それらの是非はすべて全体の幸福をいや増すか否かによって判定されねばならないとベンサムは唱えます。例えば、宗教的理由などから当時死刑もしくは国外追放という厳罰の対象であった同性愛をめぐる問題について、ベンサムは功利主義の観点から点検します。そして、死刑という最大の苦痛でもって同性愛を処罰する法は、「最大多数の最大幸福」を促すどころか明らかにこれに背くため、廃止されるべきであると彼は主張しました。このようなベンサムによる同性愛の擁護は、きわめて早い時期における際立った主張として、現代でも注目されています。

　ところで、功利主義の特徴を見極めるうえで、次の点に注意を向ける必要があります。それは、功利主義が個人の行為の是非を判定する基準とされることもあれば、政府の行為や政策の是非を判定する基準とされることもあるという点です。功利主義をめぐる議論がしばしば錯綜している理由の一端もここにあると考えられますが、ベンサム自身はこのような二つの側面が功利主義に内在しうることを、次のように明確に認識していました。彼は、「効用原理（the principle of utility）は、当該の関連する人々の幸福を増加させる見込みがあるか、もしくは減少させる見込みがあるかどうかに基づいて、あらゆる行為を是認ないし否認する原理である」と論じます。そのうえで、「あらゆる行為には、私的個人のあらゆる行為のみならず、政府のあらゆる政策も含まれる」と付け加えているからです（『道徳および立法の諸原理序説』1789、第1章第2節□）。現代においても、功利主義は道徳や倫理などの個人の行為の是非をめぐる論議で持ち出される場合もあれば、政府の社会・経済政策や望ましい社会のあり方の基準とされる場合もあるなど、多様な文脈で援用される考え方といえます。

　ベンサムは、『統治論断片』や『道徳および立法の諸原理序説』などの著作において功利主義の考え方を明確に提示し、さらに功利主義の旗印のもとでさまざまな社会改革を先導する哲学的急進派として活躍しました。[4] また、功利

4　例えば、ベンサムによる功利主義的な刑務所の構想である「パノプティコン」は、少数の看守による効率的な管理システムとして、各国で採用されていくことになった。ベンサムは

主義に基づく実践的な立法体系を確立する試みの一環として、彼は本格的な経済学研究にも着手しました。ベンサムの経済学の主著である『政治経済学便覧』(1793-95 □) の目的は、ベンサムの目からすればスミスの『国富論』で十分に扱われなかった政府の経済的役割の全体をカバーし、経済学をより実践的な学問として完成させるということです。『政治経済学便覧』の冒頭において、功利主義の方法に依拠しながら経済学を打ち立てるという自らの方針を、次のようにベンサムは鮮明に打ち出しています。「効用原理」に従うところの経済学の目的は、「最大限の富と最大限の人口」によって促進される「共同体における所与の時点での最大限の幸福の産出」を政府の手によって実現することにある（『政治経済学便覧』第1章）、と。

　ベンサムは、功利主義に基づく政府の経済的役割を、「スポンテ・アクタ」（自発的な行動に委ねられるべき領域）、「アジェンダ」（政府が介入すべき事項）、「ノンアジェンダ」（政府が介入すべきでない事項）に分類します。そのうえで、個々の政府の経済的介入の是非について、デメリットを上回るメリットがもたらされるかという観点からそれぞれ点検します。経済学におけるベンサムの基本方針は、彼が経済論客として名を馳せることになった「高利擁護論」(1787) 同様に、政府介入をなるべく退ける自由主義です。ベンサムは、個人や民間の自由な経済活動に口を挟み、手出ししようとする政府の方針に対して、「静かにせよ（Be quiet !）」とこれを一蹴します。スミスの『国富論』ですでに科学的に解明されているように、市場での個人の利己心に基づく自由な経済活動こそが、経済発展や一般幸福の原動力である。だからこそ望ましい政府の役割は、原則何も手出しをしない非介入になるというわけです。そのような基本方針を打ち出しつつ、功利主義の観点から望まれうる政府の経済的役割として、例えば個人の効率的な生産を支えるところの「安全や自由」の確保などをベンサムは掲げます。

　スミスの『国富論』を補完し、功利主義に基づく実践的な立法体系の一部門

パノプティコンのために、栄養価のメリットと要する材料や労力のコストを考量した功利主義的なメニューまで考案している。しかし、現代フランスの哲学者フーコーは、人格の矯正を伴う近代的なシステムの象徴としてパノプティコンを批判している。

としての経済学の完成を目論んだ『政治経済学便覧』は、結局のところ未完に
終わります。あらゆる政府の経済的役割を総合するリストを完成させることは、
そもそも困難な課題であったのかもしれません。あるいは完成を果たす前に、
ベンサムの関心が次の題材へと移ってしまったのかもしれません。その後も
『政治経済学綱要』(1804) として仕切り直し、ベンサムは経済学研究に取り
組みましたが、こちらも完成には至りませんでした。1811 年に『政治経済学
便覧』のフランス語訳が出版されたものの、英語版は長らく放置され、ベンサ
ムの死後の 1843 年にベンサム著作集の一部としてようやく出版されました。
とはいえ、未完成状態を補うために『政治経済学綱要』が組み入れられるなど、
大幅に編者バウリングの手が加えられたかたちとなりました。そのような事
情もあって、ベンサムの経済学自体が経済学の発展に直接もたらした影響は、
限定的といえるかもしれません。むしろ、彼の効用原理や功利主義の考え方の
ほうが、後の経済学の展開に大きな影響を与えることになったと考えられます。

● ピグーの厚生経済学──功利主義と経済理論の統合

ベンサムが確立した功利主義は、哲学的急進派の社会改革運動を導く理念と
して、学界のみならず広く世間の注目を集めました。しかし、「プッシュピ
ン」のような単純な子どもの遊びでも、理解し味わうためには教養が求められ
るような「詩文」でも、もたらされる快楽の量が等しければ同等であると断じ
たベンサムの主張は、ロマン主義の詩人コウルリッジなどからの強い反発を招
くことになりました。結果として得られる快楽の量のみを注視し、その質や中
身の違いはまったく問わないベンサムの方針に対して、ジョン・ステュアー
ト・ミルは功利主義の修正を試みました。『自由論』(1859) の著者としても知ら
れるミルは、低俗な快楽と高尚な快楽を区別すること、あるいは利己的な行
為よりも利他的な行為を優先させることが、本当の意味での幸福最大化につな

5 『政治経済学綱要』をバウリングの手の加えられていない元の状態に戻す試みとして、
1952 年のスターク版、さらに 2009 年のクイン版がある。
6 「満足した愚か者」よりも「不満足なソクラテス」のほうが本当の意味で幸福であるとす
るミルの有名な議論としても知られている。

がると『功利主義論』（1861）で主張しました。とはいえ、他者や社会全体の幸福を実現するために、私的な幸福を放棄する自己犠牲さえをも正当化するミルの方針は、通常の功利主義の枠組みからの逸脱と見なされる場合もあります。

　このような理想主義的ともいえるミルの道徳観・人間観は、彼の経済学にも色濃く反映されています。ミルの『経済学原理』（1848 📖）は、スミス以来の理論分析を洗練させて総括するかたちで、古典派経済学を完成に導いた重要な著作と目されています。[7]現状の経済社会において、利己心に基づく市場での競争を通じて経済活動を効率的に遂行させることが、絶対に不可欠であるとミルは論じます。しかしながら、将来的に経済社会が全般的に豊かになり、貧困問題が解消される時が到来すれば、利他的な感情で結ばれた社会主義的な協同社会を実現することが望ましいとミルは主張します。これは、利己心の超克と利他的な人間性の発展に期待を寄せる、彼の理想主義的な道徳観・人間観に対応した経済観といえます。また、19世紀半ばは順調な経済発展の一方で、労働環境の改善や格差の解消などを求める労働運動が高まりを見せた時期でもあり、ミルは婦人参政権運動を含むさまざまな社会改革を先導しました。

　産業革命が始動していくなかで本格的に成立した経済学は、19世紀半ばにミルの『経済学原理』の登場によって、成熟した学問としての地位を獲得しました。穀物法や航海条例の廃止後の経済的自由主義のもとでの実体経済の繁栄も、経済学に信任を与えることに繋がりました。しかし、1870年代以降に大きな転機が訪れます。その口火を切ったのは、ジェヴォンズです。彼は『経済学の理論』（1871 📖）において、経済学をかえって混乱へと導いた存在としてリカードウやミルを厳しく糾弾しながら、自らの新しい理論の客観性や有効性を強く主張しました。[8]他方でベンサムについては、「功利主義理論を最も妥協なき方法で前面に打ち出した」人物として賞揚し、「ベンサムの提示した［快楽と苦痛の量に関する］ことを我々は間違いなく受け入れなければならない」

7　ミルの理論的な貢献として、国際的に取引される商品の交換比率がそれぞれの国における需要の大きさで決定されるという「相互需要説」などがある。

8　ミルの死後の1879年に出版された『経済学の理論』の第2版において、ジェヴォンズはミルらの経済学への辛辣な批評を付け加えた。

と論じます（同第 1 章、第 2 章）。ジェヴォンズは、快楽と苦痛の計算をめぐるベンサムの議論を基盤としながら、ここに微分法をはじめとする数学的な分析手法を導入することによって、効用理論を経済分析の主軸に据えることに成功します。

　その後、**エッジワース**は『数理精神科学』（1881 📖）などの著作において、ジェヴォンズの理論や**シジウィック**の『倫理学の諸方法』（1874）のアプローチを援用しつつ、「無差別曲線」などの新たなアイデアを打ち出し、効用理論のさらなる展開を牽引しました。また、1873 年以降の「大不況」と呼ばれる長期不況によって、失業問題などが深刻化し、社会主義や集産主義を求める声が高まる一方で、経済学への信頼も揺らぎつつありました。そのようななかでシジウィックは『経済学原理』（1883）を著し、従来の哲学的な考察にかわって数学的な分析手法を経済学が取り入れていくことに対して警鐘を鳴らす一方で、政府の経済的介入の究極的基準としての功利主義の観点から、市場の失敗への介入や再分配政策など一定の社会主義的な政府介入が望まれうることを示しました。**マーシャル**は『経済学原理』（1890 📖）において、数理的な分析手法の発展を総括し、さらに「余剰分析」や「弾力性」などのアイデアを打ち出すことで、ミクロ経済学の基礎を作り上げました。ベンサムの唱えた効用原理は、19 世紀後半の「限界革命」などを経ながら、数理的な効用関数として経済分析の中核に据えられることになります。

　ケンブリッジ大学でマーシャルの教え子であった**ピグー**は、政府の経済的介入の究極的基準として「経済的厚生」の増大を掲げながら、限界革命以降の新しい数理分析と統合させることによって、20 世紀初頭に「厚生経済学（welfare economics）」という新たな分野を切り拓きました。ピグーは『厚生経済学』（1920 📖）において、「厚生経済学の三命題」とも呼ばれる三つの論説を掲げました。第 1 の論説は、国民分配分の量が大きくなるほど、経済的厚生が大きくなるというものです。経済成長によって社会的生産が増大し、これによって国民全体が手にする財やサービスの総量が増えれば、それらを消費することによって国民全体が享受する経済的厚生が大きくなるということです。第 2 の論説は、貧しい人に帰属する国民分配分が大きくなるほど、経済的厚生が大きく

なるというものです。社会全体の生産量が増大しない場合でも、既存の財やサービスの分配の仕方を変更することによって、経済的厚生を改善する余地があるということです。第3の論説は、分配の公平性と安定性が高まるほど、経済的厚生が大きくなるというものです。これは、景気変動のような経済の不安定性によって、経済的厚生が損なわれるということです。

　ここでは、第2の論説の含意に注目したいと思います。ピグーは第2の命題の論拠が、「昔ながらの限界効用逓減の法則」から次のように導き出されると主張します。「貧者が受け取る国民分配分の割り当てが何らかの理由で増加することによって、そこで分配分の収縮が引き起こされたりその変動性に有害な影響が出たりしなければ、一般に経済的厚生は増加することになる」（『厚生経済学』第4章第8節）。「限界効用逓減の法則」とは、財やサービスの消費量が増えるとき、そこから得られる効用も増えるものの、その増え方は徐々に減っていくという性質です。例えば、喉がカラカラに渇いた人にとっての最初の1杯の水は、まるで生き返るかのような大きな満足をもたらします。しかし、2杯目の水からは、最初と同じくらい大きな満足を得ることはできません。さらに、十分に喉が潤っている人がもう1杯を口に運んだとしても、もはや満足はほとんど増加しないということです。

　私たちの経験や直観におおむね合致するようにみえる「限界効用逓減の法則」は、ミクロ経済学の想定する右下がりの需要曲線に根拠を与える重要な法則ですが、ピグーはここから、所得再分配の有効性を導き出すこともできると主張します。「富者から貧者への資源移転の命令が課されるとき、富者が被る経済的厚生の損失は、限界効用逓減の法則それ自体が想定するように、貧者の経済的厚生の増加と比べて実質的に小さいものとなるだろう」（『厚生経済学』第4版第8章第3節）[9]。今度は十分に喉が潤っている人が、カラカラに渇いた人に1杯の水を分け与えるとします。そうすると、前者は多少の満足を失うこ

9　1932年の『厚生経済学』の第4版において、ピグーは第3の論説を同著の冒頭部分から削除し、第1および第2の論説と併記することを取りやめた。その一方で、第2の論説と関連する「限界効用逓減の法則」については、ここで引用した文章などが新たに付け加えられるなど補強が施されている。

とになりますが、そこで失われる以上の満足を後者は同じ 1 杯の水から得られるため、二人足し合わせた全体の満足は増加することになります。つまり、人々の効用を足し合わせた社会全体の効用を最大化するためには、効率的な生産活動を通じて全体としての生産量の最大化をはかるだけでは不十分なのであり、さらに豊かな人から貧しい人への再分配を講じる必要があるということです。政府は累進課税制度によって高所得層に高い税率で課税し、それを財源として低所得層をターゲットとした社会保障を拡充させるなどして、社会全体の福利厚生の改善を図ることができるというわけです。

　この他にも、ピグーは経済的厚生という基準を掲げながら、マーシャルの外部経済のアイデアを伸張させるかたちで、「ピグー税」のアイデアを打ち出しました。「正の外部性」をもたらすものへの補助金や奨励金、反対に「負の外部性」をもたらすものへの課税を通じて、政府が市場の失敗を補正することで、社会全体の福利厚生を最大化する生産活動を導くというものです。これは、地球温暖化対策として注目されている炭素税の元になったアイデアです。

　ピグーは、功利主義のアイデアをベースにした経済的厚生の拡大を、望ましい政府介入の基準として掲げました。そして、利己心に従う個々の経済主体の市場での自由な経済活動──家計の効用最大化と企業の利潤最大化──によって、社会的生産が促進される傾向があるものの、それによって最大限の経済的厚生が保障されているわけではないことを明確に主張しました。利己心に基づく効率的な生産活動にもたらされる悪影響やインセンティブの阻害に配慮しながらも、政府の経済的介入を通じて経済的厚生のさらなる増大を実現する余地があるとして、再分配政策やピグー税導入などの可能性について言及しました[10]。このように市場の失敗を体系的に分析し、世界恐慌以降にますます露見することになった、自由放任では経済的厚生は最大化されえないという現実に注意を向けながら、ピグーは功利主義と資源配分理論を統合することで厚生[11]

10　「経済的厚生（economic welfare）」について、厚生全般ないし「社会的厚生」のうち、金銭で測られる部分としておおよそ定義することができるとピグーは述べている。

11　ワルラスらローザンヌ学派の資源配分理論も、ピグーによる厚生経済学の確立に大きな影響を与えた。

経済学を成立させました（☞コラム⑧「基数的効用と序数的効用」）。

● 功利主義の是非をめぐって

　エピクロスの快楽主義を出発点として、ロックの経験論や快楽と苦痛をめぐる議論を経ながら、ヒュームは結果として得られる快楽や効用に注目する道徳論を展開しました。ベンサムは、「最大多数の最大幸福」や「効用原理」によって功利主義を定式化する一方で、功利主義が個人の行為だけでなく、政府の行為の是非を判定する際にも適用されるべき原理であると唱えました。ベンサムの効用や快苦計算をめぐる論説は、ジェヴォンズやエッジワースらを通じて数理的な効用理論を成立させ、さらに政府の経済的役割を導く究極基準として功利主義を掲げるベンサムの方針は、シジウィックを介してピグーの厚生経済学に継承されました。

　本章で考察した人物たちの経済学に限らず、効用最大化、利潤最大化、経済成長、経済効率性などに着目する経済学は、広い意味で功利主義の価値判断に則っているといわれます。例えば、『正義論』（1971）の著者として有名な政治哲学者ロールズは、経済学は歴史的に功利主義と密接な関係にあり、現代においても両者の結びつきは強固であると指摘しています。また、社会選択論やケイパビリティ論で知られる現代を代表する経済学者の一人であるセンは、帰結主義、厚生主義、総和主義によって功利主義を特徴づけながら、経済学はそのような功利主義と強い結びつきをもっていると論じています。

　功利主義の考え方に基礎を置く経済学のあり方をめぐっては、賛否両論が繰り広げられてきました。例えば、主要な経済学者自身によって、しばしば功利主義への懸念が表明されてきました。ピグーの経済学を強く批判し、ケインズ革命によってマクロ経済学を確立したジョン・メイナード・ケインズは、ベンサム流の功利主義や快苦計算こそが、人々の理想の質を破壊し、道徳的退廃をもたらす「寄生虫」であると断じました。また、全体主義だけでなく福祉国家やケインズ経済学のアイデアも一貫して批判した新自由主義者と目されるハイエクは、功利主義が個人の効用を集計可能と見なしている点を批判し、さらに功利主義が設計主義へと陥ると論じました。先ほど紹介したロールズやセンの

コラム⑧　基数的効用と序数的効用

　ジェヴォンズ、マーシャル、ピグーらの経済学は、限界効用逓減を想定するなど、効用が測定可能であることを前提としているといわれます。このような「基数的効用」（cardinal utility）に基づくピグーの厚生経済学は、功利主義の価値判断と強い結びつきをもつ「旧厚生経済学」と呼ばれます。

　これに対して、パレートの「パレート最適」は、無差別曲線が互いに接する状態として定義されるように、効用の大きさの序列付けのみが可能であるとする「序数的効用」（ordinal utility）に基づいています。ロビンズは、効用の個人間比較は不可能であるとして、あるいは価値判断の問題を経済学から排除すべきであるとして、ピグーのアプローチを批判し、ワルラスの一般均衡論に沿ったパレートの方針を支持しました。その後、ヒックスやカルドアの「補償原理」、サミュエルソンやアローの「社会厚生関数」などを通じて、序数主義に基づく「新厚生経済学」が形成されました。

　一般均衡の存在や安定性の証明におけるメリットなどから、「序数的効用」が「基数的効用」にかわってミクロ経済理論の基礎に据えられるようになりました。また「序数的効用」を想定するほうが、より現実的であるともいわれます。しかし、「基数的効用」や「旧厚生経済学」が放逐されたわけではありません。「序数的効用」を用いる場合、アローが「一般不可能性定理」によって示したように、政策的な判断を導き出すことが困難になります。そこで、実際問題で費用＝便益分析を適用する際などに、「基数的効用」を用いるメリットがあると考えられています。

（中井大介）

場合、功利主義や経済学の抱える根本的な問題点として、全体のパイの増加や効率性を優先させるために、少数者の犠牲を見過ごしてしまったり、分配・格差問題を軽視してしまったりする傾向があると指摘しています。

　子どもの遊びも美しい詩文も、得られる快楽の量が等しければ同じである。快楽が増加するのか、苦痛が減少するのか、あらゆる物事の正しさの基準はここにある。このような功利主義の考え方は、多くの反発を招きました。しかし、ベンサムは敢えてそのように主張しました。それぞれの個人が異なる趣味嗜好や価値観を抱きうるという事実を認めるべきであり、それらの間に優劣をつけ

るのではなく、そこから快楽がもたらされるかどうかだけを考量すべきである
とベンサムは考えたからです。このような面に着目すると、異なる価値観を抱
く人々にも受け入れられうる、より弾力的で包括的な価値観であるという功利
主義の特徴が浮かび上がってきます[12]。

　そして、経済的厚生や GDP といった経済学の尺度や指標は、弾力的で包括
的な功利主義の価値判断の特徴を備えていると考えられます。例えば GDP（国
内総生産）は、それぞれの財やサービスの生産によって新たに生み出された付
加価値をその金額で計上しています。そこには、食糧のような必需品や教育の
ようなサービスだけでなく、酒やタバコなどの嗜好品やギャンブルについても
付加価値の金額が区別なく計上されています。良し悪しは別として、麻薬や売
春などの付加価値が GDP に計上される場合もあります。そして経済成長を実
現するということは、他の事情にして等しい限り、あるいは少なくともそれが
環境破壊や格差の拡大などを伴わない限り、異なる価値観を抱きうる多くの人
にとっても、おおむね望まれうることであると考えられます。

　とはいえ、ケインズが経済的指標を過大評価すべきでないと述べたように、
快楽や経済的厚生や GDP では捉えられない重要な価値があることもたしかで
す。そこで GDP を乗り越えるべく、BLI（よりよい暮らし指標）や SDGs（持続
可能な開発目標）のような多元的な「ダッシュボード型」指標が注目を集めて
います。例えば OECD による BLI は、住宅、所得、雇用、社会的つながり、
教育、環境、市民参画、健康、主観的幸福、安全、ワークライフバランスの
11 分野から構成されています。しかし、「ダッシュボード型」の指標によって、
かえって価値判断の難しさや恣意性が持ち込まれる可能性もあります。例えば
「市民参画」を測る項目の一つに「投票率」があります。たしかに高い投票率
は、積極的で好ましい市民参画を反映していると考えられます。しかし、投票
率が極端に高いような場合には、その裏でかえって大きな問題が生じている可
能性も考えられます。あるいは投票率があまり高くない場合でも、おおむね不

───────────────

12　このような観点から、ベンサムは時代を先取りするかたちで同性愛の擁護を唱えたり、
　あるいは動物の被る苦痛への配慮の観点から、現代でいうところの動物福祉を唱えたりす
　ることにもなった。

満のない現状への信認を反映していることも考えられます。そこで万能ではないものの、功利主義や経済学の考え方や価値判断には、一定の客観性を備えた価値自由の方法とでも呼びうるようなメリットが備わっていることは間違いないように思われます。

より深く学習したい人のための文献リスト（50音順）

泉谷周三郎『ヒューム』研究社出版、1996年。
児玉聡『功利主義入門――はじめての倫理学』ちくま書房、2012年。
永井義雄『ベンサム』研究社出版、2003年。
松嶋敦茂『功利主義は生き残るか――経済倫理学の構築に向けて』勁草書房、
　　2005年。

第9章

経済学はどこまで数学的でなければならないのか
―― 数理経済学の先駆者たちと開拓者たち ――

上宮智之

　本章では、19世紀に活躍した経済学者たちの言説を通じて、「経済学はどこまで数学的でなければならないのか」という問いについて考えます。

　現代の経済学の教科書や論文において、数式やグラフ、または数学的な表現を目にしないことはまずないでしょう。また経済学で使用する数学を専門的に取り扱う「経済数学」の教科書も数多く出版されています。そのような教科書においては、数学は経済学の「言語」あるいは「有益な道具」と説明されています。また、経済学を学ぶ者にとって経済数学は必需品なので早くその思考や操作をマスターしよう、と述べている教科書もあります。有名な数理経済学の教科書であるチャンの『現代経済学の数学基礎*』（原著1967）は、行列代数、微積分、微分方程式、差分方程式、集合論などを経済学に必要な数学と位置付けています。このような経済学を指して「社会科学のなかでは他に例を見ないほどに数学に汚染（？）された学問」と表現する経済学者もいます。

　しかし、経済学という学問が形成されていった最初期においてはそうではありませんでした。かの有名なアダム・スミスの『国富論』（1776 📖）のなかには数式は出てきません。文章で綴られた論理的な推論と歴史的例証とによって『国富論』は構成されています。スミスのあと、19世紀前半の経済学をリー

1　幾何学を用いる場合、例えば2財モデルであれば視覚的にも理解しやすく便利であるものの、3財、4財、あるいはn財モデルを考えることは難しい。このため、チャンは幾何学を経済学に必要な数学から除外している。

ドしたのはリカードウ、マルサス、ジョン・ステュアート・ミルといった経済
学者たちです。彼らの経済学は今日、「古典派経済学」と呼ばれていますが、
「財の価値は労働量によって決まる」と考える「労働価値説」をみずからの経
済学の基本概念としている点で共通しています。彼ら古典派経済学者たちも簡
単な数値例を用いたのみで、その推論や例証のほぼすべてを文章によって説明
しました。

　経済学の表舞台に数式やそれに関連するグラフが登場したのは、大きな流れ
で言えば、1870年代の「限界革命」以降のことです。この1870年代に、ジェ
ヴォンズ、メンガー、ワルラスという3人の経済学者たちがそれぞれ独立的に
「限界効用理論」を提示し、価値についての考えが大きく変化しました。古典
派経済学の労働価値説とは異なり、この限界効用理論では「限界効用」が価値
を決めると考えます。「効用」とは「財（やサービス）の消費によって人間が経
験する満足」、「限界効用」とは「財（やサービス）の消費量を微少分増やした
ときに人間が経験する満足の増分」を意味します。この「限界効用」に注目す
る際には微積分のテクニックを用いるのが便利で、これが経済学における数学
利用を促進させる一因となりました。

　以下では、経済学における数学利用に対する限界革命前後の経済学者たちの
見解を歴史的に追っていきます。

● 古典派経済学と数学

　まず19世紀前半までの主流派経済学、すなわち古典派経済学と数学との距
離について見てみましょう。上述したとおり、「古典派経済学」は、スミスが
『国富論』のなかで提示した労働価値説を基礎とした経済学です。

　スミスは『国富論』のなかで「私は政治算術をあまり信用していない」と述
べています。「政治算術」とは、ペティの『政治算術』（1671-76 ⬜）に代表さ
れるような統計的に社会を把握することと将来予測とを志向した手法のことで
す。スミスが政治算術に懐疑的だったのは、一つに資料の正確さに疑問があっ
たためです。社会を統計的に把握すると言っても17-18世紀の話ですから利用
できる資料の制約や統計技術の限界がありました（もっとも、スミスは信用がお

けると判断した政治算術上の数値は使用しています）。もう一つの理由は、物理学や化学などの自然科学における数値が客観的な意味合いをもつのに対して、経済学における数値は主観的な意味合いをもって判断されやすいからです。例えば、一家族を養うために必要な最低額がいくらであるかは人によって解釈が異なるでしょう。

それゆえ、スミスは仮説的な数値例を用いて論理的に議論を進める方法をとりました。ここではこの方法を「数学的方法」と区別して「数量的方法」と呼びます。労働価値説にもとづく交換の説明においても、狩猟民が1匹のビーバーを仕留める労働が1頭の鹿を仕留める労働の2倍であったとき、ビーバー1匹と鹿2頭とが交換されるべきだと彼は述べています。実際に1匹のビーバーを仕留める労力が鹿1頭を仕留める2倍の労力であるかどうかは問題ではなく、スミスは交換の際の価値評価についての論理を数量的方法で説明しているわけです。

19世紀に入ってスミスの『国富論』に代わる経済学書、『経済学および課税の原理』（1817📖）を著したのはリカードウです。同書における地代、賃金、利潤の決定についての彼の説明もスミス同様に数量的方法を用いて行われました。

リカードウと同時代に活躍し、『人口論』（1798📖）でも有名なマルサスも、『経済学原理』（1820📖）の冒頭において、「経済学が数学よりもずっと倫理学や政治学に似ていることを認めざるをえないであろう」と述べました。マルサスによれば、これは、経済学が幾何や解析についての命題とは異なり、いつも同じ証明ができるわけでも、確実な結論に導くことができるわけでもないからです。また、経済学の命題において普遍的に同意が得られることは期待できず、経済学に通じていると思われる人々の大多数の意見が一致することで良しとしなければならないからでもありました。

ミルは、19世紀半ばから後半にかけて広く読まれた経済学書、『経済学原理』（1848📖）を著しました。ミルは、その序文において、経済学が一つの新しい「科学」として認知されるようになったと述べています。

他方で、ミルは「科学」として認知されている学問分野でも数学を適用できない場合があることを、『経済学原理』の5年前に刊行した『論理学体系』

（1843 📖）において、認めていました。科学に数学を適用できないのは、具体的には、次の三つの場合です。すなわち、①現象の原因を不完全にしか観察できないためにその数値的法則を帰納することができない場合、②原因が多数かつ複雑に関係しあっているためにそれらを集合させた結果を計算することができない場合、③原因そのものが絶え間なく変動しているような場合です。

　ミルは、「科学」が扱う範疇のものであっても複雑すぎる現象は数学的正確さを得ることは難しく、仮に数学的正確さを優先するならばその研究は現実味のないものになってしまうと考えました。このようにして、天体の動きを扱う天文学はまだしも、社会や政治を扱うような研究はその複雑さゆえに数学を適用することは難しく、そのような研究の一つである経済学には数学の原理を適用できないのです。実際にミルは『経済学原理』においても「国際的価値」（第3編18章）を論じる際に代数的な記号を使用した以外は、やはりスミスやリカードウらと同様に数量的方法を用いました。

　もっとも、これらの事実だけで古典派経済学者たちが数学的思考の持ち主でなかったと判断することは早計だということも付け加えておく必要があります。例えば、リカードウは、「公債制度論」（1820）において、政府支出を租税で調達しても公債で調達しても経済的影響は同じであるとする「等価定理」を提示しました。この説明はやはり数値例を用いて行われましたが、1974年にバローが数式を用いて「中立命題」（遺産相続を考慮して世代を越えた場合でも「等価定理」と同じことが言える）として復活させました。このように、今日でも古典派経済学者たちの論理は数学を用いる現代の経済学者たちに多くの着想を与えていることも事実です。

● ヒューウェルによる試み

　ここまで説明してきたように、スミスの『国富論』からはじまる古典派経済学の時代において、主流派の経済学者たちは数量的方法を用いて説明し、数学、あるいは数式を用いた論理提示に積極的ではありませんでした。

　とはいえ、例外的な試みを行った人物もいました。その一人がケンブリッジ大学で鉱物学や道徳哲学（倫理学・政治学・経済学などを含む分野）の教授を務

めた**ヒューウェル**です。彼は「科学者」(scientist) という言葉を作り出した人物として有名ですが、数式を使って経済学を表現しようとした最初期の人物としても知られています。

　ヒューウェルは、1829 年、リカードウの理論を数学的に解説する論文「経済学のいくつかの学説の数学的説明」(□□) を発表しました。この論文は、土地の生産物への課税負担は消費者にかかるというリカードウの論理を数学的に精査して、実はそれらがほとんどの場合に地主の負担になる、つまりリカードウの論理が間違っていることを示すものでした。

　その冒頭において、ヒューウェルは、経済学の学説を数学的形式で示すことについて、「浅はかで利益のない類の思索で、必然的に実用的かつ合理的な帰結をもたらすものではない」と多くの人々が否定的に考えるだろうと推測しますが、そこに数学利用の意義を四つ挙げて、この試みを肯定します。ヒューウェルが挙げた意義とは、①数学を利用する方が経済学という科学を部分的にでも体系的かつ一貫した形で単純明晰に示すことができること、②数学に慣れた人々にとっては数学を用いた方が理解しやすいこと、③学説になんらかの難点がある場合、それが計算上の困難なのか、原理的な難点なのかを見分けやすくなること、④達成可能な単純化の道筋とその限界とを指摘できること、です。

　さらに、ヒューウェルは、数学を利用することによって力学は三つの誤りを回避できたと述べます。すなわち、①不当な原理を想定すること、②問題が複雑であるために原理からの推論を誤ること、③主要な諸力の結果を妨害する撹乱原因を無視すること、です。

　ヒューウェルは、その力学と経済学とは極めて類似していると言います。それは両方の科学ともに少数の原理に還元して現象を考え、同様に複雑な諸事例を扱うからです。それゆえ、ヒューウェルは経済学においても数学を利用することによって何らかの利益を得ることができると期待したのです。

　さらにヒューウェルは、リカードウの経済学を直接的に批判した論文、「リカードウ氏の『経済学および課税の原理』におけるいくつかの主要な学説についての数学的説明」(1831) を発表しました。この論文においても、数式を用いることによって経済学説がより簡潔明瞭で扱いやすくなるうえに、同時代の

経済学者たちが推論に用いる数値例よりもはるかに精密で一般的に当てはまる推論が可能になる、と改めてヒューウェルは自分の立場を強調しています。

● クールノーによる試み

フランスでも、ヒューウェル同様に、経済学に数学を導入する試みを成した人物がいます。「クールノー競争」と呼ばれる寡占モデルの考案者として有名な**クールノー**です。

数学者でリヨン大学の解析学・力学教授を務めたクールノーは『富の理論の数学的原理に関する研究』（1838 ⬚：以下『富の理論』）を著し、この著作のなかで積極的に数学、特に微積分を含む解析を用いました。このため、クールノーは、19 世紀後半に経済学への数学導入を唱導した**ジェヴォンズ**や**マーシャル**からも数理経済学の先駆者として高く評価されることになりました。

クールノーは、数学を用いることに経済学者たちは反対しているが、このような偏見があるのは、一つには少数ではあるが経済理論に数学を利用しようとした人々がその適用の仕方を間違えたからだと言います。例えば、カナールは数学を用いた経済学の原理を 1801 年に提示したものの、その原理が根本的に誤っていたために黙殺され、リカードゥらを数学利用に誘うことができなかったと彼は述べています。

偏見が生じたもう一つの理由は、経済学者たちが数学から縁遠くて数学の特徴や利用方法を誤解していたからでした。クールノーは、数の計算のためだけに符号や公式があると経済学者たちは誤解していると主張します。しかし、数学、特に解析は、大小関係や関数間の関係を見いだすためにも用いることができます。例えば、クールノーは、『富の理論』（第 4 章）のなかで、ある商品の需要（D）を価格（p）に関する関数 $F(p)$ と置きます。需要に関する法則は、さまざまな原因に影響を受け、しかもそれらの原因を列挙することも測定することもできないので、数値で表すことも、簡単な方程式で表すことも困難です。そこで、彼は、解析の技法を利用して、具体的には連続関数と考えて、未知の需要関数についての一般的性質を導き出そうと彼は考えたのです。さらに、このようにして一般的性質を把握できれば、実際に数値を発見するための観察の

労力も少なくできるともクールノーは説きました。

　もっともクールノーは数学を用いて経済学のすべてを分析・説明しようとは考えていませんでした。彼は『富の理論』において、自由競争や寡占市場の分析については興味深い関係を見いだせるけれども、数学的な分析を適用できそうにない問題や数学を用いなくても十分に解決できていると思われる問題は触れないでおく、とその適用範囲を限定しています。

　クールノーの『富の理論』は数理経済学の嚆矢とも言えるものでしたが、長らく注目されなかった書物でもありました。ワルラスが研究報告でこの書物を注目すべき著作として紹介したのは1873年のことでした。また、ジェヴォンズも、フランスでも忘れられていたくらいなのでイギリスの経済学者たちが『富の理論』を知らなくても仕方ない、と『経済学の理論』（1871 □）の第2版（1879）のなかで述べています。このように、クールノーが歴史に埋没したのは、フィッシャーによれば、社会がまだ彼の試みを受け入れる準備ができていなかったからでもありました。事実、クールノーは、数理経済学が勃興した1870年代以降、ジェヴォンズやマーシャルをはじめ、さまざまな経済学者によって称賛されるようになります。

● 限界革命トリオと数理経済学の勃興

　すでに触れたように、1870年代に「限界革命」が生じました。この革命によってもたらされた経済学上の変化の一つが労働価値説から限界効用に基づく価値論への転換です。ジェヴォンズ、ワルラス、メンガーの3人はこの価値論の転換に貢献しましたが、この転換と数理経済学の勃興の時期が重なるのは偶然ではなく、両者は深く結びついています。ここではまず「限界効用理論」についてできるだけ簡単に解説し、その後、限界革命トリオそれぞれの経済学における数学利用やその基礎となった彼らの考えをみていくことにしましょう。

　「効用」とは「財の消費によって人間が経験する満足」を、「限界効用」は「財（サービス）の消費量を微少分増やしたときに人間が経験する満足の増分」のことだとすでに述べました。私たちがある同質の財を消費する場合（他の財の消費は0か一定とします）、1単位目の財から得る満足が最も多く、2単位

目、3 単位目と財の消費が増えるほど、
全体としての総満足は増えるでしょう。
他方、1 単位目、2 単位目、3 単位目と
財の消費が増えるほど、各単位から得る
追加的な満足は小さくなっていくでしょ
う。無性にお腹が減っているときには
少々高くても 1 個のおにぎりを買ってよ
いと考えたとしても、それを消費してお

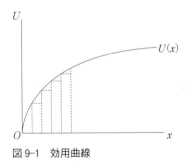

図 9-1　効用曲線

腹が満たされたあとに同じ値段で 2 個目、3 個目のおにぎりを買おうとは思わ
ないのではないでしょうか。このように考えると、生産に必要な労働量ではな
く、この追加的な満足、つまり「限界効用」が価値を決めると考えることがで
きます。これが「限界効用理論」の基本的な考えです。

　上述したように、効用は財の消費とともに増えると考えられますが、限界効
用は徐々に減少していきます。これを「限界効用逓減の法則」と言います。こ
の効用と財の消費量との関係（効用曲線）を表したものが図 9-1 になります。

　効用や限界効用は主観的なものなので具体的な数値として把握することがで
きませんが、微分の手法を使ってその概念を数式として表すことが可能です。
つまり、効用を U、ある財の数量を x とおけば、効用関数は $U = U(x)$ と表す
ことができます。その増分を徐々に減らしながら増加すると考えられるこの関
数の性質は、

$$\frac{dU}{dx} > 0, \quad \frac{d^2U}{dx^2} < 0$$

と表記することができます。

　このように限界効用理論は微分を用いて表すことができ、それゆえに経済学
における数学の利用が促進されることとなりました（もっとも、「限界効用」と
いう用語や数式の表記法が整備されたのはもっとあとのことになります）。

　とはいえ、経済学に数学を用いることはミルなど主流派の経済学者たちから
理論から現実性を奪うことになると考えられていたので、経済学における数学
利用を促進しようとする人々はそれがなぜ可能であるかの理由を説明しなけれ

ばなりませんでした。

　イギリスのジェヴォンズは、『経済学の理論』において、経済学を「快楽と苦痛の微積分学」と定義して限界効用理論を提示しました。同書のなかで、経済学は数量を扱うために実質的には数学的でなければならず、具体的には微分学を適用するのだと彼は述べています。というのも、力学をはじめとする他のすべての科学の完成された理論も微分学を用いており、取り扱う対象に大小がある場合には法則も数学的であるからです。その数学的法則は言葉で表すには複雑であるうえ、数学も一種の言語なのでそのまま数式や記号を用いて表記するほうがよいとジェヴォンズは主張しました。

　このような考えに対して、**イングラム**やケアンズに代表されるように、効用のような数値的測定ができないものに数学は適用できないという反論もありましたが、ジェヴォンズは自然科学が精密な数値データを完全に得てから発展したのではなく、それ以前に数学理論を有していたし、経済学においてもそれが可能であると説明しました。まずこの数学理論を構築し、そこに数値データがともなうようになったときにより精密科学としての経済学が完成するとジェヴォンズは考えたのでした。実際、19世紀半ばのイギリスでは国勢調査をはじめ、さまざまな統計データが整備されたこともあり、ジェヴォンズは将来的な統計の発展と数値データの把握に期待を寄せました。また、彼は脳科学の発達によって、例えば精神現象も何らかの物質量で把握できるようになるとも考えていました。

　もっともジェヴォンズは自分の理論が人口や資源など諸条件が一定という条件のもとでの理論だと告白しています。そのようにすることで彼はミルが提示した数学導入上の懸念を回避できたとも言えます。

　ここでは、数式を用いて表されたジェヴォンズの経済学の一例として、彼が経済学を正しく理解するために重要と考えた「交換理論」の基礎を紹介しましょう。

　ジェヴォンズは、各主体が財についての情報を完全に得て自由に競争できる市場、それゆえ同種の財には同一瞬間に二価はつかないことを前提に、穀物 a 量を所有する主体Aと牛肉 b 量を所有する主体Bとの間の交換を考えました。

この両者が交換を終えた場合、A は $a-x$ 量の穀物と y 量の牛肉を、B は x 量の穀物と $b-y$ 量の牛肉を所有することになります。このとき、A にとって、$a-x$ 単位目の穀物から得られる効用と y 単位目の牛肉から得られる効用は等しいはずです。もし y 単位目の牛肉の効用の方が大きければ A はさらに穀物を牛肉と交換するからです。いま、$\phi_A(a-x)$ と $\phi_B(x)$ がそれぞれ A および B の穀物の限界効用（ジェヴォンズの言葉では「最終効用度」）を、$\psi_A(y)$ と $\psi_B(b-y)$ がそれぞれ A および B の牛肉の限界効用を、また dx と dy がそれぞれ微少分の牛肉および穀物を表すとすれば、A については $\phi_A(a-x) \cdot dx = \psi_A(y) \cdot dy$、B についても $\phi_B(x) \cdot dx = \psi_B(b-y) \cdot dy$ が成立します。このため、次の二式が得られます。

$$\frac{\phi_A(a-x)}{\psi_A(y)} = \frac{dy}{dx}, \quad \frac{\phi_B(x)}{\psi_B(b-y)} = \frac{dy}{dx}$$

さらに、同一瞬間に一つの価格しか存在しないという前提から、牛肉と穀物の交換比率 $\left(\dfrac{y}{x}\right)$ について、

$$\frac{y}{x} = \frac{dy}{dx}$$

が成立します。このようにして、ジェヴォンズは交換条件を表す方程式、

$$\frac{\phi_A(a-x)}{\psi_A(y)} = \frac{y}{x} = \frac{\phi_B(x)}{\psi_B(b-y)}$$

を得ました。ジェヴォンズによれば、この方程式は「てこの原理」を表す式に類似しており、それゆえ、この類似は自然科学を模範として経済学の理論を整備しようとするみずからの構想を支持するものでした。

　このように経済学を数学的な科学であると主張したジェヴォンズは、『経済学の理論』第2版において、それまで経済学を意味する英単語として用いられた "Political Economy" ではなく、"Mathematics" を意識しながら "Economics" という言葉の使用も提唱しました。ここに今日、経済学を意味する英単語 "Economics" の起源の一つがあります[2]（☞コラム⑨「経済学の呼称と定義」）。

2　もう一つの起源はマーシャルにある。彼は経済学を "Political Economy" ではなく "Economic Science" と、そしてこれを省略して "Economics" と呼ぶことを提案した。

　フランスのワルラスは、ジェヴォンズとは独立に限界効用理論を発見し、『純粋経済学要論』（1874 📖）を出版しました。同書において、限界効用（ワルラスの言葉では「希少性」）を消費量の減少関数として扱うことができると述べて、ワルラスも経済学への数学適用を唱導しました。

　ワルラスは、数量で測定可能な力や速度を扱う力学の数学理論は力学分野のすべてではないけれども、純粋理論が応用に先行すべきで、経済学も同様であると考えました。自然科学では経験から概念を抽象して定義し、その定義にしたがって先験的に得られた内容をもって現実での応用にあたります。円の半径が等しいことや三角形の内角の和が 180 度であることは理念上のものですが、これらの概念を現実に応用することができます。経済学においても数学理論が応用に先行する、より具体的に言えば、数学を適用できる「交換の理論」（純粋経済学）の成果をもって応用経済学を考えることができるのです。それゆえ、ワルラスは数学を用いる方法を合理的方法とも呼び、数学を用いれば冗長な文章による説明よりも少ない語数で、かつ正確に表せると主張しました。

　ワルラスは、この『純粋経済学要論』において、現在「ワルラス法則」と呼ばれている法則を導き出しました。ジェヴォンズは三主体による交換までしか分析しませんでしたが、ワルラスは相互に依存し合う多数の財市場があることに目を向けました。コーヒーの価格が上がれば、コーヒーの需要が減り紅茶や緑茶の需要が増える、といったように各市場は相互に影響を与えて、常に調整が行われています。しかし、完全に自由な競争のもとで各経済主体が初期保有量（予算）の制約下のなか自分の効用を最大にするように行動すれば、すべての財市場における総需要額と総供給額とが等しくなり、「すべての市場の超過需要の和がゼロになる」ことをワルラスは方程式の数と未知数の数が一致することによって示しました。すべての市場を同時に分析するこの方法を一般均衡分析と呼びますが、これによって自由競争によって市場に秩序がもたらされること、つまり、自由競争が望ましい根拠が明らかになったのです。

　もっともワルラスが示したのは方程式と未知数の数が一致することだけだったので、実際に一般均衡が存在するかが問題になりました。また、ワルラスも、互いに条件を提示しあい一般均衡が成立するまで取引を行わない「模索過程」、

コラム⑨　経済学の呼称と定義

　経済学を表す英単語 "Economics" は 19 世紀後半に定着しました。それ以前は経済学を "Political Economy" と呼びました。

　スミスや**リカードウ**は "Political Economy" を富の増大や分配法則を考える学問と定義しました。富を中心テーマとした古典派経済学は「富の学」（プルトロジー）とも呼ばれます。これに対して、経済主体間の交換分析に注目した限界革命以降の経済学は「交換の学」（カタラクティクス）とも呼ばれます。

　ジェヴォンズや**マーシャル**は "Economics" という呼称の使用を推奨しました。ジェヴォンズは他の学問の呼称、特に "Mathematics" を意識しました。マーシャルの "Economics" は "Economic Science" の省略形です。彼が "Political" を除いたのは、この単語が「全国民の政治的利害」を意味したのに対して、経済学の対象は必ずしもそうではないためでした。

　経済学の分析対象も変化しました。古典派経済学は物質的な財のみを対象としましたが、限界革命以降はサービスも加わりました。他方で「効用」の非可測性が問題になりました。客観的に把握できるもののみが科学の分析対象であるとの理解から、**ロビンズ**は経済学を「諸目的と代替的用途をもつ稀少な諸手段の間の関係について研究する学問」と定義しました。有名な教科書、**サミュエルソン**の『経済学』（1964、第 6 版📖）にもこの定義は継承されました。

　ところで、別の意味の「古典派」もあります。政府による市場介入を認める**ジョン・メイナード・ケインズ**は「近代経済学者」であっても労働市場の自動調整機構（メカニズム）を信頼する者を「古典派」と呼びました。このように経済学では呼称や定義にも注意が必要です。

（上宮智之）

つまり静学モデルを前提としました。この一般均衡の存在や動学理論化は 20 世紀に入って**アロー**らによって数学的に精緻化されました。現代の経済学はまさにこのワルラスの数学的な業績のうえに成り立っているといっても過言ではありません。

　オーストリアの**メンガー**も独自に限界効用理論に到達し、『国民経済学原理』（1871📖）を出版しました。ただ彼は、ジェヴォンズやワルラスとは異な

る手法を用いて、限界効用と個人の消費選択の関係について説明しました。すでに第5章において解説されたように、メンガーは、欲望（財）の種類と財の数量単位によってもたらされる満足の大きさを例示した「メンガー表」と呼ばれる表を用いて、個人が1単位の消費からより大きな限界効用を得られるような欲望（財）から順番に消費選択していくことを示したのです。

　実はメンガーはジェヴォンズやワルラスとは違って経済学における数学利用には消極的でした。彼がワルラスに宛てた書簡（1884年2月）や彼がその前年に出版した『社会科学、特に経済学の方法に関する研究』（1883 📖）からその理由が伺えます。自分の経済学において追及される方法は、数学的方法とも合理的方法とも言えないとメンガーはワルラスに書き送りました。というのは、彼の経済学は経済現象の関係だけではなく、その本質も扱う必要があるからです。メンガーによれば、数学を利用することによって経済現象の諸量の関係性は把握できるかもしれないけれども、例えば、価格、地代、資本利子、企業者利潤、貨幣の本質を導き出すことができないのです。財の交換をつかさどる法則に到達する場合にも、交換に人間を導く動機や欲求について考えることが必要で、これらは数学を用いてはできないとメンガーは言います。さらに、数学をうまく扱えたとしても、現実に一致しないことに到達したり、恣意的な公理から出発する研究者は誤りに陥ってしまったりする、ともワルラスに忠告しました。

　このようなメンガーの姿勢は彼が数学を扱えなかったからではありません。むしろ、メンガーはクールノーの著作を読んでおり、彼が『国民経済学原理』で用いた鉱泉の例はクールノーの『富の理論』の影響とも言われています。彼の姿勢は、経済学における数学利用を認識したうえで、むしろその弊害に目を向けた結果と言えるでしょう。

● マーシャルとエッジワースによる数学導入への見解

　早逝したジェヴォンズのあと、イギリスの数理経済学を牽引したのはマーシャルとエッジワースという経済学者です。

　マーシャルは若い頃に微分方程式を用いてミルの経済学を表現しようと試み

るなど、経済学への数学導入を承認していました。彼は、1890年に出版した『経済学原理』（□）においても、微分概念や時間概念を用いて、限界効用理論も取り入れつつ、古典派経済学の諸理論を再評価しました。とりわけ、限界効用や限界生産力の概念を用いて需要曲線が右上がりであり、供給曲線が右下がりであることを証明したほか、余剰概念、需要の弾力性、需給のマーシャル的調整、供給曲線の期間分析など、彼は経済理論上多くの貢献を成しました。

　マーシャルは、『経済学原理』のなかで、自然科学において数学を用いる経験が経済的変化の相互作用を把握する際に役立つこと、数学によって迅速かつ簡潔、正確に書き表すことができ、結論が前提に従っているか確認できること、を数学利用の長所として強調しました。また後者の長所の結果、経済学者たちが前提条件の確認を慎重に行うようになったとも述べました。

　ただし、マーシャルはジェヴォンズやワルラスとは対照的に経済学と力学との間に類似性を見いだしつつも、それで満足しませんでした。というのは、経済学が考慮すべき要因は力学で扱う要因以上に多様で不正確にしか把握できない、むしろ経済学はより複雑な生物学を見習うべきである、と考えたからでした。彼によれば、力学では実験室で現象を観察できるのに対して、経済学ではそうはいきません。あくまで部分的な把握のみが可能なのです。このため、彼は、数学を経済現象の部分的な把握のための道具に過ぎないものと見なしており、かつてジェヴォンズが目指した数値データをともなった精密な科学にまでそれによって経済学を高めることは不可能、もしくは「時間の無駄」だと考えました。

　上述したように、マーシャルは数学が簡潔さや正確性を持ち合わせていることを認めましたが、記号や数式をそのまま経済学の表記法とすることは否定しました。それは記号や数式が「筆者を除くすべての読者にとって退屈なもの」であると同時に、「経済学の理論は一般大衆に理解できる言葉で表現しなければならない」と彼が考えたからでした。このため、特別な知識を必要とせずに容易かつ正確に理解ができる図、つまり幾何学の使用が経済学に好ましく、やむを得ず数式や図を用いる場合には、彼の『経済学原理』の構成がまさにそうであるように、巻末の付録のなかに収めたのでした。

　もちろん、マーシャルが数式での記述を忌避したのは単に読者の理解のためだけではなく、現実との対応を検証するためという目的があったことも付け加えておくべきでしょう。彼は教え子のボーリー宛の書簡のなかで、自分の数学利用が次の方法に基づいていると述べています。つまり、①数学は省略表現として用いる、②解き終えることができたらそれを言葉に翻訳する、③実際の事例によって説明できるか検討する、④実際の事例で説明できない場合は②を捨て去る、という方法で、マーシャルによれば、④はよくあることでした。

　代表的な数理経済学者の一人に数えられる**エッジワース**は『数理精神科学』（1881 📖）の著者として知られます。同書において、彼はジェヴォンズが提示した交換方程式を応用して無差別曲線や契約曲線を数学的に導出しました。また、それらを今日「エッジワース・ボックス」と呼ばれる図に表して、競争者が無数に存在する完全競争状態においては契約曲線が一意に定まることを示しました。

　その著作名から推測できるように、『数理精神科学』は人間の快楽（効用）最大化を主要な分析対象とする経済学や政治学、倫理学を含む道徳科学と呼ばれる分野に数学を積極的に導入した著作でした。それゆえ、エッジワースはこの分野に数学の適用が可能であることを説明しなければなりませんでした。

　エッジワースによれば、数値データがなくても大小、増減、正負、最大最小といった量的関係さえあれば数学を用いることができます。最大最小はある量の増加率の減少に注目してその符号が正か負かで判断できますが、経済学における「限界効用逓減の法則」をはじめとする法則もその範疇のうちにあります。また、数理物理学がエネルギー最大化を研究対象にする一方で、道徳科学は人間の快楽最大化をその対象としています。いわば、二つの科学における「エネルギー」と「快楽」とはそれぞれの分野において同じ役割をにない、最大化概念は共通項であるというわけです。このため、人間は快楽をエネルギーとして動く「快楽機械」と見なすことでき、それゆえに数学の使用は可能なのです。

　エッジワースは、通常の言葉で安全かつ論理的に説明できるかどうかはそもそも数学によって判断しなければならないし、言葉で説明するよりも簡潔、適切で実用的であるとの理由から、数式を外して言葉で説明することに消極的で

した。また、数学を用いない者はあやふやにしか説明できない、と彼は言います。所与の条件を満たしながら結論にたどり着いているかどうかを判断できないうえに、間違っていた場合にもそれを修正することもできないし、条件が変更されたときに対応ができなくなるからです。さらに数学を利用することで多数主体の問題（n人モデル）を一般化することも可能になるとも彼は考えました。

　このように見れば、『数理精神科学』におけるエッジワースはジェヴォンズにかなり近い立場にあると言えるでしょう。ただし、そののちのエッジワースの考えに変化が見られることも事実です。

　エッジワースは1889年（イギリス科学振興協会経済科学・統計学部会会長就任時）と1891年（オックスフォード大学ドラモンド講座経済学就任時）に講演を行いました。これらの講演のなかで、彼は、個々の行動をまとめあげて集団としてみたときには一定で不変、ただし数字では表せない法則があり、それを把握するため、物理学などと同様に、経済学にも数学は必要であると改めて述べました。しかし、他方でメンガーやその弟子たちが数学を用いずに限界効用理論に到達したことにも触れて、経済学にとって数学は普遍的な言語ではなく、建物が完成したときに取り外される足場のようなもの、とマーシャルに似た見解を表明しています。

　最後に取り外すものだとしても数学利用をエッジワースが推奨するのは経済学から無学よりたちの悪い偏見を取り除くために必要だからでした。人々が学識の有無を問わずに経済学について語るために、そのなかには偏見に基づく誤りが多く、経済学は無知である以上に後退した位置にあるというのが彼の理解でした。エッジワースの言葉を借りれば、数学は麦畑（経済学）のなかに紛れている毒麦（論理の誤謬）を探して抜くためにあるのです。

● おわりに

　ここまで経済学における数学利用に対する考えを、主に数学利用を推進した19世紀の経済学者たちを中心に概観してきました。これらをまとめることで、どこまで経済学が数学的でなければならないのかという問いについて考えてみ

ましょう。

　数学利用を促進した経済学者たちは、自然科学、特にその多くは経済学と力学との類推（アナロジー）から前者に数学、特に微積分を導入できるとしました。端的に言えば、経済学は自然科学の手法を模倣したわけです。

　とはいえ、やみくもに模倣したわけではありません。多くの経済学者たちが述べたように、数学を利用することによって、論理的かつ簡潔に思考することが可能になります。ただ、これは経済学だけの話ではありません。『価値と価格の理論の数学的研究』（1892　）において経済学と力学との類似を強調したフィッシャーも、数学はあらゆる研究に必要なものと位置付けています。荒っぽい言い方をすれば、理系だから数学が要る、文系だから数学は要らないというわけではないのです。フィッシャーによれば、微分の計算のように符号の表示に基づいて形成された規則の力を借りる数学的方法は「与えられたものから求められるものへと進む」もの、「人間の記憶と想像に対する助力」であり、扱う問題がより複雑になればなるほど有用になるのです。例えば、数学を使わずに n 財モデルを言葉だけで思考し、また説明しようとすると膨大な労力がかかるうえに相当な語彙力が試されるでしょう。

　いずれにせよ、社会科学のなかで最も早く数学という衣装をまとい、自然科学的外装を整えた経済学は19世紀末までに「社会科学の女王」と呼ばれるようになりました。

　本章冒頭で触れたチャンの『現代経済学の数学基礎』は限界革命からおよそ100年後の出版物ですが、そこに書かれてある経済学における数学利用の長所と短所は19世紀後半の経済学者たちの見解に酷似しています。

　チャンの挙げた長所は、①数式によって簡潔かつ正確に表現できること、②数学の定理を自由に使用できること、③都合の良い仮定を無意識的に使用してしまうことを回避できること、④ n 財ケースなどより一般的な事例に拡張できること、です。

　他方の短所は、①数理経済学者と非数理経済学者との間の対話が不可能になること、②数学を利用できる問題にのみ研究を限定しがちになること、また、

非現実的な仮定を設けやすくなること、です。[3]

　数学が苦手な読者は特にチャンが挙げる短所やそれに酷似することに触れたマーシャルの見解に賛同するでしょう。たしかに経済学は経済社会を分析・説明するものですから現実との対応は必要です。また、数学をあまり理解できていない人に分かりやすく説明することも必要でしょう。

　他方で、私たちはワルラス法則が含意することに目を向けることも必要です。ワルラスは一般均衡分析によって経済主体の自由な競争が一つの秩序をもたらすことを示しました。もちろん、ワルラスが考えたモデルは静学モデルですし、彼が想定した企業者の利潤はゼロです。これらの想定は現実にはありえないものです。しかし、何の根拠も示さずに「自由競争が秩序を生み出す」と主張するよりは説得力を有します。[4]

　さらにワルラスの考えをより積極的に考えれば、数学を利用することによって描き出した理想的モデルから得られた命題は確かに現実とは異なりますが、その理想状況から現実がどのくらい離れているのかを確認し、その障壁や原因を探ったり、それらを取り除くヒントとしたりすることも可能になります。

　このように数学を用いる意義やその留保条件を理解したうえであれば、経済学が数学的であることの効用はそうでない場合よりも大きいと言えるのではないでしょうか。

3　ただし、この短所についての記載は第 4 版（2005）では削除されている。この事実は、現在においていかに経済学に数学が馴染んでいるかを物語っている。
4　ワルラスは、世の中に多数の学派はあるけれども、自分が認める学派は「命題を証明しない学派」と「命題を証明する学派」であり、自分は後者の確立を目指すと述べた。

より深く学習したい人のための文献リスト（50 音順、＊は本章内で参照されている書籍）

佐々木憲介『経済学方法論の形成——理論と現実との相剋 1776-1875』北海道大学図書刊行会、2001 年。

竹内啓『増補新装版 社会科学における数と量』東京大学出版会、2013 年。

只腰親和・佐々木憲介編『イギリス経済学における方法論の展開——演繹法と帰納法』昭和堂、2010 年（特に第 3 章と第 8 章）。

只腰親和・佐々木憲介編『経済学方法論の多元性——歴史的視点から』蒼天社出版、2018 年（特に第 4 章）。

＊A.C. チャン『現代経済学の数学基礎』全 2 冊、大住栄治・小田正雄・高森寛・堀江義訳、マグロウヒル好学社、1979-1980 年（ただし、最新版は、A.C. チャンと K. ウェインライト『現代経済学の数学基礎［第 4 版］』小田正雄・高森寛・森崎初男・森平爽一郎訳、採流社、2020 年）。

根井雅弘『近代経済学の誕生——マーシャルからケインズへ』ちくま学芸文庫、1994 年。

第 10 章

経済をマクロ的に捉えるということはどういうことか

——マクロ経済学の「マクロ的」アプローチと「ミクロ的」アプローチ——

廣瀬弘毅

　今日、ほとんどの大学の経済学部では、マクロ経済学とミクロ経済学が初年次の必修科目となっています。このうち、マクロ経済学では GDP の決定、失業率と物価の関係などを学び、ミクロ経済学では消費者の行動から需要曲線を導き出し、生産関数から費用関数を引き出して供給者の行動を学んでいます。

　それにしても、経済学が扱う分野ごとに、このようなきれいな棲み分けができたのは一体いつからなのでしょうか？　マクロ経済学やミクロ経済学という言葉が、経済学の世界で流通し始めるのは、概ね 1940 年代とされています。また、経済学の世界では、第二次世界大戦が終わってから、大学での標準的なテキストが普及することになりましたが、戦後に一定の人気を誇ったボールディングの教科書『経済分析』（🔲）は、第二次世界大戦後の改訂で第 1 巻を「ミクロ経済学」、第 2 巻を「マクロ経済学」として出しています。

　そもそもマクロ（macro）とはどういう意味なのでしょうか？　辞書的に説明すると、ギリシャ語が語源で「大きな」を意味する言葉とされており、日本語でも当初は「巨視的」という訳語が当てはめられていました。他方、マクロの対義語として使われているミクロ（micro）は、やはりギリシャ語が語源で「小さな」を意味する言葉で、日本語では「微視的」という訳語も用いられていました。ただ、単純に大小関係でマクロとミクロが用いられているわけではないようです。

　この章では、経済をマクロ的に見る、あるいはそういった視点から経済を分

析する「マクロ経済学」がどのように成り立ち、どのような変遷をたどったのかを見ていきたいと思います。

● マクロ的関心

　マクロ経済学と言えば、イギリスの経済学者ジョン・メイナード・ケインズが創始した分野だと思われているかもしれません。実際、今日マクロ経済学の教科書に必ず取り上げられているのは、ケインズ経済学と呼ばれるものですので、あながち間違っているとは言えません。しかし、マクロという言葉を、経済現象を全体として捉える（as a whole）という意味で考えるのであれば、ケインズよりもはるかに昔から、そういった意識は存在していたと言っても構わないでしょう。例えば、マクロ経済学の源流の一つと言ってもよい「貨幣数量説」（☞コラム⑩）は、物価水準は経済で流通している貨幣の量で決まるという考え方ですが、これは少なくとも18世紀にはイギリスの哲学者であるヒュームの著作の中に見られます。ここで物価水準とは、特定の財・サービスの価格ではなく経済全体の価格水準ですので、間違いなくマクロ的な感覚と言って差し支えありません。

　また、好況と不況が循環する「景気循環」についても古くから意識されていたとされます。特に、19世紀の終わりに、イギリスで長期にわたって続いたデフレ不況は、経済学者の頭を悩ませていました。あるいは、利潤率の傾向的低下を理論的に示し、資本主義が必然的に朽ちてしまうと予言したマルクスをここに挙げることも可能でしょう。そう考えると、経済学者にとってマクロ的な経済現象は、長きにわたって課題であったのです。

　ここで、貨幣数量説について、少し掘り下げましょう。貨幣の量が増加することで、物価が上がる、逆から見ると貨幣の価値が下がるという現象は、17世紀に明確に観察されました。大航海時代に南米を支配したスペインが、大量に銀をヨーロッパに持ち込んだため、物価が高騰したのです。そのため、地代を名目の金額で固定していた領主層は実質収入が落ち込んで没落し、スペインやポルトガルなどで絶対王政が成立する契機にもなりました。世界史では「価格革命」と呼ばれることもあります。

コラム⑩　貨幣数量説

　貨幣数量説には、大きく分けると二つの流れがあります。一つめは、アメリカの経済学者**フィッシャー**が定式化したとされるもので、交換方程式と呼ばれています。物価水準を P、取引量を T、貨幣数量を M、貨幣の流通速度を V とすると、$PT=MV$ という関係式を書くことができます。ここで、支払の慣行は短期間には大きく変化することはありませんので、貨幣の流通速度 V は短期的に一定と考えられ、取引量 T も短期間には大きく変化しないと仮定するならば、P と M は比例的な関係にあるという、おなじみの貨幣数量説が表現されています。

　もう一つの流れは、イギリスのケンブリッジ大学の伝統としてケンブリッジ現金残高アプローチと呼ばれているものです。それは、実質国民所得を y とした場合に、$M=kPy$ という式（k は定数で、名目国民所得（Py）に対する貨幣需要量の割合を意味し、**マーシャル**の k と言います）で表されます。この二つの式を比較してみましょう。取引量 T は実質国民所得 y と一定の関係にあり、その関係を例えば定数 λ を用いて $T=\lambda y$ と表現すると、フィッシャー方程式も、$M=(\lambda/V)Py$ に変形できますので、$k=\lambda/V$ と書き直せば、両者は数学的には等価であると考えても良さそうです。

　しかし、フィッシャー方程式は、流通の媒介に使われるものとして貨幣を定式化しているのに対して、ケンブリッジ現金残高アプローチでは、貨幣を保有されるものとして定式化している点に大きな違いがあります。**ジョン・メイナード・ケインズ**の流動性選好利子論は、後者の系譜から生まれました。このように、経済モデルを深く理解するためには、表面的な数式だけでなく、その背後に込められた経済活動に対する想定にまで、注意を払う必要があります。

（廣瀬弘毅）

　我々は、貨幣で財やサービスを購入するわけですが、もしも貨幣の量だけが、供給されている財・サービスの量に比して増えてしまったら、価格が上昇してしまうという感覚はむしろ常識的とも言えるでしょう。ここから、最も単純化された貨幣数量説では、物価は貨幣数量と比例的に変化するという命題として理解されることになります。もう少し専門的に言えば、貨幣数量は実体経済には影響を与えず、物価水準にのみ影響を与えるという性質を「貨幣中立性」と

呼ぶこともあります。

● マクロ経済学の誕生

　すでに述べたとおり、経済学者のマクロ的な関心事のうち、景気循環やインフレーション、デフレーションは、貨幣数量説とともに始まったといっても良いでしょう。[1]

　しかし、貨幣で購入する財やサービスは、今この場で消費する消費財ばかりではありません。将来にわたって役に立つことになる投資財も購買対象になります。投資と貯蓄という現在と将来をつなぐ取引に、経済変動の原因があるのではないか、主にヨーロッパ大陸のドイツや北欧の学者が、このことに関心を向けるようになっていきます。また、投資に必要な資金を調達する際に、金貨などの物的なお金だけでなく、銀行によって信用創造された部分も貨幣の機能を果たすようになりますから、素朴に「お金の量が増えれば物価が上がる」という単純なイメージだけではすまなくなってきます。

　スウェーデン出身の経済学者レイヨンフーヴッドは、1981 年に「ヴィクセル・コネクション」（□□）という興味深い論文を書いていますが、マクロ経済学の源流は貨幣数量説にあるものの、スウェーデンの経済学者ヴィクセルが「貯蓄－投資アプローチ」を創始し、ケインズ経済学はもちろん反ケインズの急先鋒でもあったハイエクもこちらの系譜に位置付けられるとしています。

　このアプローチでは、将来財の現在価値を導くための「価格」である利子率に注目することになります。将来の生産量を引き上げることに役立つための財への支出を投資と言いますが、例えば、利子率が低くなれば、資金調達のコストが下がるので、実現できる投資量が増えるという関係にあります。他方、投資のための財は、今消費するのを我慢することによって得られる貯蓄によって

1　貨幣数量説はいろいろなバージョンがあったが、19 世紀末から 20 世紀にかけて活躍したアメリカの経済学者フィッシャーが今日的な意味での貨幣数量説を定式化した。今日フィッシャーの交換方程式と呼ばれる「$MV=PT$」（M: 貨幣数量、V: 貨幣の回転速度、P: 物価水準、T: 取引量）というものがそれである。さらに、物価水準というものについてもフィッシャーは探求し、今日的な物価指数の議論の基礎にもなっている。

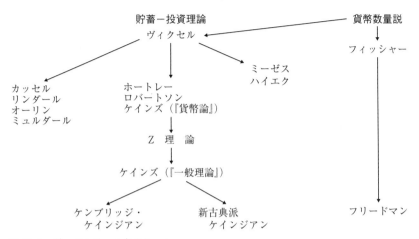

図 10-1 ヴィクセル・コネクション
（レイヨンフーヴッド「ヴィクセル・コネクション」（📖）より）

まかなわれることになります。貯蓄することに対する報酬が利子だと考えると、
利子率が上がれば貯蓄が増えます[2]。そして、利子率が価格の役割を果たし、
投資と貯蓄を均衡化させると考えられます。物々交換のような経済であれば、
貯蓄と投資が市場で直接取引されて、適正な水準が決まり同時に均衡利子率が
決まるでしょう。ヴィクセルは、特に物価水準が一定に保たれるような水準と
してそれを「自然利子率」と呼びました。

　しかし、すでに 19 世紀には銀行が投資に大きな役割を果たしていました。
しかも、銀行は信用創造つまり預金者から集めたお金以上に貸し出すことが可
能です。そうなると、銀行の貸出利子率と自然利子率が一致する保証はありま
せん。仮に、低すぎる利子率が設定されてしまえば、過剰な投資が引き起こさ
れることになり、さらにその資金需要に銀行システムが応じ続ければ、ますま
す過剰投資になり、供給を上回る需要が発生するので、物価が上昇していくこ
とになります。

　ケインズ自身も、有名な『雇用・利子および貨幣の一般理論』（1936 📖）の

2　ただし、ケインズは、利子率は貯蓄に対する報酬ではなく、流動性を手放すことに対する
　報酬だと定義した。このことは、ケインズ革命の大きなポイントである。

前に出版している『貨幣論』（1930 □）においては、このアプローチを採用していました。ところが、ケインズはこの定式化に飽き足らず、さらなる理論上の革新に挑むことになります。なぜなら、この貯蓄−投資理論のアプローチをとっていても、所得そのものの変化は考慮されず、物価の変化を中心に捉えようとするため、貨幣数量説のくびきから逃れられていなかったからです。

● ケインズ経済学の誕生

今日、ケインズ経済学と呼ばれているマクロ経済学は、1936 年に出版された『雇用・利子および貨幣の一般理論』（以下『一般理論』）という著作によって打ち立てられました。同書が、革新的であったことに疑いの余地はありません。どのようにしてケインズが革新的な着想を得たのか、歴史的な事実を確認する必要があります。

イギリスは、18 世紀に綿工業における技術革新、さらに蒸気機関の改良による動力革命を経て、世界最初の産業革命を迎えることになりました。19 世紀中に「世界の工場」としての地位を獲得し、さらに 19 世紀の後半以降には、金融業も発展し「世界の銀行」にもなっていきました。その後、アメリカやドイツなど新興工業国に追われながらも、世界の中心としての地位を維持してきました。ところが、1914 年に始まる第一次世界大戦がそんなイギリスに大打撃を与えることになります。第一次世界大戦は、主にヨーロッパ大陸が戦場となりましたが、当初の数ヶ月で終わるという見込みもむなしく、徹底的な消耗戦となってしまいました。その結果、膨大な戦費を負担し人的にも損害が大きかったイギリスは、世界の覇権の大部分を失ってしまうことになります。

通常、戦争が終わると戦争特需が減り、一時的に不況になるものの、その後は復興需要により景気が回復するのが常とされていました。ところが、イギリスはかねてよりの新興国アメリカと競争しなければならないうえに、輸出に不利な旧平価（為替レート）で無理に金本位制への復帰を図ったために、さらに事態を悪化させてしまい、常時失業者が 100 万人を超えるという状況になりました。しかし、当時の経済学では、失業は労働市場における均衡よりも高い賃金が原因とされました。また、公共事業も失業対策としては意味がないという

大蔵省見解が出され、今日であれば常識的な財政政策をとることもできません
でした。何しろ、イギリスの主流派経済学は長く「自由主義」の伝統のもとに
あり、原則として政府は経済活動に介入すべきではないというのが建前であっ
たからです。

　さらに、第一次世界大戦後、イギリスに代わり世界の中心となったアメリカ
は空前の繁栄を誇っていましたが、1929 年 10 月 24 日のニューヨーク証券取
引所での株価暴落に端を発する世界恐慌に見舞われ、この余波は世界に波及し
ていくことになります。しかし、アメリカでも当時の経済学では有効な処方箋
が出せないままでした。

　ここで、働く意思があるのに失業している労働者が存在したり、最新の生産
設備があるのに操業を停止している事業所が多数存在したりという「豊富のな
かの貧困」が観察されているのに、現状を説明することができないのは、理論
の方に問題があるからだという考えにケインズは至ります。その一番大きなポ
イントは、生産量が一定であることを前提に組み立てられているケインズ以前
の経済学の打破でした。ケインズは需要が不足するために、経済が停滞するモ
デルを生み出したのです。

　ケインズ理論は、大きく分けると二つの部分からなります。一つは、所得決
定理論の名でも知られている乗数理論です。ここで簡単に説明してみましょう。

　簡単化のために、政府部門や海外部門はないものとします。Y は GDP、C
は消費、I は投資、C_0 は GDP の大きさとは別に決まる独立的消費、c は限界
消費性向とします。この経済の体系は、以下の式のように表せます。

$$Y = C + I \tag{1}$$
$$C = C_0 + cY \tag{2}$$

　(1)式は、右辺が総需要を示し、左辺が総供給と考えることもできますので、
マクロの需給均衡式と見なせます。(2)式は、消費がどう決まるかを示す消費関
数になります。ところで、貯蓄はその年の所得（＝GDP）のうち消費しなかっ
た部分と考えることもできますので、

$$S = Y - C \qquad (3)$$

と書くことができます。(2)式より消費 C は GDP である Y の関数です。した
がって、貯蓄も GDP の関数ということができます。また、利子率が低くなれ
ば、より低い利潤率のプロジェクトまで実施できますので、投資は利子率の関
数と考えても構いません。ですので、貯蓄と投資の均衡は、以下の式で表され
ます。

$$S(Y) = I(i) \qquad (4)$$

　この理論のポイントは、(4)式の右辺で利子率が決まると、投資の量が決まり、
それに貯蓄が等しくなるように、左辺の式の中の変数 GDP の方が調整される
というところです。貯蓄があらかじめ準備されていなければ、投資が行えない
と考えがちですが、ケインズはそうは考えず、投資を行えばそれに見合っただ
けの貯蓄を生み出すように GDP が増えると考えたところが革新的だったので
す。したがって、事後的には必ず投資と貯蓄が一致する体系になっています。
　もう一つは、流動性選好利子論と呼ばれる理論です。この理論は、乗数理論
を成立させるためにも不可欠のものでした。(4)式の説明で明らかにしたように、
貯蓄と投資の均衡によって、利子率が決まっているわけではありません。とな
ると、利子率はどこで決まるのか、これを明らかにするピースが必要になりま
す。ケインズは今風に言えば、資産市場における資産選択（ポートフォリオセ
レクション）にこの役割を与えたのです。ケインズによれば、そもそも何の利
子も生み出さない貨幣であっても人々は資産の一つとして保有することがあり
ます。これは、利子率は消費を我慢するという節倹に対する報酬と考える理論
では説明が付きません。ところが、利子率の動向次第で価格が変動する資産の
先行きを考えるならば、人々はキャピタルロスを避けるべく、貨幣を保有する
こともあり、極めて合理的な行動ということになるのです。そこには、将来の
資産価格の動向、翻ると利子率がどう変化するのかという将来の期待が、大き
な役割を果たすことになるのです。その結果、利子率は、今我慢して将来どれ
だけ使うかという人々の時間選好からも、技術的に決まる投資による収益率か

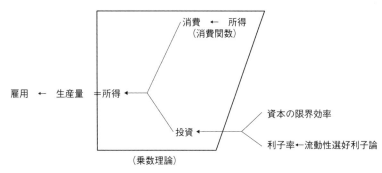

図 10-2　ケインズ経済学の体系
（伊東光晴『ケインズ*』より）

らも切り離されて決定されてしまう、高度に「心理的」な変数となってしまいます。これらの関係は、図 10-2 のように表すこともできます。

　ところで、資本主義経済では、投資の変動が大きいことが特徴ですが、それは資本の限界効率を規定する企業経営者達が、冷静な将来予測を元に投資計画を練っているというよりは、いわば動物的な勘（アニマル・スピリット）のようなものに頼っていることが一因です。さらに、そういった投資に対して資金を提供する、資金提供者も合理的に投資プロジェクトを評価するというよりも、後述の注 4 に示すように、付和雷同のような行動（美人投票の原理）に則っているために、バブルを引き起こしたり、それを崩壊させたりしてしまうということになるのです。このように、ケインズは多様な行動様式をもつ人々が、不確実な将来を前に行動することから、資本主義が必然的に不安定になることを見事に描ききったのです。

● ケインズ経済学の普及

　ケインズは、『一般理論』を書き上げる約 1 年前に、友人の劇作家バーナード・ショーに宛てて、「私は今、人々の経済に対する見方を一変するような──直ちにではないにしても 10 年ほどの内に──経済学の本を書いています」と書き送っています。そして、ケインズの自信に満ちた予言は、まさに実現することになり、10 年を待たずに世界を席巻することになりました。

　では、なぜここまで急速に普及することができたのでしょうか？　ケインズの『一般理論』は、非常に難解で、今日マクロ経済学であれば当たり前のように出てくる図表類は出てきません。投資関数がシフトした場合に所得の変化を通じて貯蓄関数もシフトするので、両者が利子率を決定するわけではないという文脈でのみ、グラフが一つ出てくるだけです。ケインズは同書の冒頭に「本書は主として、私の仲間である経済学者たちに向けて書かれたものである」と宣言している通り、『一般理論』は抽象的でかつ論争的でした。ですので、そのままであれば、普及は相当難しかったでしょう。

　ケインズ経済学が広がるためには、簡潔な解説書が求められていたと言っても間違いありません。実際、1937年にイギリスの経済学者ヒックスが「ケインズと『古典派』」（📖）と題する論文を発表しました。これは今日ではIS-LM図として知られるツールで、ヒックスとしては一般均衡理論の公式でケインズ理論を説明する意図があったと言えます。しかし、より重要なのは、サミュエルソン『経済学』（1964、第6版📖）という学生向けの教科書が出版されたことです（初版1948）。同書には、どの教科書にも出てくるなじみ深い45度線図が導入され、ケインズの所得決定論が図式的に理解できるようになりました。また、同書はアメリカ本国でベストセラーになるだけでなく、日本語版も含めて各国語に翻訳されることで、世界中にケインズ経済学を普及させる一翼を担ったと言えます。

● 新古典派総合

　ケインズ経済学は登場した当初こそ、多くの反発を受けましたが、第二次世界大戦後には、世界的な正統派の地位を獲得するようになりました。ここに至って、ケインズ経済学＝マクロ経済学という図式が定着したと言ってもよいでしょう。

　特に、アメリカで1946年に雇用法が成立し、政府が最大限の雇用を確保する責任があることが明記されました。また、それに伴いCEA（大統領経済諮問委員会）が設置されることになりました。これは、経済学が公式に経済政策に対してアドバイスするという回路が設けられたということだけにはとどまりま

せん。ケインズ以前の経済学は原則として市場に対して介入すべきではないという姿勢が当たり前だったのが、今や政府が経済の安定的な運行に対して責任をもつべきであるという立場に 180 度転換したからです。事実、第二次世界大戦が終わると同時に、アメリカを中心とする資本主義諸国とソビエト社会主義共和国連邦（ソ連）を中心とする社会主義（共産主義）諸国が、お互いの体制の利点を競い合うという「東西冷戦」が始まりました。1929 年の大恐慌の影響を受けなかったというソ連に対抗するためには、アメリカとしても安定的な経済の運行の維持は最重要課題となったわけです。他方で、アメリカは個人の選択の自由が保障される市場メカニズムに資源配分を任せる国でもあります。言ってみれば、不況を避けつつも個人の営業の自由も確保しなければなりませんでした。どのように折り合いをつけるか、これも重要な課題となりました。

　それを解決したとされるのが、サミュエルソンが提唱した「新古典派総合」という考え方でした。簡単に言ってしまえば、価格がすぐに調整されない短期については、不均衡が生じうるのでケインズ経済学が正しいとし、逆に、長期的には価格調整が十分に行われ均衡状態を実現できるので、伝統的な古典派経済学──ケインズのいうところの「古典派経済学」（☞コラム⑨「経済学の呼称と定義」）──が適用できるというのです。現在でもこのような二分法の説明をするマクロ経済学の教科書の方が多数派と言ってもよいでしょう。

● ケインズ反革命

　新古典派総合の経済学は、1960 年代の前半まではうまく行きました。実際、1960 年代のケネディおよびジョンソンの民主党政権下での CEA メンバーは、新古典派総合の経済学者が占めていました。ところが、1960 年代後半にさしかかってくると、雲行きが怪しくなり、インフレ率が徐々に高まるという状況になってきました。これは、当時アメリカがとっていた政策に原因があります。一つがベトナム戦争への介入で、膨大な政府支出を必要としていました。もう一つは、ケネディ大統領暗殺後に大統領になった L. ジョンソン大統領が掲げた「偉大な社会」政策でした。こちらは、アメリカ国内にあるさまざまな格差を取り除こうとする政策であり、やはり公的支出を多く必要とし、過大な需要

が発生し続けました。その結果、徐々にインフレ率が高まっていくことになったのです。また、このことは固定為替相場のいわゆるブレトンウッズ体制の下で生じましたので、ドルが次第に過大評価される状況を作り出し、アメリカの貿易収支を赤字に向かわせることになりました。それが、1971年のニクソンショックにつながり、さらに1973年の第一次オイルショック、1979年第二次オイルショックが起こるに及んで、インフレーションと同時に不況も生じるというスタグフレーションに悩まされることになりました。これは、アメリカに限った話ではなく、日本でも高度経済成長が終焉し、低成長時代を迎えることとなりました。

　新古典派総合の経済学が、この状況に対応できないということに対して、政治的、学問的両面から批判が上がるようになりました。1971年のアメリカ経済学会に呼ばれたケインズの弟子であるロビンソンは、「経済学第二の危機」と題する講演を行いました。彼女によれば、「経済学第一の危機」とは、1920、30年代の大量失業を解決できなかったことですが、これはケインズによって解決されたと言います。しかし、1960年代からのインフレーションは、過大な需要が問題だったわけですが、その中身つまり戦争のための支出と貧困対策の支出について、経済学が適切な判断を下せないことを鋭く指摘したのでした。

　ところが、理論的な進展は、ロビンソンの思惑とまったく逆の方向に進むことになりました。つまり、大きくなりすぎた政府に対する反動から、ケインズ経済学の考え方を全否定し、市場メカニズムを重視する「新しい古典派経済学」とでも呼ぶべき理論が、表舞台に立つようになったのです。彼らの名前に「古典派」が入っているのは、最終的な政策命題でもある、できるだけ市場メカニズムに任せ、政府は介入すべきではないという点が一致しているからです。

　最初に狼煙を上げたのは、**フリードマン**率いるマネタリズムでした。フリードマンは、共同研究者の**シュウォーツ**とともに、世界各国のデータを集め、名目所得が増加するのに先だって、必ず貨幣量の増加があることを突き止めました（『米国金融史 1867-1960』1963 📖）。さらに、名目所得の増加は当初は実質所得の増加となっていますが、やがて物価の上昇へと解消されることも発見しま

した。それで「インフレーションは常にかつどこにおいても貨幣的現象である」という有名なマネタリズムの命題が導き出されました。また、1960 年代までのケインズ経済学のよりどころであった、インフレ率と失業率の安定的な逆相関関係を示すフィリップス曲線が不安定になっていることを、ケインズ経済学はうまく説明できませんでした。しかし、フリードマンは期待を導入したフィリップス曲線というツールを使うことで、説明することに成功したのでした。

　フィリップス曲線は、もともとは名目賃金の変化率と失業率の関係を示したものですが、ここではインフレ率 π と失業率 u の関係として表しましょう。ここで、失業率 u が低い時には、これ以上生産を増やす余地が少ないので、需要が増えても、生産量は増えにくく物価が上昇しやすいと考えられます。したがって、u と π は逆相関を示します。ところが、この関係が1970 年代に入ると不安定になりました。この関係は以下の式で表されます。

$$\pi = f(u) \tag{5}$$

　フリードマンはフィリップス曲線を(5)式ではなく(6)式のように、失業率 u と実際のインフレ率 π と期待インフレ率 π^e の差の関数としてフィリップス曲線を再定式化したと考えることができます。

$$\pi - \pi^e = f(u) \tag{6}$$

　例えば、最初に実際のインフレ率 π と期待インフレ率 π^e が一致し、(6)式の左辺が 0 の状態から出発しましょう。ここで、政府が貨幣数量の増加率を上昇させると、実は一般的な物価上昇なのに特定の財の価格上昇と錯覚することにより、企業は供給量を過剰に増やしてしまい、失業率 u は小さくなります。このとき、(6)式の左辺、実際のインフレ率 π と期待インフレ率 π^e の差が大きくなっていると考えるわけです。しかし、それはあくまでも錯覚によるもので、やがて人々は一般的な物価上昇であることに気づいて、実際のインフレ率 π に期待インフレ率 π^e を一致させるようになり、(6)式の左辺は再び 0 になります。その結果、失業率 u は元の水準に戻るようになります。このときの失業率の

水準のことをフリードマンは「自然失業率」と名付けました。人々が錯覚を起こす、つまり実際のインフレ率 π と期待インフレ率 π^e が不一致の時に、失業率は自然失業率水準から離れますが、人々の期待が正しい方向に改訂されると、自然失業率の水準に戻るというわけです。

　しかし、本来であれば、そのような経済の変動はないに越したことはありません。マネタリズムにとって、インフレーションは貨幣的現象なわけですから、インフレ対策も貨幣的な政策ということになります。具体的には、k%ルールと呼ばれる、貨幣数量の増加率を潜在的な経済成長率に一致させ固定するという政策を提唱しました。そうすれば、経済は物価水準が落ち着き、安定的な成長を遂げることになるでしょう。

　このフリードマンの考え方をさらに推し進めたのが、**ルーカス**の合理的期待形成仮説でした。フリードマンの議論では、人々は政府の貨幣量の増加に伴い一旦錯覚して不合理な行動を取ってしまいますが、本当に合理的な経済主体であれば、いずれそのようなメカニズムを理解し、正しくインフレ率を期待することで、もはや錯覚を起こすこともなくなるでしょう。言い換えると、常に実際のインフレ率 π に期待インフレ率 π^e が一致するようになり、(6)式の左辺が0に保たれ、失業率は自然失業率から離れないということです。そうなると、人々は政府の裁量的な政策には「だまされる」ことがなくなるため、政府が人為的に失業率を引き下げるなどの政策は不可能になるに違いありません。これが有名な「政策無効命題」ということになります。

　反ケインズ経済学の流れはここにとどまらず、さらに実物的景気循環理論にまで行き着きます。この考え方では、そもそも経済は常に均衡状態にあるとします。そのうえで、実際に生じている景気変動は均衡状態自体の変動だと見なします。例えば、失業率の変動が観察されるとしても、経済状態が何らかの不調に陥ったことによって発生するのではなく、自然失業率自体が生産関数の技術的な変化や人々の嗜好の変化によって、変動しているとするのです。実際、これらの新しい古典派経済学は、一定の生産関数を前提として、合理的経済主体の選択から議論が始まるように組み立てられています。経済主体が将来を見据えて、どれだけ貯蓄をし、どれだけ働くかを決めるところから議論が進めら

れるため、需要が果たす役割はほとんどありません。さらに、市場メカニズムの調整力が強く、常に均衡状態にあるとしていますので、そもそも「非自発的失業」は論理的に存在し得なくなります。実際に失業している人は、より好ましい条件の働き口を探しているジョブサーチと解釈されることになるわけです。このように聞くと、非常に極端すぎると感じる人も多いかもしれません。しかし、さまざまな制約があるにせよ、その制約下で主体的に選択する合理的経済主体から出発する限りは、逆に非自発的失業や不均衡状態を表現しにくくなるのも事実です。

　もちろん、このような経済学の進化に対して、必ずしも肯定的な見方ばかりではありません。アメリカの代表的ケインズ主義の学者**トービン**の下で学んだ吉川洋は以下のように言います。

　　過去 25 年間でマクロ経済学はすっかりその姿を変えた。かつてはマクロ経済学＝ケインズ経済学、ミクロ経済学＝新古典派経済学であったが、今ではマクロ経済学においても新古典派理論が花盛りである。……こうしたマクロ経済学の変化をどのように評価すべきか、アメリカを中心とする学界のメイン・ストリームは、もちろん過去 25 年間でマクロ経済学は大変に「進歩」した、と高く評価してきた。しかしながら、本書の立場は正反対である。

（吉川洋『現代マクロ経済学』[*]「まえがき」）

● ニューケインジアン

　しかし、いかに「新しい古典派経済学」の立場の人たちが、実際にある景気循環が均衡状態の変動にすぎないと言っても、現実問題として景気が悪くなって困っている人がいるのも事実です。そこで、ある意味より現実的な立場をとる人たちも出てきました。

　ただ、経済主体の合理的行動から説明をしなければならないという流儀に則っている新しい古典派経済学者には、新古典派総合の考え方のように、アドホック（つじつま合わせ）に価格硬直性を仮定するだけでは、対抗できません。

　そこで、ニューケインジアンと呼ばれる人たちは、価格硬直性が生まれる状況を経済主体の合理的な行動から導くことに成功しました。例えば、メニューコスト論などがそれに当たります。メニューコストというと、文字通り、レストラン等でメニューの書き換えが大変だというのも含まれますが、実際にはもっと広範な契約更改に伴う取引費用などのコストが含まれています。また、産業組織論には、価格硬直性をうまく説明する屈折需要曲線という考え方がありますが、これをニューケインジアンなどという言葉が存在しない1960年代の段階でマクロ経済学に**根岸隆**が応用しています。このように、価格硬直性の存在を合理的に説明してマクロ経済学に接続することができれば、後は簡単に、失業状態の存在や過少雇用均衡GDPの存在を示すことができます。このような状態が、各経済主体の合理的な行動の下でも生じるのであれば、政府の出番が正当化されるということになります。

　ただ、小さな政府という政策命題がたまたま一致するから、新しい古典派経済学が「古典派」を名乗るのと同じく、裁量的政策が有効であるというケインズ経済学の政策命題と一致しているから、ニューケインジアンが「ケインジアン」を名乗っているとも言えます。実際、ニューケインジアンのアプローチは多岐にわたり、一貫性のある体系とは言いがたいところがあります。ですので、ケインズ経済学とニューケインジアンは同じアプローチだとは考えない方がよいと言えます。

●ケインズ経済学再論

　圧倒的な影響力を誇り、いったんは世界を席巻したケインズ経済学が、その後ケインズ反革命とも呼ばれる流れのなかで、次第に異端へと追いやられていきました。この原動力の一つは、社会の変化にあることは間違いありません。第一次世界大戦後のイギリスの大量失業時代、1929年恐慌以降の世界的な経済の混乱は、需要不足を説明するケインズ経済学をはじめとする、国民所得決定論を求めました。さらに、1970年代からのインフレーションやスタグフレーションの時代は、供給力が再び問題にされ、ケインズのいうところの古典派経済学の復権をもたらしました。このように、社会の変化と共に、求める課題も

変化しますので、対応する経済学も変わっていくことは自然な流れとも言えます。

　もう一つは、方法論的な展開をあげることができると思います。マクロ経済学における主流派の交代を引き起こすもう一つの軸は、その経済理論がもっている方法論的な特徴があります。ここで、この章の初めのところの問い、「マクロ的」視点とは何かを、もう一度考えてみましょう。

　19 世紀に、自然科学は大きな転換があったと言われています。そのなかの一つに、アトミズム（要素還元主義）——物事は、細かく要素に分解していくことで理解できるという考え方——からの脱却があります。例えば、ミクロ、マクロという分析視角を使い分ける他の科学分野として、熱力学があります。熱いものと冷たいものを一緒に接しておいておけば、やがてどちらも同じ温度に近づいていくという現象は、個々の分子レベルを丁寧に調べてもうまく説明できません。そういった分子がたくさん集まって相互に作用を及ぼしている状態——系——は、マクロそのものとして扱わざるを得ないのです。実は、ケインズ経済学も経済体系をマクロとして、つまり個々の経済主体の振る舞いを足し合わせるというよりも、それらが集まった集合的な振る舞いとして捉えている部分が多々あります。細かなことを言えば、ケインズは『一般理論』の第2章で古典派の第1公準「賃金は労働の限界生産物に等しい」を認めており、企業側の労働需要を導き出すに当たって、まさしくミクロの行動から接近しているのは事実です。しかし、社会全体の傾向として表される消費関数に加え、『一般理論』の第4編「投資誘因」で展開される「美人投票の原理」[4]と呼ばれる議論は、もはや個々の投資家の行動原理だけでは説明しようがありません。彼らの相互作用を前提にしなければ成り立たないメカニズムです。そういった

3　熱力学には、第1法則から第3法則まである。これらはいわゆるエントロピー増大の法則を示すものである。

4　投資家が投資対象を決めるときに、合理的な計算に基づくというよりも、他の投資家がどのように行動するかに気を配り、しかも他の投資家も同様に他の投資家に気を配るということが生じるため、結果的に付和雷同の状況になってしまうということを指す。ケインズの活躍した時代のタブロイド紙、日本で言えば夕刊紙にあたるが、そこでの人気企画「美人投票」になぞらえてケインズが説明したので、「美人投票の原理」と今でも呼ばれている。

意味では、ケインズ理論はやはりマクロ的な視点が前提となった議論だと言えるでしょう。だからこそ、個人の主体的な消費と貯蓄の選択というミクロ的基礎付けが盛り込まれていないとして批判を受けたのでした。

　では、このような着想をケインズは一体どうやって得たのでしょうか？　これについては多くの研究者がイギリスの分析哲学の創始者の一人である**ムーア**の影響を指摘しています。ムーアは、それ以前の単純な功利主義的な考え方、絶対的理想主義を否定しました。ここで深入りはしませんが例えば善というものを、要素に分解して足し合わせるということは不可能だとしたわけです。では、どうやって善を判別し、理解するのか？　ここを直感に頼るという考え方です。個々の経済主体の行動を足し合わせるだけでは、全体の振る舞いを理解することはできません。「合成の誤謬」という言葉は、個々の合理的行動を足し合わせても、社会全体の合理的利益につながらないことを示す端的な例と言えます。そう考えると、そもそもケインズ経済学に対して、ミクロ的な基礎付けを求めること自体が、ナンセンスとさえ言えます。

　伊東光晴『現代に生きるケインズ[＊]』によれば、『一般理論』は「妥協の書」だそうです。ケインズの弟子に当たるカーンが、他の経済学者を説得するために、限界原理など、これまでに馴染みのある説明原理を用いた方がよいとケインズに勧めました。たしかに、先述の古典派第1公準の受容などに見られる通り、マクロ的な見方の不徹底があります。そして、そのことが結果として後のケインズ理解をゆがめたというのです。このあたりの当否については、研究書を参考にしてもらうとしても、ケインズがアトミズムに連なる方法論的個人主義に収まりきらない体系を築いていたのは間違いありません。

　マクロ経済学におけるケインズ革命を、経済学における新しい科学主義の導入すなわちアトミズムの超克だったのだと捉えると、その後のケインズ反革命は元の還元主義への後退とさえ言えるのかもしれません。[5]

　歴史に*if*はないとはよく言われることです。ですが、もしもケインズが1936年に『一般理論』を出版しなかったら、実は本当の意味での「マクロ的」

─────────

5　そうだとすると、どうして経済学というのはそこまで方法論的個人主義に執着しようとする傾向があるのか、解明が求められる。

な経済学は結局現れることなく、政策的にはケインズ経済学とほぼ同様の提言
はしますが、方法論的個人主義というアトミズムの域から出ないニューケイン
ジアンが古典派から間髪をおかずに出現したかもしれません。

より深く学習したい人のための文献リスト（50 音順、＊は本章内で参照されている書籍）

＊伊東光晴『ケインズ——"新しい経済学"の誕生』岩波新書、1962 年。

＊伊東光晴『現代に生きるケインズ——モラル・サイエンスとしての経済理論』岩
　　波新書、2006 年。

　只腰親和・佐々木憲介編『経済学方法論の多元性——歴史的視点から』蒼天社、
　　2018 年（特に第 10 章）。

　根井雅弘『現代アメリカ経済学——その栄光と苦悩』岩波書店、1992 年。

　吉川洋『ケインズ——時代と経済学』ちくま新書、1995 年。

＊吉川洋『現代マクロ経済学』創文社、2000 年。

第11章

ミクロ経済学は何を説明してきたのか
——情報と合理性を巡る 150 年間、限界革命から行動経済学まで——

江頭　進

　本章では、ミクロ経済学の発展の歴史を、三つの観点から概観した後、ミクロ経済学が説明対象としたものと、その説明に実際に成功しているのか否かについての検討を行います。ここでは、部分均衡と一般均衡、規範性と実証性、そして合理性と非合理性の三つの観点から、ミクロ経済学の発展史を示します。

　現代の日本の大学で経済学を学ぶ学生たちにとって、ミクロ経済学の教科書の最初で学ぶ「選択」概念になじめるかどうかが最初のハードルになります。現代の主流な経済学は、ある時点での経済主体（個人や企業、政府など）が選択した行為の相互関係から、経済現象を説明します。個人の場合は、選択の基準となるのが個人に内在する満足度、すなわち効用ですし、企業の場合は利潤とされます。

　選択の説明には、通常は簡易化された 2 財モデルが使われます。この時に、限界概念や代替・補完概念といった日常生活ではなじみのない考え方が次々と示され戸惑った経験のある人も多いと思います。ミクロ経済学に興味を覚えるか否かは、実は経済学の講義の最初に教え込まれるこれらの概念を理解できるか否かにかかっているといっても過言ではありません。

　もちろん、現代経済学が選択理論になっていること、ミクロ経済学の最初にこの説明が置かれることには理由があります。ここでは、この理由を経済学の発展の歴史的経緯からみていきましょう。

　現代経済学の出発点は、1870 年代にイギリス、フランス、オーストリアで

起こった限界革命です。イギリスの**ジェヴォンズ**、フランスの**ワルラス**、オーストリアの**メンガー**の３人は、お互いにそれぞれの研究を知ることなく、ほとんど同じ時期に、主観的効用と限界原理の基づいた経済理論を発表しました。

　限界革命期以前の経済理論は、労働価値説と呼ばれる価値論に基づいて構成されていました。**アダム・スミス**に始まり、**リカードウ**、**マルクス**らは、財の価値をその財を生産するときに投じられた労働力の量で測ることができると考えました。この考え方には、三つの前提があります。一つは、財には「真実の」価値があるという前提です。言い換えれば、ある社会の富が、一元的な尺度で測ることができる財の価値の合計であるという考え方につながります。一元的な尺度で測ることができるということは、価値をその財を誰がいつどこで使うかといった状況に左右されることなく、客観的に捉えることができることを意味します。二つめは、そのような客観的な価値は、労働によってのみ生み出されるという前提です。価値が労働によってのみ生み出されることを認めるとすると、社会の富の源泉は生産活動にあることになります。三つめは、労働によって生み出された客観的価値は、市場で成立する価格とは必ずしも一致しないという前提です。そのため市場での需給関係で決まる価格は、社会の富の正確な指標になりえないことになります。マルクスは価値と価格の乖離のなかに資本主義の問題点を見出しました。これらを前提にしたものが労働価値説です。

　しかし、限界革命で提出されたのは、この三つの前提とは正反対のものでした。まず、価値は財のなかに内在するものではなく、それを観察する人の意識のなかにのみ存在すると考えられました。それは、ものを消費することで得られる満足感であり、経済学のなかでは効用と呼ばれます。人々は、自分の効用をよく知っており、自らの欲望と予算制約に基づいて自由に売買の選択を行います。そして、自分の欲しいものを持っている人が自分の持っているものを欲しいと思えば、交換が成立することになります。その際の交換比率が価格と呼ばれるものです。このように現代経済学は人の主観から出発し、矛盾なく市場価格を説明できます。言い換えれば、現代経済学は市場に起きる現象を中心に取り扱う学問なのです。そこには、客観的に測ることができる労働のような概

念を仮定する必要がありません。人は自分の心のうちのみに従って、市場での選択を行えばいいわけです。

　経済主体の選択にすべてを還元する主流派経済学の観点には、マルクス経済学や制度派経済学から、社会のなかの重要な要因を取りこぼしているという批判が投げかけられてきました。しかし、個人の選択以外に個人の行動を決定する要因があったとしても、それを特殊な外部要因として初期条件のなかで整理してしまうことで、現代経済学は一貫した理論体系を構築することに成功したのです。

　経済理論内部に限って言えば、現代ミクロ経済学の核の頑健性と防御帯の厚さは比類のないものとなっています。ミクロ経済学に対しては、これまで100年以上に渡ってさまざまな批判が投げかけられてきましたが、その批判自体を次々と内部に取り込むことによって成長し、その中心にある教義を守り続けてきたのです。

　問題は、経済学が最初に目指したもの、すなわち現実の経済現象を的確に説明し、それに問題がある場合にはその解決方法を提示するという学問としての機能が達成できているか、という点にあります。一つの閉じた学問体系として無矛盾であったとしても、経済学は数学とは異なり、内部で完結できる学問ではありません。本章の目的の一つは、現代ミクロ経済学の到達したものが、経済学の当初の目的に貢献しているのか否かを検証することにあります。

● 部分均衡と一般均衡

　ミクロ経済学は、言うまでもなく現代経済学の中核を占める分野ですが、その基本概念は古典力学から借りたものでした。19世紀末に始まった経済学の近代化の一つの目玉であった限界概念の経済学への導入は、前出のメンガー、ジェヴォンズ、ワルラスという3人の経済学者で象徴されます。限界概念自体は、リカードウの地代論などにも見られ、1870年代に初めて現れたわけではありません。地代論だけでなく、効用概念も、1854年のゴッセンの議論のな

1　「核の頑健性と防御帯の厚さ」については、第12章のラカトシュの議論の説明を参照のこと。

かにすでに限界概念が見られることはよく知られています。しかし、リカード
ウやゴッセンの議論をつなぎ合わせてみても、ミクロ経済学になるわけではあ
りません。また、ジェヴォンズやメンガーの議論ですら、現代のミクロ経済学
の教科書との共通点を見つけ出すことは難しいと言えます。限界革命のトリオ
のなかで、唯一ワルラスの一般均衡という概念のみが全体として現代に引き継
がれています。このことからも、19 世紀末の主観概念や限界概念と並んで、
均衡概念が、現代経済学にとって重要であることがわかります。

　現代経済学の均衡概念には、大きく分けて一般均衡と部分均衡があります。
両者は必ずしも矛盾するわけではありませんが、その歴史的な発展過程には大
きな違いがあり、それが両者の性格の違いにも反映されています。

　一般均衡理論は、市場の参加者が、自分の効用や生産能力と価格情報を完全
に知っているという理想状態において、社会のなかに存在するすべての財・
サービスの需要と供給を一致させる価格の集合が一意に決定できることを証明
した理論です。すべての財・サービスの需給が一致しているということは、市
場に参加するすべての人の効用が一定条件の下で最大化されていることを意味
します。つまり、一般均衡状態では、個々の個人も最適な状態にあり、全体で
見ても資源配分が最適化されているというわけです。市場の自由な取引の結果
として、理想的な社会が実現する可能性が数学的に証明されたことには社会思
想的にも意味がありました。

　それは、経済社会の基本システムである市場が、人類の幸福にとって有効で
あるという点にありました。経済取引としては、互酬や贈与などの他の形態も
あり得るわけですが、現代社会では市場交換が主流です。アダム・スミスは市
場を通じて社会的な分業が行われ、そのなかで人々が利己心に基づいて行動し
ても、全体としてはうまくいくことを「見えざる手」と表現しました。一般均
衡理論はこの「見えざる手」の数学的な証明であり、自由市場社会の優位性を
示すものでもあったのです。[2]

2　一般均衡理論の解釈として、自由市場主義的解釈とは正反対のものがある。ワルラスは
　『純粋経済学要論』（1874 □）のなかで、一般均衡理論の理論的展開だけでなく、実際の市
　場のなかで行われている調整についても論じているが、そこでは、市場の取引を成立させる

　しかし、ワルラス自身の証明は不正確なものであり、均衡解の存在証明の完成には、1950年代の**アロー**と**ドブリュー**の研究「競争経済の均衡の存在」(1954📖)を待たなければなりませんでした。

　一般均衡理論自体は、経済主体の合理性や不確実性がない世界といったさまざまな非現実的な仮定が置かれており、それ自体が現実の経済を直接描写したモデルであるとは考えられることはあまりありません。後述するように、一般均衡理論は、経済学の規範性、つまり現実の状態が理想状態からどれだけ外れているかを示すベンチマークとして主に用いられます。

　他方で、ミクロ経済学とマクロ経済学の接合を考えたとき、一般均衡理論は経済のなかに存在するあらゆる市場が包含されているわけですから、マクロ・モデルと同義であると考えることができます。これは**サミュエルソン**による新古典派総合以前から、**ヴィクセル**や**ハイエク**のような一般均衡理論を用いて、景気の変動を研究していた研究者の間では一般的な考え方でした。この流れで言えば、**ジョン・メイナード・ケインズ**の『雇用・利子および貨幣の一般理論』(1936📖)は均衡理論と一線を画したという点で特異な存在であるとも言えます。それが、サミュエルソンによって、再び元にもどったということもできます。

　一般均衡理論の登場とほぼ同時期に、イギリスの**マーシャル**や**エッジワース**らも現代経済学誕生において大きな貢献をしました。彼らは、ワルラスのような一般均衡ではなく、一つひとつの独立した市場の交換に注目した部分均衡という概念を用いて、経済学の体系を構築しました。マーシャルの経済学の出発点は、リカードウらの古典派の生産理論を、限界概念を使って再解釈すること

「競り人」の存在が仮定されている。オークションのような市場で、均衡価格を成立させるために重要な役割を果たすのが競り人であり、その役割は、需要側と供給側が出した条件を見て取引の成立を宣言することにある。ところが、現実の市場には必ずしも競り人が存在するわけではない。これは、逆に言えば、競り人の役割を果たす存在がいれば「均衡価格」を成立させることができるということをも意味する。ワルラス自身も社会主義的な傾向が強い人物であり、この競り人の過程は社会主義国家の政府の役割であるとする研究もある（荒川『思想史のなかの近代経済学*』)。実際、ワルラスの影響を受けたイタリアの経済学者バローネは、社会主義国家における経済計算の可能性を一般均衡理論によって示し（「集産主義国家における生産省」1908📖)、それが社会主義経済計算論争の口火となる（☞コラム⑤)。

にありました。特に『経済学原理』（1890 📖）では、まず生産概念に対して焦点が当てられ、技術的に決まる生産関数をもった個々の企業が合理的に行動する場合の、財の供給関数が導出されます。そして、同じ分野の企業の供給関数が合計される形で、市場全体の供給関数が示されます。しかし、マーシャル理論のなかではあくまで1財の市場の理論に留るのです。

　他方で、エッジワースの経済理論を代表する考え方として、契約曲線という概念があります。これは、二人の経済主体の間で財が交換する場合に、互いに相手の効用を下げないままに自分の効用を上げることができないような均衡点をつないだものです。この契約曲線上では、互いの効用がパレート最適（☞コラム⑧「基数的効用と序数的効用」）になっています。

　マーシャルやエッジワースの理論のなかには、短期や長期の概念、費用関数やボックスダイアグラムの考え方など現代でも使われる重要な概念が含まれています。また、部分均衡理論を、一般均衡理論のなかに矛盾なく位置付けることも、いくつかの仮定を置けば数学的には可能です。しかし、マーシャル自身は、経済学を一般均衡理論上で展開することにはあまり興味がありませんでした。アメリカやイギリスの産業の実例を見て回った多くの経験のあるマーシャルにとって、数学的に洗練された一般均衡理論が、経済学の発展にとってそれほど有意義であるとは考えなかったからです。

　部分均衡理論では、観察対象となる市場や経済主体を限定し、その範囲内での行動とその帰結を観察することになります。一般均衡理論に比べて、議論がシンプルになり、目的とする市場の説明としては明快であり、また経済主体などに限定合理性などの仮定を設定しやすいという利点があります。しかし、その後の歴史を見れば、マーシャルの企業の議論は、ミクロ経済学の教科書のなかの供給側（生産側）の理論に組み込まれ、一般均衡理論の前段階として扱われるようになります。1980年代に至るまでは、ミクロ経済学の理論は、一般均衡理論であり、さまざまな応用研究もその枠内で行われるべきであるとされました。

　その状況を大きく変えたのが、経済学へのゲーム理論の本格的な導入でした。ゲーム理論の登場自体は古く、起源は1928年のフォン・ノイマンの論文「社

会的ゲームの理論」（□）およびモルゲンシュテルンとの共著『ゲーム理論と経済行動』（1944 □）まで遡ることができます。フォン・ノイマンとモルゲンシュテルンは、マーシャルとは異なり、経済学のなかでの数学の積極的利用を主張します。それまでの経済学（一般均衡理論を含む）のなかの数学の利用は不正確で、事実についての経験が不足しているため、有効な活用ができていないという判断があったのです。

　一般均衡理論では、他の経済主体が、こちらがどのような行動を採るかにかかわらず、同じ行動を採ることが仮定されています。しかし、ゲーム理論では、プレイヤーは他のプレイヤーの選択を互いに予想しながら、自分の戦略を決めることになります。複数の経済主体間に合意が形成されていることを前提とするものを協力ゲーム、合意がないものを非協力ゲームと呼びます。協力ゲームの場合は、相手の意思とこちらの意思が一致することになりますが、非協力ゲームでは自分の意思決定は他人から独立になるので、相手の協力をあてにできません。

　ノイマンとモルゲンシュテルンは、経済社会のなかでの企業家の行動を理解するためには、自分が得た情報に基づいて他者の行動を予測するようなプレイヤーの相関の結果成立する均衡点を分析することが必要であると考えました。

　しかし、ゲーム理論は、サミュエルソン「消費者行動の純粋理論に関するノート」（1938 □）などにより経済学のなかから放逐された基数的効用関数に基づいて構成されていました。基数的効用とは、人々の効用が数量として表現できると考える効用概念です（☞コラム⑧）。効用が基数的であれば、他者と比較したり、異なる人々の効用を足し合わせて、全体の厚生を考えたりすることができます。ところが、効用はあくまで個人の主観的な満足度を表すものです。それを比較したり足し合わせたりすることに対して、早い時期から疑念が呈されていました。効用が主観的な概念である限り、個人の内部で効用の大小が決められるだけであり、個人間の比較はできないというのが、イタリアの社会学者・経済学者でありワルラスの後継者でもあるパレートや、アメリカのフィッシャーの主張でした。

　これに対して、主観的な序数的効用から、消費関数が導き出せるのかという

再反論がなされます。基数的効用と序数的効用のそれぞれの支持者の間の論争に最終的な決着をつけたのが、サミュエルソンらの提示した顕示性選好理論でした。それは、2回の観察された消費行動から一意な消費関数が導出できることを証明したのです。これにより、基数的効用を仮定しなくても、従来の経済理論と矛盾しない消費者理論が完成したと考えられていました。

　一般均衡理論の完成が主要な目的であった当時のミクロ経済学のなかでは、わざわざ先祖返り的な概念である基数的効用に立脚するゲーム理論はあまり活用されていませんでした。1960年代までのアメリカでのゲーム理論の研究の中核はRAND研究所でしたが、基礎的な理論研究の他は、政治学や組織研究内での活用に重点が置かれていました。

　しかし、その間に、ナッシュが、1950年にその後のゲーム理論の核となるナッシュ均衡の概念を提出し、「非協力ゲーム」(1951 📖) という論文において、すべての協力ゲームが非協力ゲームで表すことが可能であると主張します。ゲーム理論は、その構造から、情報の不完全性や不確実性をモデルのなかに導入しやすく、これらの概念を導入した瞬間に均衡解の存在条件が崩れてしまう当時の一般均衡理論に比べて、より現実を描写するモデルとして有効であると考えられるようになっていきます。

　ゲーム理論を用いたモデルはその特性から、部分均衡理論になります。例えば、1980年代末から1990年代初頭にかけて、産業組織論のなかで流行した「事実上の標準」(de facto standard) 問題やシステム互換性問題のモデルは、一つの財・サービスに対する需要と供給の技術的特性と情報の不完全性、限定合理性を考慮したものとなっています。しかし、そのなかでは、せいぜい二つ程度の市場を含めたモデルに過ぎません。また公共財の自発的供給問題でも、取り扱われる財・サービスに関しては一つに絞られているのが普通です。

　部分均衡理論の一つの問題点は、マクロデータが主流だった1970年代の経済データでは、モデルの妥当性の検証が難しく、アドホックなモデルの登場を防ぎにくかったという点にありました。GDPにしろ、失業率にしろ、貿易量にしろ、金融取引量にしろ、公的に収集されるデータはすべてマクロデータであり、計量経済学の焦点はマクロなデータの分析にありました。マクロデータ

によりモデルを検証するためには、モデルをマクロ経済と接合しなければなら
ず、そのためにはミクロ経済学も一般均衡理論の俎上で議論しなければならな
かったのです。つまり、ミクロ経済学は、ゲーム理論を導入することによって、
最初に置く仮定をより「現実」的なものに置き換えようとしましたが、仮定を
組み合わせて構築されるモデルが現実を説明するものなのかどうかを示す際の
困難があったわけです。

　その状況が大きく変わるのは、1990年代になって盛んになった経済学の実
験室実験、その後に発達したフィールド実験の登場によります。経済学実験の
起源も古く、例えば、1948年にはチェンバリンが、実際の市場が完全競争均衡
から乖離する様子を検証するためにカードゲームを用いた実験を行っています
（「実験的不完全市場」📖）。

　しかしながら、長らく経済学実験は経済学の主流にはなり得ませんでした。
一般均衡理論全盛のなかでは、限られたサンプルで部分均衡モデルを検証する
ことには意味がないと考えられていましたし、また経済学実験の標準的な手法
自体が確立していなかったからです。

　しかし他方で主観的モデルにおいて情報の完全性や合理性の仮定を置いた一
般均衡理論的な手法には、繰り返し疑問が呈されてきました。解の存在証明を
完了した一般均衡理論は、その体系自体は美しいものでしたが、現実の社会を
描写する道具としては適切ではないケースがしばしば指摘されてきたのです。

　それに対するミクロ経済学内部からの反省と回答が、ゲーム理論と経済学実
験の導入であると見なすことができるでしょう。先述したように、経済学に心
理学実験を導入しようとする試みは以前から試みられてきましたが、21世紀
に入って、セイラーやカーネマンの研究が注目されるようになり、ゲーム理論
と経済学実験を組み合わせた行動経済学は、瞬く間に経済学の主流に上り詰め
ることになります。

　さらに厳密にコントロールされたランダム化比較試験（RCT）の登場ととも
に、通常の心理学実験のような実験室実験から舞台を実際の社会に移した実験
が行われるようになってきました。経済学実験は、金銭的インセンティブを設
定するため、通常の心理学実験よりも結果が頑健であるとも考えられています。

　しかし、近年、行動経済学あるいは経済学実験の再現性についても批判が投げかけられています。これは心理学実験の査読付きジャーナル掲載論文のうち30％しか再現性がないという問題に端を発したものであり、日本でも行動経済学者らによる「行動経済学の死を考える」シンポジウムが2021年から2022年にかけて開催されました。そのなかでは、行動経済学者たちが安易に「事実」として引用していた心理学実験の結果が間違っていたこと、実験の手続きがずさんであったことなどが問題とされました。それでもこれまでの研究結果がすべて否定されたわけではなく、行動経済学の実験のなかでも再現性の高いものは残されていることも同時に確認されています。

● 規範性と実証性

　一般的に、現代経済学、特に新古典派経済学のなかでは、規範と実証という二つの経済学があると言われて来ました。この分類の出発点は、ジョン・メイナード・ケインズの父ジョン・ネヴィル・ケインズによります。父ケインズは、実証経済学は、「経済とは何であり、どのように機能しているか」を研究する学問であり、規範的経済学は、「どうあるべきか」を示す経済学であるとします。そのうえで、実証経済学から得られた現状を、規範的経済学から示される理想像にいかに近づけるかを探ることが経済学のあり方であるとしました。父ケインズの定義の背景には、当時科学としての立ち位置を模索しつつあった経済学のなかで起こった経済学方法論争がありました。19世紀から20世紀初頭にかけて、いくつかの仮定から仮説（理論）を演繹的に構築し、それを通じて社会を観察しようとする理論経済学と、社会の歴史観察から帰納的に法則を導き出そうとする歴史学派経済学（第6章を参照）との間に論争が続いていました。父ケインズの実証経済学と規範的経済学の定義は、この両者の調停としての意味合いももっていました。

　しかし、この定義は、その後父ケインズの手からも離れて一人歩きすることになります。論理実証主義の影響を受けた現代経済学は、演繹と帰納の定義を変えるとともに規範性と実証性についても再定義することになりました（☞コラム④「演繹と帰納」および⑫「論理実証主義」）。

　規範性に基づく経済学は、厚生経済学を典型とするように、理想化された状態に対して、条件が制限されたモデルがどれだけ乖離しているかを示すことで、社会がとるべき選択を示すことにあります。すなわち、規範的経済学では、何らかの価値基準に基づいた理想状態があり、それとの距離を測り、どのようにすれば理想状態に近づくことができるのかを考えることに論点を置きます[3]。例えば、現実の食料品の価格が、完全競争状態で想定される価格から乖離していたとすると、それはどこかに競争を阻害している要因があると考えます。そのままにしておくと、資源配分が非効率になってしまうので、何らかの形で阻害要因を取り除いた方がいいという政策の方針が、ここから示唆されるわけです。

　これに対して、実証経済学は、統計的に検証可能なモデルを構築し、実際のデータとの突き合わせにより、そのモデルの現実に対する説明力を測ろうとするものということができます。現代経済学のなかでの実証経済学の代表的な論説が、**フリードマン**の『実証的経済学の方法と展開』（1953📖）です。この中でフリードマンは、経済学における仮説は、必ずしもその構成要素となった仮定の現実性を問う必要はなく、仮説自体が観察された実際のデータをどれだけ説明できるか、あるいはデータによって反証されないか、ということのみで妥当性を問うべきであると主張します。この考え方に従えば、例えば一般均衡理論に基づいて構築されたモデルのように、その出発点に人の合理性や無時間性のような仮定がおかれていたとしても、そのモデルがデータにうまくフィット

3　日本を代表する経済学者であった安井琢磨は、1970 年代に以下のように述べた。「1966 年に "Human Values and Economic Policy" を主題とするシンポジウムが経済学者と哲学者との間で開催されたとき、多くの経済学者が Human Values のかわりに Human Choice または Human Preference について語り、経済学者によって辛うじて認められた「価値判断」の基準が「パレート基準」だけであったことが、哲学者の多数を困惑させた。Value を Preference と同視すること、あるいは前者を後者に解消させることは、結局のところ倫理学上の「情緒理論」（emotive theory）の立場に立つことと密接につながっている。そうして「情緒理論」とは、論理実証主義を母胎としてつくり上げられた sophisticated な倫理学にほかならない」（「近代経済学と論理実証主義」📖）。経済学のなかにも、価値基準を外在させる理論がないわけではないが、現代経済学の構成上、議論の範囲を交換理論内部で完結させようとするため、評価の軸がどのように設定されても最終的にはパレート基準の俎上で完結することはいまなお変わりがない。

すれば、それはその範囲での説明力をもつものとして是認されることになります。

　また、**マンキュー**は、規範的経済学と実証経済学の関係を次のように説明しています。

　　実証的な主張と規範的な主張との根本的な違いは、その正しさをどのようにして判定できるかにある。実証的な主張は、原則として、証拠を吟味することで肯定したり否定したりすることができる。……対照的に、規範的な主張を評価するには、事実だけでなく価値観も必要である。……よい政策と悪い政策とを判別することは、科学だけではできないのである。それには、倫理、宗教、政治哲学などに対する考え方も必要になってくる。

　　　　　　　　　　　　　　　　　　　　　（『入門経済学』第1部第2章🔲）

要するに、規範的経済学は、評価の観点の多様性を確保することで、また実証的経済学は集められた「現実の」データを照らし合わせることで、構築された理論の、現実性を担保しようとするわけです。規範的経済学と実証的経済学は現代経済学の両輪として考えられています[4]。

　規範的経済学にしろ、実証経済学にしろ、研究している経済学者自身の頭のなかでは、何らかの現実と結びついていることは明らかです。経済学者が組み立てるモデルは、彼あるいは彼女の頭の中にある対象のイメージを、他者とコミュニケーションを可能にするために作ったものです。しかし、実際には、風景を描いた絵が風景そのものとは別物であるのと同じ様に、経済モデルは、観察された現象とは異なる実在です。また、経済モデルが、経済学者の目に映った経済現象を正確に描き出しているかどうかの保証はありません。観察された

4　この規範的経済学と実証経済学の併存は、ミクロ経済学だけでなく、マクロ経済学のなかにも見られる。マクロ経済モデルのなかにも、いま実際に起きている現象を説明するものと、経済社会のあるべき姿を説明しようとするモデルが存在する。例えば、前者はケインジアンの計量モデルによく見られ、後者は1980年代に流行したリアル・ビジネス・サイクル理論や1990年代の内生的成長理論に代表される。後者は、基本的には、マクロ経済学であっても、ミクロ経済学的な基礎付け（動学的一般均衡理論：DEG）が前提となる。

コラム⑪　経済学の科学化

　経済学は、古代において、国家をどのように富ませるかという政策術に起源があります。しかし、17世紀末になると、自然科学と同じように、経済学を、術としてだけでなく科学としても発展させようという動きが始まります。**アダム・スミス**が経済学の父と呼ばれる理由の一つは、国の富を労働価値説という根本原理から体系的に説明したことにあります。

　しかし、18世紀以降自然科学は急速に発達します。そこでは、数学を利用した論理的な仮説の形成と厳密な実験・観察による検証が科学であることの証とされました。経済学は、科学化の過程において、当時最先端の自然科学である古典力学と進化論を模すことを試みます。自然科学の方法を取り入れれば、経済学も科学化できると考えたわけです。古典力学は限界原理として、進化論は市場競争のなかの淘汰圧や社会発展のプロセスの描写のなかで活用されます。

　とはいえ、経済学をはじめ社会科学は実験ができません。古典派の原理である労働価値も、現代経済学に継承されている効用も、実験でその存在を確かめられません。そこで経済学が導入したのが、統計学でした。つまり、経済学の根本原理を実験で確認できないとしても、それを出発点にして論理的に構築された一般的な仮説を統計的事実に突き合わせることで、その仮説の妥当性を判断しようとしたのです。

　20世紀は経済理論と計量経済学が発展した時代でした。**フリードマン**は『実証的経済学の方法と展開』（1953 📖）で、経済学の仮説は現実の経済現象を説明できる限りにおいて維持されると主張しました。

　20世紀末以降、経済学のなかでも実験室実験、社会実験が盛んに行われています。経済学を科学化する努力は現在進行形なのです。

（江頭　進）

経済現象、経済学者、構築されたモデルの三者の関係をどのように保証するのかということが、経済学が科学として成り立つ場合にもっと議論されなければならない課題なのです。

● 合理性と非合理性

ここまでの議論のなかでも、すでに述べてきましたが、最初のワルラス的一

般均衡理論の中では、経済主体は合理的な選択をすることが仮定されていました。これは現代経済学の最初のツールが、当時急速に発達しつつあった物理学からの借り物であったということと関係します。閉鎖系の熱力学では、平衡状態という安定した状態がありますが、経済学の均衡概念とは数学的には同じものです。しかし、熱であれば、高いところから低いところへと移動することは自然法則として考えることができますが、経済学のなかでは、人の選択行動における合理性がそれに当たります。自分にとって都合のいい選択を常に人は行うという仮定が均衡状態への到達の動因となるわけです。限られた資源のなかで合理的選択を行う経済主体という仮定は、特に規範的経済学のなかでは重要視されてきましたが、同時に幾度となく批判されてきました。人は常に合理的に行動するわけではありませんし、自分のことを完全にわかっているわけでもないからです。言い換えれば、現代経済学は、合理的経済人（☞コラム⑦）の仮定への繰り返されるチャレンジとその対応のなかで発達してきたとも言えます。

　人の非合理性を考える一つのきっかけとなったのは、**サイモン**が 1950 年代に発表した不確実性下での意思決定の論文「合理的選択の行動モデル」（📖）でした。サイモン自身が認めるように、このアイディアは、ハイエクが「経済学と知識」や「競争の意味」（📖）といった論考において再定義した市場のなかでの知識概念から得たものです。ハイエクは、人がもちうる知識には限りがあること、知識が完全であるということと一般均衡状態にあるということは同義であること、知識を得るための過程こそが市場競争であると主張しました。一般均衡理論では、経済主体の情報が完全であることが仮定されますが、経済主体が市場に関して完全な情報をもっているとすると、調整に時間はかからず、瞬間的に需給が均衡して終わることになります。つまり、ハイエクは、完全情報を仮定した一般均衡理論は同義反復であり、市場の本質である競争を説明することはできないと指摘したのです。私たちの社会は、不完全な情報のなかで意思決定を行わなければならず、その決定も必然的に不完全なものとならざるを得ない。にもかかわらず、われわれの日々の活動が大きな障害にさらされないのはなぜか、という点にハイエクの関心はあったのです。

　ハイエクが指摘したように、初期のミクロ経済学には、「完全な情報」が厳

密に定義され、完全な情報が得られれば経済主体は合理的に行動し最適な資源配分が達成されるという仮定が置かれていました。ミクロ経済学における完全な情報とは、自分の現在の状態と価格に関する情報がコスト無しで入手できることを意味します。

　サイモンが焦点を当てたのは、合理的な判断をするために必要な情報が得られない状況下での意思決定問題でした。限定的な合理性しか発揮できないなかで行われる経済活動は、一般均衡理論で想定されている理想状態からはほど遠い帰結をもたらすことになります。その絶えざる修正活動のなかにこそ現実の経済があるわけです。

　サイモンの限定合理性に関する議論は、情報の不完全性があるが故に、人々の合理性が制限されるということであり、言い換えれば、限られた情報の下での合理的活動とも言えます。しかし、得られた情報の解釈が間違っている場合や、得られた情報に基づいた意思決定自体が合理的でない場合もあり得るでしょう。この場合、たとえ情報が十分に与えられていたとしても、何らかの心理的制約から合理的な判断ができないことが起きる可能性があります。

　このような視点を提供したのが行動経済学でした。カーネマンらによって提出されたプロスペクト理論は、情報の主観的な解釈によって導き出される期待値が、状況や条件によってゆがめられることを明らかにしました。つまり、実際の社会では、手に入れられる情報が限られるだけでなく、入手した情報の解釈能力にも偏りがあるわけです。行動経済学は先に示したように実験室実験などを通じて、経済学が最初に置くべき仮定を「現実的」なものにしようとする試みでもあります。

　現代のミクロ理論は経済主体の選択に際して、主観的確率を仮定します。主観的確率とは、ある事象が起きることに対する主観的な確信の程度と言い換えることもできます。通常、人はある事象が起きることに対してそれぞれの予想をもっていますが、その予想は新しい情報が得られた場合には、次々と更新されていくことになります。その予想が正しいかどうかは事前にはわからないわけですが、得られた情報をもとに確信の程度を変えていくという考え方は、経済主体の設定としてはそれほど的を外したものではないということは言えで

しょう。

　このようなモデルの仮定の現実性を改良しようとする考え方は、先に挙げたフリードマンのような方法論とは異なります。しかし、例えば、環境的制約に基づいてCO_2の排出権取引市場を設計する場合、環境破壊という自分の社会的評価にかかわるような行動を採ることを避ける心理的なブレーキがかかることが想定されます。そういう人が多いと、排出権の積極的な売買が行われず、政策の意図した効果が現れない可能性があります。また、税収の増加をもくろんだ財務当局がたばこへの増税を考えたとします。しかし、税金、健康、そして喫煙の三つを考慮した喫煙者が、増税の結果、禁煙してしまうと思うように税収が上がらない可能性もあります。条件が変化したときに人々の行動がどのように変わるのかということをモデルのなかにあらかじめ組み込んで、それを経済学実験で検証するという方法が、現代の政策形成のなかでは特に重視されるようになっています。

● ミクロ経済学は現実を説明しているか

　最後に少し科学哲学の観点から、ミクロ経済学の方法を考えてみましょう。ミクロ経済学は、その出発点が主観主義革命であったように（松嶋『現代経済学史[*]』）、経済主体が入手した世界についての限りある情報に基づいて意思決定を行うことを前提とした学問です。しかし、経済主体が主観的であると仮定することが妥当だとして、それではそのようなモデルを作る経済学の研究者は自分の主観性から自由なのでしょうか。対象を客観的に捉えられると断言できる自然科学者に対して、社会科学者は自分たちの観察対象のなかに住む存在です。そのため、社会科学者は自分の観察対象から影響を受ける存在でもあります。これを内部観測問題といいます（郡司『原生計算と存在論的観測[*]』）。経済学が、今なお多様な学派で構成されているのは、社会が複雑であるとともに、その複雑な社会から経済学者自身の認知枠組みが影響を受けるからです。経済学は客観性の保証として数学の利用を積極的に行ってきましたが、数学が保証するのは論理の客観性であり、経済に対する何らかの問題意識をモデルに書き起こす経済学者の活動の客観性を保証するものではありません。

　また、経済学の実証分析の困難は、観察者自身が設定した枠組みを通してし
か、経済という実在を観察することができないことにもあります。例えば、失
業というデータは、何をもって失業というかをまず定義しなければなりません。
経済理論のなかでは、自発的失業・非自発的失業、自然失業率といった概念が
存在しますが、実際の失業データは例えば日本の場合は、「完全失業率」しか
存在しません。完全失業率は総務省が毎月発表する「労働力調査」のなかの概
念であり、「15歳以上の働く意欲のある人（労働力人口）のうち、仕事を探し
ても仕事に就くことのできない人（完全失業者）の割合」を指し、「働く意欲」
は「月に2回ハローワークで求職活動をしていること」であり、それでも「3ヶ
月以上」仕事に就くことができない場合に、完全失業者とされます。また、ア
ルバイトやパートタイムをどのように扱うかといった失業者の数え方は国ごと
に違うことも知られています。日本の失業者の定義は、失業保険の給付と結び
ついて便宜的に決められたものです。つまり、失業はある一定のルールに基づ
いて観察することで初めて認識される現象であるといえます。

　新古典派経済学のなかでは、失業は個人の選択の結果として、他の仮定と矛
盾なく定義できます。しかし、実際に観察される失業は、ある一定のルールに
基づいて切り取られたプレパラートでしかありません。経済現象は、そのまま
では目に見えないものが多く、それを捉えるために、枠組みの定義を観察者側
で決めなければならないという問題があります。これは、必然的に観察結果が
観察者の認識によって規定されてしまうことを意味します。

　一般均衡理論全盛期の新古典派経済学を揶揄した、闇の中で鍵を探す男の寓
話があります。男は、闇の中電灯で照らされた場所を一生懸命探しています。
男の友人が、「なぜ君は灯りで照らされたところ以外のところを探さないの
か」と問います。男は友人に向かって次のように答えます。「だって、灯りが
ないところを探しても見えないじゃないか」。

　これは新古典派経済学だけではなくすべての社会科学で言えることでしょう。
私たちは社会を限定的にしか見ることができません。これは段ボール箱に穴を
あけて、そこから世の中を観察しているようなものです。穴のあけ方、形、大
きさによって見える世界が異なるわけです。ミクロ経済学が、これまで経済学

者が手にしてきた最も成功した「のぞき穴」であるとしても、そこで見えている世界が、私たちの社会の実態であるということはできないのです。答えは見えていないところにあるのかも知れません。

　もちろん、同じ条件で継続的にデータを取ればその変化を観察すれば、そのデータの変化から現実を捉えられるかもしれません。実際に計量経済学ではそのような観点から分析を行うこともあります。しかし、このような試みに対しては、さらに、時間・場所が異なると、表面的に同じ現象であっても、生成構造が同じであるとは限らない場合があり得ます。経済学に批判的実在論を導入したローソンは『経済学と実在』（1997□）のなかで、近代経済学の数理モデルのなかに仮定されている「事象の規則性」を指摘します。「事象の規則性」とは、経済学のなかに、現象が顕現する構造、メカニズム、動因、潜在的な傾向が不変のまま継続していると仮定されていることを指します。ローソンは、現代の主流な経済学のなかでは、「事象の規則性」が無条件に前提とされていると批判します。もし、一連の経済現象を生じさせている構造、メカニズム、動因、潜在的な傾向が同じであるとしたら、それ自体が説明対象となるべきであり、少なくとも無批判に前提とできるものではないというのがローソンの主張です。

　ローソンは、数理モデルの使用自体を否定していますが、本章での要点は、ミクロ経済学では、現象の解釈手段として構築するモデルが、対象となる現象の不変性を仮定したうえで作られているという点にあります。ミクロ経済学は、出発点におく仮定に一般性をもたせることで、モデルの普遍性をもたせようとします。しかし、そもそも説明対象の経済現象が不変なものなのか、現象面では同じに見える経済がそれを支える構造や動因が変化している場合、固定的なモデルで説明可能な範囲はどのように決められるのかといった問いに対して、現代経済学でもいまだに明確な回答をもっていないと言わざるを得ません。

　自然科学の場合、コントロールされた実験は大きな意味をもちます。自然現象を何度も観察するよりも、それが実験室のなかで再現できるかどうかを重視しなければならない分野もあります。しかし、経済学実験の場合、実験室は作られた「現実」であり、研究者の認識枠組みとしてのモデルと実験の結果が整

合的であったとしても、実験室の「現実」が、もともと研究者が説明するはずであった対象の相似形になっていることは、別途証明されなければなりません。例えば、隔離された実験室の中で、明確な金銭的インセンティブと特殊なゲームルールを提示された被験者の判断は、実際の社会のなかでの判断と同じなのでしょうか。心理実験の問題としてしばしば指摘される要求特性（demand characteristics）とは、実験室実験の被験者が、実験者や実験の意図をくみ取り、それに従って行動するために、結果にバイアスを生じる現象です。これは実験室実験と実際の社会のなかでの行動の間にはギャップがあることを示唆した事例です。

　つまり、経済学の難しさの一つは、実際の人間を使って実験室内の社会を観察することで得られるデータが、説明したい対象を反映しているということを別途証明しなければならないということにあります。ミクロ経済学はこれまでさまざまな批判を投げかけられてきましたが、その多くはそこで作られる仮説がどれだけ現実の経済を説明するのかということでした。それらの批判を受け、ミクロ経済学は技術的には改良が重ねられてきました。しかし、仮説と現実の距離を考えるとき、ミクロ経済学はいまだ普遍性をもった経済法則の発見にも至らず、他方で現実の写像を作り出すことには成功していません。

　マクロスキーは『レトリカル・エコノミクス』（1985 📖）において、現代経済学を「レトリック」（修辞法、弁論術）と呼びます。マクロスキーは、経済学は科学というよりも最も成功した説得術であると言います。ゲーム理論や均衡概念は、ある種のメタファーであり、経済学者は自らが考える物語を人に伝え、説得するためにこれらのメタファーを用いているとするのです。経済学が政策術としての側面をもつ以上、いかに説得的に話を展開するかに注力してきたという側面があることは確かです。マクロスキーの考え方はかなり極端なものですが、ミクロ経済学は、科学として自然科学に比肩するほど完成したものではなく、人が社会を考えるときの支援ツールに留まっているという事実は経済学者自身が認めておかなければならないでしょう。

● おわりに

　ミクロ経済学は、ワルラスやマーシャルが初めてその基礎概念を提示したときには、必ずしも現実と直接対照できる描写の手段ではありませんでした。しかし、力学的経済学が思考の道具に過ぎなかったマーシャルとは異なり、ワルラスは一般均衡理論のなかに社会的理想を見いだすこととなります。

　その後のミクロ経済学は、理想状態を示すことで政策的指針を提示する厚生経済学と、仮定の現実性を高めることで仮説の説明力を高めようとするゲーム理論や行動経済学の二つの流れに分かれていきます。いずれにしても、ミクロ経済学は、社会科学のなかで最も高度に発達した数理的手法を備えており、論理形式としては完成されたものとなりつつあります。

　しかし、経済学が対象とする私たちの社会は、自然科学の対象と比べてもはるかに複雑で、経験的把握にもさまざまな困難があります。ミクロ経済学ではそれを把握するために、さまざまなツールを発達させてきましたが、観察された経済現象、研究者の認知枠組み、理解のための経済モデルという三者間の関係は、これまで見てきたように、それ自体が多くの問題を抱えています。

　経済学が科学であろうとする限り、説明には条件付きの一般性が求められることになります。現代経済学は、自然科学にその範をとることで、説明の一般性を維持できる体系を作るべく努力を重ねてきました。しかし、仮定を観察に基づいて、「現実的」なものにしようとすると、一般性が失われていきます。他方で構築された仮説を「現実」に突き合わせようとしても、その「現実」を捉えるためには他の認知枠組みが必要となります。経済現象、モデル、研究者の三者の間に存在するギャップは、一つの方法で埋められるものではありません。そのギャップを認識し、現象が生じる構造や動因を掘り下げ、ギャップを埋め続けようとする継続的な努力が必要です。言い換えれば、このようなギャップの認識とそのギャップの補完の絶え間ない運動こそが、現代経済学の方法論であると言えるでしょう。

　ミクロ経済学は、現在の経済学のなかで最も多くの研究者を擁しています。その意味では、ギャップを埋める運動を最も精力的に行っている経済学である

ということができます。

　ミクロ経済学の歴史は、その出発点に置かれたさまざまな前提に対する批判と、その批判すら内部に取り込んでいく活動の繰り返しであることを見てきました。ミクロ経済学が、批判を取り込める学問である限り、ミクロ経済学の発展は止まらないと期待できます。

より深く学習したい人のための文献リスト（50音順、＊は本章内で参照されている書籍）

＊荒川章義『思想史のなかの近代経済学——その思想的・形式的基盤』中公新書、1999年。
江頭進『はじめての人のための経済学史』新世社、2015年。
＊郡司ペギオ幸夫『原生計算と存在論的観測——生命と時間、そして原生』東京大学出版会、2004年。
＊松嶋敦茂『現代経済学史 1870-1970——競合的パラダイムの展開』名古屋大学出版会、1996年。
森嶋通夫『思想としての近代経済学』、岩波新書、1994年。

第12章

経済学にとって方法論はいかなる意味で重要か
—— スミス、ミル、ウェイトリ、20世紀以降の科学哲学 ——

　本章は、経済学方法論について、それが経済学にとって「いかなる意味で重要か」という問題を課題としています。一見して明らかなように問題自体が本質的なので、この問題に単刀直入な答えがそう簡単に出そうにないことはおそらく想像がつくことと思います。以下ではこの課題を真正面から受けとめて抽象的・一般的に考察するのではなく、経済学の歴史に即しながら具体的な文脈を通じて考えていくことにします。

　経済学方法論の専門家ブローグは、経済学方法論という分野に言及して、「『経済学方法論』とは単に、科学哲学の経済学への適用と理解されるべきである」（ブローグ『経済学方法論*』序文）と述べています。ブローグは現代を代表する経済学方法論者の一人なので、上の文言は経済学方法論の現代における定義と見なしてよいと思います。

　他方でブローグの言う科学哲学に関してその分野の専門家内井惣七は、ブローグとは直接には関係のない文脈においてですが、「科学哲学の主要な課題とは、一言でいえば、『科学とは何だろうか』という問いかけに答えることである」（内井『科学哲学入門*』第1章）と説明しています。上に述べたようにブローグ、内井両者の発言は別々の文脈でなされたものであってその点は留意する必要がありますが、一方、経済学方法論に関するブローグの定義と、他方、科学哲学に関する内井の言明とは、本章の課題にとって好個の手引きになるように思います。

　ブローグに従えば、経済学方法論とは、一個の学問分野（ディシプリン）としての経済学に科学哲学を応用したものであると言うことになります。ここで経済学と言われているのは単に現代の経済学に限らず過去のそれも含む、したがって経済学の歴史を意味しています。他方で内井は、科学哲学に関してそれが「科学とは何だろうか」という課題を追究する学問分野と説明しています。したがってこの両者の主張を結びつけると、経済学方法論とは、経済学の歴史上で科学とは何だろうかを追究する学問分野と解釈することができるように思います。本章は経済学方法論に関して経済学の歴史に即して考察すると上に述べましたが、「科学とは何だろうか」という視点に基づいてそのような作業を行うと付け加えれば、ブローグ、内井の述べていることと本章の立場はおおむね合致すると言えます。

　そのような本章の議論の進め方を、本書全体の趣旨に照らし合わせると次のように言えます。本書のまえがきによると、「昔どこに川が流れていたかとかどこに寺社があったかとかの過去の地図情報を利用しながら立体的・重畳的に概要図を描こうという試み」（p. ⅲ）が、本書全体の意図するところです。それに対して終章である本章は、そのような先行諸章の考察を前提として、経済学方法論の別な意味での「概要図」を示すことを目的としています。

　これまでの諸章が、経済学の歴史を、個々の川の流れや寺社の位置といった細かな視点から捉えてきたとすると、この章では経済学方法論の歴史の大きな道筋を明らかにすることを目指します。経済学の歴史を真に捉えるためには経済学史上の細かな事実に注目することは必要です。しかし他方で、全体としての基本的な方向性を把握することも無視できません。これまでの諸章では、経済学および経済学方法論の歴史のさまざまな流れが説明されてきましたが、この章では、経済学方法論の本流のいくつかのスポットを選び、それらの意義を経済学の歴史的進展を背景において明らかにしたいと思います。

　上に見たように科学の方法論を考察するためには、科学とは何だろうかという視点が重要な意味もっていますが、そういう問いに対して、「科学とはこれこれこうだ」、あるいは「科学にはこういう特徴がある」というような答えの内容は、現実の経済学方法論の歴史を顧みるとけっして一様ではありません。

経済学がおかれた歴史的状況によって、その答えにそれぞれの時代の特質が
宿っています。

　というのは、経済学方法論は、基本的に経済学というディシプリンの補助
（下位）科学だからです。経済学の存在なしに経済学方法論を考えることはで
きません。したがって、経済学自身が形成期、確立期等の歴史的段階によって
その内容に変化があるように、経済学方法論のあり方もそれに応じて異なって
きます。つまり、一口に経済学方法論と言っても、それがどういう問題に対面
しそれをどう解こうとしたかはそれぞれの歴史的状況によって異なっており、
それに応じて「科学とは何だろうか」という問題への対応の仕方にも違いが生
じます。

● 経済学方法論の三つの画期

　本章では、経済学の歴史的進展に照応した経済学方法論の歴史から三つの時
期を選択し、それらに焦点をあてて考えることにします。上に述べたようにこ
こでは歴史の細部ではなく経済学方法論の本流を骨太に描くのが目的なので、
歴史上の特色ある時期を三つ選び出すのですが、それぞれの時期の細かな内容
は以下で立ち入って説明することにして、まず三つの時期の基本的特徴をごく
簡単に述べることにします。

　第一の時期は新興の学としての経済学の形成期です。**アダム・スミス**の著
『**国富論**』（1776 📖）の公刊がその画期となりますが、当時の伝統的な学問で
ある道徳哲学の教授であったスミスは、新しいディシプリンとしての経済学を
創り上げるのに方法論的な考察を行っています。つまり、スミスを通じて経済
学という一つの学の形成・誕生期を特徴づける方法論はどのようなものかを明
らかにするのがここでの課題です。

　第二の時期は、19 世紀前半期のイギリスです。18 世紀のスミスの時代が、
経済学の形成期だとすれば、この第二の時期は経済学の学としての確立の時代
です。19 世紀前半期には**リカードウ**『**経済学および課税の原理**』（1817 📖）、**マ
ルサス**『**経済学原理**』（1820 📖）等の経済学の専門的書物が上梓される一方、
大学に経済学教授ポストが創設されました（1825 年にオックスフォード大学、

1826 年にロンドン大学）。先に述べたようにスミスは大学に籍がありましたが、スミスの時代には経済学教授は存在しませんでした。大学に教授ポストが設けられるのは、その分野が一個のれっきとしたディシプリンとして認められた証といえます。そしてこの時期の経済学方法論は、経済学の確立を擁護し、証明する特徴をもっていたと考えられます。

　第三の時期は、20 世紀から今日に至るまでの期間です。この時期になると、経済学はすでに一個の学として確立され、この書物の先行諸章で論じられているように経済学のなかにいくつかの学派や立場が現れるほどになっています。ここでの方法論上の問題はもはや経済学自身の学問的創設や確立ではなく、すでに既存の学となった経済学の諸説の科学性を評価することにあります。すなわち、経済学方法論は、さまざまの経済理論が科学的であるか否かの判定基準を提供するという役割を担うことになります。理論評価の科学的基準を示すことがこの時期の経済学方法論の基本的役割であって、それを通じて（経済学ではなく）経済学方法論が学として一定の自立化を果たします。このように特徴づけられる三つの時期について、以下で見ていくことにします。

● 経済学形成のための経済学方法論

　『国富論』を本格的な経済学を生誕させた著と呼んでいいと思いますが、アダム・スミス自身は元来、経済学者ではありません。彼は母校のグラスゴウ大学で道徳哲学という科目を教えていました。道徳哲学は当時の諸学問のうちで中心に位置する伝統ある学問分野でありかつ広範な領域に及んでいて、今日ではそれぞれ独立した分野としての倫理学や法学を中核としていました。そのような道徳哲学を基盤にして、新たな学としての経済学の著『国富論』をスミスは生み出したのです。

　当然のことながら、新しい学を生み出すためにはすでにできあがった学問に取り組むのとは違った対応が要求されます。既存の学問分野であれば、すでにある学問体系を前提にして研究を発展させることが主になりますが、新たな学を構築するのにはその学の土台からの構築が必要です。特に、その学における基本原理の設定という課題が方法論上で重要な意味をもつことになります。そ

して、本章で経済学方法論の主題と見なす「科学とは何だろうか」という問い
に対面して、経済学形成期のスミスにあっては基本原理の設定をめぐってその
問いと格闘することになります。

　スミスにおけるそのような問題を考察するにあたっては彼の最初の著である
『道徳感情論』（1759🔲）をはじめ、いくつかの資料がありますが、とくに重
要なのが「天文学史」（1795🔲）という論文です。それは次のような理由から
です。

　この論文を外面的にながめれば、古代ギリシャからニュートンに至るまでの
天文学の歴史を時間軸にそって説明したものです。しかし、その内容に立ち入
れば天文学の歴史をたんに平易に解説しているといった性質のものではなく、
ニュートンに集約される天文学の歴史からスミスなりの立場で「科学とは何だ
ろうか」を探求した作品と解することができます。

　それは論文のタイトルから知ることができます。この論文の原語タイトルは、
"The Principles which Lead and Direct Philosophical Enquiries; Illustrated
by the History of Astronomy" です。この原語から分かるように天文学の歴
史は例証、一例とされていて、論文の主たる目的はより一般的な「哲学的研究
を導き指導する」原理を探求することです。

　ここで「哲学的研究」の「哲学」という用語ですが、現代において哲学とい
えば、倫理学や美学と並ぶ人文分野の一学科というのが通例の用語法です。し
かしスミスの時代に「哲学者（philosopher）」といえば、物理学者や数学者も
ふくむ学者一般を意味しており（実際スミスはニュートンを「哲学者」と呼んで
います）、したがって「哲学」といえば「学問」、あるいは「科学」一般と置き
換え可能な用語です。つまりスミスの「天文学史」と言う論文は、天文学の歴
史それ自体を忠実に跡づけることを目的にするというよりも、天文学の歴史を
例証にして学問、科学一般を導く原理、方法論的原理を探求することが主旨で
あるということになります。上に「天文学史」を通じて、スミスが（本章の主
題である）「科学とは何だろうか」を探求したと述べたのはこのような意味か
らです。「天文学史」の基本的部分は『道徳感情論』や『国富論』以前に執筆
されているので、これら二主著の学問体系を築き上げるのに有効な諸科学に共

通の方法論的原理を、スミスは天文学に求めたということができます。

　そして、スミスが科学の方法論的原理を探求するのに、数多くある学問諸部門の中から一個別科学としての天文学を例証として選択したのはけっして彼の主観的好みからではありません。天文学のスミスの時代における完成形態であるニュートン体系は——ニュートンの天文学に関する著作『自然哲学の数学的諸原理』は 1687 年に公刊されました——スミスの時代には、天文学の分野ではもちろん、それ以外のさまざまな分野で学の模範と見なされていました。スミスに近い学問領域をとると、後述するスミスの師**フランシス・ハチスン**、スミスの友人であった**ヒューム**はいずれもニュートンにつよい関心を示していました。スミスより少し下の世代では功利主義の哲学者として著名な**ベンサム**も、自己の領域である道徳・法律学におけるニュートンたらんとしたと言われています。

　ただニュートン体系が学の模範といっても、ここでの主題である経済学と天文学とでは付言するまでもなく分野が違っていて、何から何まで取り入れることはできません。「哲学的」研究を導くどのような方法論的原理をニュートンから受容するかが要点となります。

　そしてここで、「科学とは何だろうか」という事柄が問題となります。一口に科学理論と言ってもその方法論的考察対象にはいろいろな側面があります。特定の科学の基本原理を探求、設定すること、その原理から、経験的事実に適用可能な論理的に必然な命題を導き出すこと、その命題を経験的事実によって検証すること、これら三つはいずれも、それぞれ科学方法論の一側面です。科学理論であればこれらのどの面も多かれ少なかれ備える必要がありますが、スミスの時代におけるニュートンへの注目は、基本原理としての引力に集まっていました。その点についてスミス自身の場合を検討する前に、スミスの師ハチスンを例にとりたいと思います。

　ハチスンは次のように言っています。「すべての人に対する普遍的な仁愛を、われわれは宇宙のすべての物体にたぶん及んでいる引力の原理になぞらえることができよう。しかし［引力は］仁愛の愛と同じで、距離が減少するにつれて増大し、諸物体がたがいに接触するようになる時、最強である」(『美と徳の観

念の起源』1725、第 2 論文第 5 部 □□、強調はオリジナル）。ハチスンやスミスの時代において人間本性は利己的であるか非利己的であるかということは、道徳哲学の主要課題でした。人間を利己的と見なす論敵マンデヴィルに対して、ハチスンは他者への愛である仁愛（非利己的）を人間本性の基本と考えました。

　彼によれば他者への愛としての普遍的な仁愛は、物体にとっての引力（万有引力）と同様、万人に共有ですが、それと同時にある人が、すべての人に等しく仁愛を抱くということではありません。友人や血縁者への仁愛は、まったくの他人へのそれよりも強く、それは物体間の引力が距離の大小に応じて増減するのと同様だということです。つまりハチスンは、第一に人間にとっての仁愛の普遍性と、第二にそれが人間関係の親疎によって変化する現実を、二つながら引力原理によって科学的に正当化しようとしているわけです。

　このハチスンの仁愛論は、学の基本原理としての引力に着目して、ニュートンの方法を人間の社会関係に適用した一例ですが、ハチスンにおけるニュートンの受容は、ある意味で忠実な受容といえます。引力の普遍性や物体間に働くその力学的な作用を、人間同士の関係に言わば直輸入で当てはめているからです。言い換えれば、ハチスンは、引力の物理学的性質を直接的、機械的に人間世界に導入していると見なせます。天文学とはまったく違う分野である道徳哲学でニュートンの方法を受容する一つの分かりやすい形態ですが、他方で人間と物体を同一視するのは安易な見方といえます。

　スミスは「天文学史」でニュートンの引力に注目していますが、ハチスンのように引力それ自体の力学的性質に着目しそれを直接に人間社会に適用するのではなく、天文学に限らず、学問一般に共通する学の基本原理としての意味を引力から引きだそうとしています。

　「天文学史」でスミスは、そもそも人間が学問的探求を行う原因にまで遡って問題を考察しています。彼によれば、「哲学［＝科学］の目的は、……一見ばらばらな自然現象が喚起する驚異をしずめることにある」（「天文学史」第 4 節）と言います。人間は、日食や月食のような見慣れない単一の事象や、見慣れない順序で生起する二つの事象に驚異という、一種の精神的不安感を覚え、その感情を抑えるために、それらの事象を整合的に説明することが、学問一般

の目的だと考えています。彼の言葉によると、「二つのばらばらな現象を連接する、目には見えない」、「結合原理」（同第2節）を発見することが哲学者の役割で、ニュートンの引力もそのような結合原理の一つです。

だが普通の大衆と異なる哲学者の特長は、普通の人間にとっては不整合ではないようにみえる事象にも不整合を見出して、それについて新たな結合原理を創り出すことです。スミスによれば、**コペルニクス**が天動説から地動説へと「宇宙の全秩序を覆したのは」（同第4節）、一般の人々は容易に気づくことのない惑星の不規則な運動に着目することによってでした。

地動説を唱えて天文学に革命をもたらしたコペルニクスですが、なお後世の天文学者達に彼の残した課題が、「地球や他の諸惑星のような計り知れず重い物体が」、太陽の回りを「信じがたい速度で回転する」（同第4節）という不整合でした。その不整合に最初に挑んだ**デカルト**の解決の試みが不満足に終わったあと、この問題に決着をつけたのがニュートンの引力原理だと、スミスは言います。そしてこの結合原理としての引力が、天体に関する他のさまざまの諸現象に関する経験的事実を解明したことを、事例をあげて説明すると同時に、それが「なじみ深い結合原理」であることに注目しています。それはデカルトの結合原理である「衝撃の法則」についで、「われわれが慣れているもの」で、「われわれが物質に働きかける時には、必ずそれを観察する機会をもつ」（同第4節）性質だと言います。

つまりニュートンは、「人類の大半が一生涯にわたって少しでも注目する機会のない」（同上）不規則な事象に注目して得たコペルニクスの学問的成果を継承し、それをなじみ深い原理としての引力原理によって完成させたというのが、ニュートン引力に関するスミスの理解です。先に見たハチスンに比較すると込み入った引力の捉え方ですが、そこに経済学の創設者の一人としてのスミスの方法論的姿勢があらわれていると思います。

スミスにあって分業概念は、ニュートンの引力に相当する『国富論』全体をつらぬく基本原理です。それに関して彼は、コペルニクスが大半の人々が気づかない天体の不規則性に鋭敏に着目したように、人間の社会生活の中で人々が「ひじょうにまちがって容易で単純だと想像している」（『国富論』第1篇第1

章）現象に着目して分業の意義を明らかにします。例えば日雇い労働者の毛織りの上着は、一見すると粗末なありふれた衣服にしか見えませんが、この生産物を完成させるには、羊飼い、選毛工、梳毛工または刷毛工、染色工ほか数多くの毛織物関連の職人だけでなく、他国の商人や運送人も必要とされます。スミスはこうして、多くの人々が単純だと誤解している月並みな労働者の日常物資に注目し、その背後にあるたくさんの多様な観察対象を比較、分析して、経済社会の分業の重要性を明らかにしました。

　分業概念は、上の例のような個人の職人間の分業のみならず、生産的労働者と不生産的労働者間の分業、農業、工業、商業間の分業、国内分業だけでなく国際間分業等、経済に関する多様な事象の結合原理ですが、その分析の起源はニュートンが継承したコペルニクスと同様、日雇い労働者の上着という多くの人が見落としている事実にあったのです。しかし、これらの現実の分業の効果は、一般の人々には見えにくいかたちで存在していて、上のようなさまざまな部面での分業概念の重要性を彼らが理解するのは困難であるという問題があります。

　このような困難に対して有効であったのが、なじみ深い原理としての引力というスミスのニュートン理解です。よく知られているようにスミスは『国富論』の冒頭でピン工場の例を通じて分業の説明を行っています。ピン工場では、「各作業部門に従事する職人が同一の作業場に集められ、観察者の一望のもとにおかれる」（同第 1 篇第 1 章）ので、「見えにくいかたち」の社会的分業に対比して、分業は一般の人間にもはるかになじみ深いものになります。つまりスミスは、一方で大部分の人が注意しない日雇い労働者の上着から分業概念に逢着し、ピン工場を例にとってなじみ深い原理として説明したのです。

　こうしてスミスは、引力の力学的性質を直輸入的に道徳哲学に転用したハチスンとは異なり、ニュートンの引力原理の特質を天文学の歴史を遡って考察し、天文学とはまったく異質な分野である経済学にも有効に活用できるよう抽象力を働かせて当該原理を受容しました。ここに新たな学としての経済学を生み出そうとする哲学者の方法的努力が見られるように思います。

● 経済学確立のための経済学方法論

　『国富論』によって学問的拠点を確保した経済学は、19世紀にはいると安定した牙城を構築する段階に入りました。前述のようにリカードウやマルサス等によって経済学の専門書が書かれ、大学に経済学教授職が設けられたのがその分かりやすい現われですが、経済学は、「アダム・スミスの時代以来、幼年からすでに成年の域に到達した」（『経済学原理』1848、序文 ⬜）というジョン・ステュアート・ミルの言葉は、その点を象徴的に表現しています。

　前節で見てきたように、経済学形成期のスミスにあってはディシプリンの土台となる基本原理の設定が方法論上の主たる課題でした。経済学の歴史の次の段階で方法論的な関心が向けられたのは、学問的定義の問題でした。それは、経済学に固有の基礎的諸概念のみならず、経済学それ自身の定義にも及んでいます。そして注目すべきなのは、定義の考察は、狭義の定義の問題にとどまらず、この時代の特質を示す経済学方法論上のいくつかの主題や論点を含んでいることです。

　定義を直接の主題にした書物の例をあげれば、マルサスが1827年に文字通り『経済学における諸定義』（⬜）という書物を著し、シーニアは1836年の『経済科学要綱』（⬜）の補論で経済学の専門用語の定義について考察しています（初出1826）。それぞれの立場で、価値、富、資本、労働等といった経済学の基本概念の定義について論じています。個々の概念の定義に関しては、他の経済学者の定義を批判的に検討する仕方で論じられているので、それぞれの経済学者の相違が前面にでますが、専門用語の定義への着目という論者たちの共通の知的姿勢がこの時代の特徴を示すものとしてより重要です。以下では、経済学の個々の概念についての諸論者の定義の内容を比較検討するのではなく、そもそも経済学に関して種々の「定義」がこの時期に課題となる意味を、それに相応しい二人の経済学者——ウェイトリとミル——をとりあげて検討することにします。

　まず個々の専門用語の定義がこの時期、問題とされる必然性について、ウェイトリはつぎのようなことを述べています（『経済学入門講義』1832、第9講 ⬜）。

賃金や利潤といった経済学の専門用語は、学術用語であると同時に普通の人間の耳になじんだ日常用語でもあります。それらの言葉は日常、聞き慣れているので誰もが理解していると思い込む一方で、その実あいまいでさまざまな意味で使われています。ウェイトリは当時の自然科学分野の専門用語を対比的に例示していますが、自然科学の用語は専門外の大部分の人間にとっては疎遠であるので、ふつうの人々は、専門用語は日常用語と別種のものとして素直に学ぼうとします。しかし他方、経済学の場合には上のような事情があり、そこで使われる概念の専門性への人々の自覚が少ないので、経済学を学として自立させるためには、日常用語とは明確に区別された学術用語としての厳密な定義がいっそう必要となる、というのがウェイトリの言わんとするところです。経済学の基本概念に関する定義のこのような必要性の自覚は、経済学が一個の学として認知され、自立しつつあることを示す一つの現われと言えます。

　定義の問題は、経済学を構成する個々の基礎的概念だけに止まらず、「そもそも経済学とは何か」という経済学自身にも及んでいます。ミルは、経済学の定義と方法について述べた論文で経済学の定義をめぐって次のように言います（『経済学試論集』1844、第 5 論文📖）。

　ある科学の定義は、その科学の他のすべての真理がそこから導き出される「第一原理」であるはずですが、実態としては個別の他の真理が確定された結果たどり着く「最後の原理」だというのがミルの見解です。つまり、科学の中身を先導するのではなく、後追いするのが定義の実際の有り様だとされます。しかし、この立場をミルの時代にあてはめると、当代は経済学についての定義を論じられるほど経済学の中身が成長してきたということを示しています。じっさい彼は、彼以前の経済学者を批判しながら定義について議論しています。

　ミルはまずスミスの『国富論』を例にとりながら議論をしていますが、『国富論』を批判しつつ経済学の定義を論じているのは ウェイトリも同様です。最初にミルから見ていきますが、ミルによれば、『国富論』のタイトルは、'どうすれば国民が豊かになりうるか'を教える学という、万人に分かりやすい経済学の定義だということになります。ミルはこの定義を批判していますが、批判を通じて論じられているのは一つの学問分野における「科学（science）」と

「アート（art）」の区別という問題です。

　ミルによれば、科学は、「こうである」、「こうではない」という「事実」について述べるのに対し、アートの方は、「こうしなさい」「それはやめなさい」という「指令（precepts）」を述べるものだということになります。この区別に基づき経済学は科学であってアートではないというのがミルの主張であり、したがって、'どうすれば国民が豊かになりうるか' というミルから見た『国富論』の定義はアートに分類され、経済学の定義として相応しくないという結論になります。

　ウェイトリも別の文脈ですが、ミルの言う経済学に関する「科学」と「アート」の区別を、経済学の「理論的分野」と「実践的分野」というように区分しています。前者は「厳密な意味での経済学」、「正式な意味での経済科学」であり、後者は「経済学の実践的利用」として両者は峻別されています（『経済学入門講義』第9講）。一般に科学とアートとの区別では、「事実（……デアル）」と「規範（……デアルベキ）」との相違が問題にされますが、ここでの、ミル、ウェイトリそれぞれによる類似した区分に関しては次の点を指摘できます。

　つまり二人は、経済学における「科学」と「アート」、「理論的分野」と「実践的分野」との区別を明確にすることによって、経済学の科学性を打ち出したと言えます。というのは、先進の科学としてその地位を確立している力学を見ると、運動の法則、力の性質といった事実を研究することが科学であって、それらの法則や性質を現実に利用するアート（＝技術）とははっきり区別され、それによって「力学」の純粋な学問性が認知されています。まだ新興の経済学において、「科学」と「アート」（「理論的分野」と「実践的分野」）とを明確に区別しうるという事実は、力学に代表される一人前の科学へ経済学が仲間入りを許される、すなわち一個の学として認められる資格要件を満たしたことになるからです。

　先に述べた、定義をめぐってのウェイトリによる『国富論』に関する批判は、（科学とアートの区別という）ミルのそれとは違った視角から行われています。ウェイトリに言わせれば、『国富論』というタイトルは、経済学の研究対象（subject-matter）――「国富」――を表してはいても、独自の科学としての経

済学の特質は表示していません。

　ウェイトリはさまざまな人間活動のなかからその一つとしての商品交換に注目します。彼によれば、（商品）交換は他の動物には見られない人間に固有の特性であり、しかも人間活動のこの側面に焦点をあてた研究分野はなく、経済学は、人間活動を商品交換という側面に限定して、「この観点からのみ」考究するところにその独自の存在意義があるというのがウェイトリの主張です。彼が経済学の的確な名称として、「国富（論）」や当時一般的であった Political Economy に代えて、「交換の科学」を意味する古代ギリシャ語「カタラクティクス」（『経済学入門講義』第１講）という古めかしい用語を持ち出すのもそのような意図からです（☞コラム⑨「経済学の呼称と定義」）。以下に説明するミルと同様、研究客体よりも人間主体に足場をおいて経済学を位置付けている点に注目すべきだと思います。

　ミルは、先に述べた経済学の定義として先の『国富論』の例に続いて、より学問的なものとして当時受入れられていた、'富の生産、分配、消費に関する法則の学'、という定義を取り上げ、それを批判して次のように述べています。

　いま上の定義について富の生産の法則に絞って考えると、例えば富の一つとしての穀物の生産には経済学だけではなく農業（農学）の原理が必要ですし、工業製品の生産には化学や力学がかかわってきます。このように「富の生産」は他の科学を前提としており、その定義によって経済学を特徴づけることはできません。つまりミルは、「富」という一般には経済学における研究対象（subject-matter）と見なされているものによって経済学を定義づけることに異議を唱えており、研究対象によって定義をすることに批判的な点でウェイトリと共通しています。

　ミルはこの点の考察をさらにすすめて、科学一般の分類という原理的な問題にまで掘り下げます。彼によれば、人間の知識は「物理科学」と「道徳科学」の二つに大別でき、前者が「物質の法則」を、後者が「精神の法則」をそれぞれ探求します。経済学は道徳科学に属し、「富の生産と分配の……道徳法則に関する科学」（『経済学試論集』第５論文）とまず定義できます。道徳法則（＝精神の法則）という限定によって、上に述べた研究対象による定義づけの曖昧さ

をさしあたり避けることができます。

　しかしミルの定義の作業はここでとどまりません。精神の法則と言っても、人間を孤立した個人として考える場合と、他者と共存する社会状態で捉える場合では区別されます。経済学は、容易に想像できるように社会状態での人間を考察しますが、例えば政治学も同様に社会状態での人間を対象とした学問です。そこで経済学は、富の所有を欲する存在としての人間に焦点を絞った学と限定されることになります。こうして人間精神のさまざまな本性のなかでも富の追求以外の「他のあらゆる情念や動機」を抽象する、「抽象的科学」(同第5論文)だという点が経済学に関して繰り返し主張されます。

　上に見たウェイトリでは、商品交換という固有の「観点」に限定して経済学が定義され、ミルにおける経済学の定義の考察では人間のあらゆる欲求のうち「富への欲求」に焦点が絞られています。ミルはこのように、人間のすべての欲求のうち富への欲求のみに限定することについて、どの経済学者も現実の社会にある人間がこの欲求のみから行動しているとは考えていない、と断ることも忘れていません。そうした自覚を一方に有しながら、上のような抽象をあえて行うのは「これが科学の必ず従わねばならないやり方」(ミル、同上)だからだと言います。

　このように、ウェイトリは「(商品)交換」に、ミルは「富の欲求」というように限定の内容は異なっていますが、どちらも経済学の基本的概念に着目しており、観点を限定するという姿勢で共通しています。そして観点の限定はミルが鋭く見抜いているように、科学が「必ず従わねばならないやり方」です。近代科学の個々のディシプリンの成立の根拠は、所与の前提としての研究客体を受動的に受け入れることにではなく、特定の観点に基づいて研究主体の側から研究客体の関連ある側面に能動的に光を当てていくところにあります。先のミルの例を思い起こせば、「富の生産」という客体に則した漠然とした定義では化学や力学もそれに関与しますが、「富の欲求」に観点を絞ることによって、経済学に固有の領分が生き生きと浮かび上がってくるわけです。

　ミルは、経済学に相応しい定義が必要なのは、道徳科学全体のなかでの経済学の正確な位置を確保するためであるという意味のことを述べています。経済

学との関連で「科学とは何だろうか」という課題が、スミスにあっては天文学という特定の学問分野を通じて考察されていました。経済学が「幼年」期の段階を脱して「成年の域に達した」ウェイトリ、ミルの時代では、単に特定の科学ではなく、先進の科学であるミルの言う「物理科学」一般の本質的な構成諸契機を考慮のうえで、問題が捉えられていたと言うことができます。言い換えれば、経済学は方法論的考察を通じて、学問的世界のより広い視界のなかに現実に位置付けられたし、位置付けることが可能になったのです。ウェイトリ、ミルの時代の経済学方法論を経済学確立期の方法論と見なす所以です。

● 経済学評価のための経済学方法論

　次にスポットを当てたいのが 20 世紀以降、現代にいたる経済学方法論の特徴です。これまで経済学の形成期と確立期を見てきましたが、20 世紀になると経済学は学問世界におけるディシプリンとしての地位はすでに認知されていました。19 世紀後半の経済学者ジェヴォンズはすでに、経済学をいくつかの下位部門に細分すべきことを主張していますが、このような主張自体、一つのディシプリンである経済学自身の成熟した地位を物語っています。

　むしろこの時代にディシプリンの自立が問題になるのは、経済学それ自体ではなく、下位科学としての経済学方法論についてです。本章でこれまで見てきたように、従来の経済学方法論は、経済学の形成や確立に資するのが基本的な役割でしたが、20 世紀に入ると経済学方法論自身が、親科学である経済学から相対的に独立した分野となってきます。

　あらたな時代のそのような経済学方法論の実態を捉えるためには、20 世紀の哲学の一つの立場としての論理実証主義を知る必要があります。前節で検討したウェイトリ、ミル共に、経済学者が論理学の書物を著していました。当時にあって論理学は、学問の方法一般を研究する分野であり、経済学者が論理学の書物を書くことも可能でしたが、20 世紀には諸学問の分業化がすすみ、「科学とは何だろうか」という課題は科学哲学や科学史の専門家の仕事となり、20 世紀前半にその役割を果たしたのが論理実証主義（☞コラム⑫）の学者たちでした。

コラム⑫　論理実証主義

論理実証主義は、最も狭義には、1920年代後半にウィーンで結成された「ウィーン学団」と呼ばれる学者集団によって提唱された、科学の本質に関する哲学上の立場を指します。**シュリック**を中心に、**カルナップ**や**ノイラート**らがメンバーです。背景には、数学では非ユークリッド幾何学が大きな発展を遂げ、物理学では相対性理論が唱えられるなど、20世紀初頭に従来の科学観が大きく揺らいでいたことがあります。さらに、第一次世界大戦のもたらした悲惨と混乱は、ヨーロッパ文明に対する自負を揺るがせるに十分なものでした。こうしたなか、彼らは科学の科学たる所以を見出すこと——因って以て、哲学を科学的なものへアップグレードすること——を、目指したのです。

　論理実証主義の最も中心的な教義とされるのは、科学的言明は経験的に検証しうるものでなくてはならない、そうでない言明(典型的には、神の怒りとか超能力とかを持ち出すような、形而上学的な言明)は科学において無意味である、というものです。彼らは、それらの境界を明確に定めるという——意外と難しい——課題に取り組み、物理学をモデルにした考え方を発展させます。この物理主義という考え方は、社会現象ですら物理的言明として表現できるはずだと主張します。物理学をはじめとする自然科学と経済学をはじめとする社会科学との間に科学としての本質的な違いはないということを意味し、彼らが統一科学運動を展開する所以でもあります。

　論理実証主義は、英仏独をはじめヨーロッパ各国さらにはアメリカにも波及していきます。関わりが深い哲学者には、**ウィトゲンシュタイン**や**エイヤー**を挙げることができます。

（久保　真）

　論理実証主義者の書として著名な**エイヤー**『言語・真理・論理』(1936📖)を開くと、まず最初に形而上学の批判が述べられています。彼の言う形而上学とは、哲学書にありがちな科学や常識を超越するたぐいの対象や概念についての議論ですが、論理実証主義の人々は、哲学の対象からそのような意味での形而上学を排除することを意図しています。言い換えれば、「科学的方法に従って行われる哲学」(内井『科学哲学入門』第1章)を目指すのが論理実証主義の

哲学の特徴といえますが、そうとすればおのずからそもそも「科学とは何だろうか」という問題に深く立ち入らざるをえません。科学哲学という一分科が本格的に成立するのは、論理実証主義と共にと言っても過言ではないと思います。

　論理実証主義では、「科学とは何だろうか」という問題を文章（言明）、より正確には命題を通じて考察します。そして、科学の命題のように有意味な命題と、形而上学のそれのような無意味な命題とを区別する基準を探求するわけです。

　その点を考察するために、論理実証主義では科学的知識となりうる命題を、分析的命題と総合的命題の二つに分類します。このうち前者は、例えば「すべての独身者は結婚していない」というような、定義によって真なる命題を指しています。この種の命題は、経験的事実との照合なしに主語の定義から恒に真なる命題で、同語反復（トートロジー）と言われます。

　それに対して、例えば「隣の家の花は赤い」のような経験的事実との照合によって真偽が判定されるのが総合的命題であって、経済学をふくむ経験科学の知識は総合的命題に属します。そして総合的命題には、検証可能性原理が密接な関係にあります。検証可能性とは、一定の条件の下で、どのような観察をしたらある命題を真として受入れることができ、あるいは偽として却けることができるかが明確なことです。この検証可能性条件を満たす命題が総合的命題とされます（例えば「神は 6 日で世界を創造した」という聖書の記述は検証可能性条件を満たしていないとされます）。

　分析的命題と総合的命題の区別、検証可能性という二つのテーゼは後の哲学者によって批判をうけますが、これらの指標による科学と非科学との区別という立場を基本的に認めて経済学の分野でこれらを受入れたのが**テレンス・ハチスン**でした。[1] そしてそこに、前に見た形成期、確立期とは異なる 20 世紀における経済学方法論の端緒と特徴を見ることができます。つまり、これまで科学としての経済学を形成したり、確立したりするのに寄与してきたのが経済学方法論でしたが、経済学の確立を前提にして、特定の経済理論が科学的であるか

1　後述するように、ハチスンは論理実証主義と同時にポパーをも受入れている。

否かを評価する基準を設定する役割を担うことになりました。

　ハチスンはその著『経済理論の意義と基本公準』（1938 📖）で、一方、科学的命題と、他方、道徳的、政治的主張や形而上学的思弁等とを区別する基準を探求することの重要性をうったえ、命題が経験的事実によってテストできるか否かが、（経験）科学の特質だとしています。彼は、分析的命題と総合的命題の区別、検証可能性という二つのテーゼを論理実証主義から受入れていますが、その立場から見て経済学の内部に経験科学的とは言えない理論があることを指摘します。ハチスンは自分の批判する理論を「純粋理論」と呼び、一つの例として貨幣数量説（☞コラム⑩）を取り上げています。M（貨幣量）V（流通速度）P（物価水準）T（取引量）として（$MV=PT$）、「もし M が増加し、V、T に変化がなければ、P が上昇する」という命題は、経験的事実——現実に M が増加して、V、T に変化がなかったので、P が上昇したという——とは無関係に成立するトートロジーであり、経験的事実とは独立に言葉の定義でのみ成立する分析的命題に相当するので経験科学である経済学には不適であるということになります。ハチスンの純粋理論に対する主要な批判の対象は、彼の書物より少し前に『経済学の本質と意義』（1932 📖）を公刊した**ロビンズ**だとされていますが、ハチスンの書物のなかでは、純粋理論の主張者として重農主義者、リカードウ、シーニア、**ヴィーザー**、**メンガー**等の名前があがっています。

　しかし論理実証主義が重んじる観察事実による検証には、問題点が指摘されます。検証によって目指すのは、理論の法則性の定立にあります。よく出される例ですが、a のスワンは白い、b のスワンは白い、c のスワンは白い……n のスワンは白い、という n 個の観察、検証から、「すべてのスワンは白い」という一種の法則性を導き出しうることを論理実証主義者は目指しますが、この手続きでは n の数をどれほど増やしても「すべてのスワンは白い」ということを証明できません。$n+1$ 番目のスワンが黒の可能性があるからです。

　「帰納の問題」と言われるこの議論に関して論理実証主義を批判したのが**ポパー**でした。ポパーは、経験科学の言明とそれ以外とを区別するのは、検証可能性ではなく反証可能性だと言います。上の例を使えば、n の数をどんなに増やしても「すべてのスワンは白い」という言明を検証することはできませんが、

もし白くないスワンを一つでも発見すれば、「すべてのスワンは白い」という言明は反証されます。こうして、ポパーにあっては経験科学と非経験科学を区別する基準は、反証可能性（☞コラム③）ということになります。そしてこうしたポパーの立場からは、科学は、観察事実の増加によってその確実さが増大するのではなく、新たな理論が提起されてそれが反証される過程の繰り返しを通じて進歩すると捉えられます。また、ポパーは、反証可能性基準を、現場の科学者が実際に採用しているか否かにかかわらぬ規範だと考えます。つまりそれを、科学者が彼らの仕事で則るべき規則と考えました。このようなポパーの主張を、ハチスンやブローグといった経済学方法論者は受入れました。

　しかし現場の経済学者たちは、自分たちがそれぞれ選好する理論を反証するより、その正しさをできるだけ検証しようとするのが大方の実態です。そうとすれば、経済学において「科学とは何だろうか」を追究することを課題とする経済学方法論者のなかに、ポパーがそうであるような、規範的（prescriptive）に定められた基準（反証可能性基準）を経済学の現実に外的に当てはめるより、経済学者の現実のありのままの状態を記述して（descriptive）問題を捉えようとする方向への関心が生まれるのは不思議ではありません。

　クーンの『科学革命の構造』（1962 ▢）は科学哲学、科学史といった彼自身の専門分野のみならず、他分野や思想一般に影響を及ぼした書物としてよく知られています。この著作の前に『コペルニクス革命』（1957）を公刊していることから知られるように、クーンは現実の科学の歴史がどのように進むかを研究したうえで、以下のような科学哲学のあらたな概念を提起しました。

　クーンによれば、科学の進行は研究枠組みである「パラダイム」（☞コラム①）を共有する「科学者集団」によって担われます。ポパーは科学の進行を反証——つまり先行の理論を棄却するという意味で一種の革命——の過程と見なしましたが、クーンによれば科学の大方の現状はパラダイムの反証ではなく、パラダイムを前提にしての科学者集団による種々の問題のパズル解きの過程であって、それが「通常科学」とされます。通常科学を続けるなかで、既存のパラダイムでは解決できない変則事例が積み重なると危機が生じ、新たなパラダイムが提起されそれによって「科学革命」が生起するわけです。反証というか

たちでの科学における革命を基本と考えたポパーに対し、クーンは通常科学と科学革命という二つの概念で科学の進行を捉えたのです。

　クーンは、経済学方法論者に対して、特定の理論の科学性を評価する基準を探求する規範的立場ではなく、現実の科学者の実態を記述する立場の論者として影響を与えましたが、ポパーのように規範的立場にたちながら、より洗練した理論を打ち出したのが**ラカトシュ**でした。ラカトシュは、考察の単位を「研究プログラム」と見なします。ポパーでは孤立した理論が単位とされて、既存の理論が観察事実によって反証され、新たな理論が打ち出されそれがまた反証されるという仕方で科学は進歩していきますが、ラカトシュは、科学の進歩を測定する対象は、孤立した理論ではなく、「堅固な核」と「防御帯」と「発見法（heuristic）」からなる「研究プログラム」だとします。

　堅固な核とは、特定の研究プログラムの中核をなす、反駁不能な部分であり（例えばニュートン体系における三つの力学法則と万有引力の法則）、補助仮説からなる防御帯によって反証されないように護られています。そして、堅固な核を護り、防御帯の部分を、補助仮説の追加や修正によって理論的に調節するのが発見法の役割です。このようにラカトシュにあって科学の大方の有り様は、ポパーのようにただ一つの反証事実が即座に特定の孤立した理論を棄却するのではなく、一系列をなす諸理論が不都合な事実に対応していく過程と捉えられます。クーンが通常科学という概念で表現していた内容を取り入れた科学の実態に即した捉え方です。

　他方クーンにおいてはパラダイム同士の科学的優劣を比較する共通の基準はないとされていました。それに対してラカトシュは、競合する研究プログラムの優劣を判定する指標を示しています。前進的プログラムと退行的プログラムの相違がそれです。前者は、それまでの研究プログラムでは知られていなかった事実を予言したり、その発見を可能にしたりするようなプログラムで、後者はあらたな事実の発見を導くことははなく、新しく生起した事実に自己の研究プログラムの辻褄を合わせるような後追いの説明をするプログラムです。こうしてラカトシュは、科学の現実に近づけた（記述的）理論を構築しただけではなく、あるべき（規範的）研究プログラムのあり方も示したのです。

　これまで 20 世紀以降の経済学方法論に影響を与えたものとして論理実証主義、ポパー、クーン、ラカトシュの所論を見てきました。20 世紀以降の経済学方法論や経済学史の専門家が、他分野であるこれらの科学哲学に少なからぬ関心をもってきたのは事実です。しかし、これらの言わば借り物の学説によって、科学性の評価を基本的枠組みとする経済学方法論のあり方に批判が出ているのも、もう一つの事実です。つまり現在の経済学方法論は、科学哲学への関心はもちながらも、経済理論の科学性の評価という点に囚われないさまざまな方向を模索しているというのが実情であると言えます。

より深く学習したい人のための文献リスト（50 音順、＊は本章内で参照されている書籍）

＊内井惣七『科学哲学入門——科学の方法・科学の目的』世界思想社、1995 年。

　佐々木憲介『経済学方法論の形成——理論と現実との相剋 1776-1875』北海道大学図書刊行会、2001 年。

　只腰親和・佐々木憲介編『イギリス経済学における方法論の展開——演繹法と帰納法』昭和堂、2010 年。

　W. ハンズ『ルールなき省察——経済学方法論と現代科学論』慶應義塾大学出版会、2018 年。

＊M. ブローグ『経済学方法論』（未邦訳、Mark Blaug, *The Methodology of Economics*, Cambridge U.P.）1980 年。

　馬渡尚憲　『経済学のメソドロジー——スミスからフリードマンまで』日本評論社、1990 年。

あとがき

アメリカのIT大手フェイスブックが、事業の軸足をSNSからメタバースと呼ばれる仮想空間に移すことを鮮明にするために、2021年10月、社名をメタに変更したことは、一時かなり話題になった。もともとメタは、ギリシャ語に由来する接頭辞で、高次や超越を意味し、メタバースはそれとユニバース（宇宙・世界）を組み合わせた造語である。物語の登場人物が、物語のなかでの存在であることを離れて、本来知覚できないはずの作者や読者などの高次元の存在を知覚して、彼らについて発言することをメタ発言、そのような物語をメタフィクションと呼ぶのも、こうしたメタの原義に由来する。ビジネスパーソンに求められる俯瞰的・客観的に物事を考える力が、しばしばメタ思考と呼ばれるのは、思考に癖や偏りがあると、新しい問題点を発見できず、答えもパターン化してしまうため、そうした癖や偏りに対して高所から冷静に「突っ込み」を入れるもう一人の自分の存在が必要不可欠であるからだ。

本書は経済学の歴史を対象とする経済学史の教科書だが、経済学の偉大な諸学説の現在に至るまでの歴史を時間の流れに沿ってできるだけ忠実に再現（要約）しようとする通時的な叙述方法をとっていない。経済学方法論の知見を「突っ込み」の糸口とすることで、過去の諸学説がその当時としては所与の前提としてきた思考の癖・偏りや社会的文脈に光を当て、そのことを通じて過去の諸学説を未来へ開かれた可能性の束として逆説的に理解しようとしている。類書と比べた場合の本書の大きな特色として、経済学史という学問分野の「メタ経済学」としての性格をかなり強く意識した叙述方法をとっている点が挙げられるだろう。

本書の執筆陣は、共同研究グループ「経済学方法論フォーラム」のメンバーおよび関係者からなっている。この共同研究グループは、今を遡ること15年以上前、2006年に活動を本格的に開始し、以来――コロナ禍によるオンライン開催を含め――50回近くの研究会および国際シンポジウムを開催してきた。

科学研究費補助金を三度獲得し（基盤研究 B 213300; 25285066; 17H02506）、その共同研究の成果として、『イギリス経済学における方法論の展開』（昭和堂、2010）および『経済学方法論の多元性』（蒼天社出版、2018）という 2 冊の論文集を世に問うてきた。アダム・スミスなりケインズなり特定の経済学者に関する共同研究が多くを占める「経済学説・経済思想」という研究領域のなかで、経済学方法論という横断的なテーマを掲げ、長年にわたり共同研究に基づく成果を上げてきたことは、メンバー誰しもが密かに誇るところである——と、本書の編者二人は信じている。

　このような研究グループを牽引し、上記論文集いずれも共同で編者を務めて下さったのが、只腰親和・佐々木憲介両氏である。このお二人がいずれも2021 年 3 月に本務校——只腰氏は中央大学、佐々木氏は北海道大学——を退職されるということを知り、我々が編者となり、教科書を共同で執筆してはどうかと話をしたのは、2018 年 9 月のことであった。先学の退職記念と言えば、周囲の者が寄稿する形で編まれる論文集というのが一般的であるけれども、これまでお二人が引っ張ってこられた共同研究の成果を、経済学を学ぼうとする学生さんや一般読者に教科書という形で還元したいと考えた我々は、厚かましくも、お二人にも執筆をお願いしたところ、いずれも快く引き受けて下さった。なので、二重三重の意味で、お二人に対して感謝に堪えない。

　以上のような経緯で編まれたのが本書である。かつてお二人が編者として記された「確固とした問題意識を欠いた平板な教科書的通史になるのを避ける」（『イギリス経済学における方法論の展開』「あとがき」）ということを、（教科書でありながらも）今回念頭に置きながら編者仕事に当たったつもりであるが、それが果たせているかどうかは、本書を使用してくれる学生さんや読者のみなさんの評価を待つしかない。できることなら、本書を手に取って下さった方のうち一人でも多くが、経済学の多様な伝統とそれらが方法的に依って立つところに知的興味を覚えてくださり、そこからさらに一歩進んで、複雑きわまりない現代の経済社会を前にして多様な仕方で「問いを立てる」ことを試みていただけるなら、我々にとってこのうえない喜びであるし、只腰氏・佐々木氏が牽引してこられた共同研究の成果を社会に還元することをお手伝いできたというこ

とで、多少なりとも恩返しになるのではないかと考える次第である。

　最後に、本書の完成までさまざまな形でご尽力いただいた昭和堂編集部の松井久見子氏と神戸真理子氏に厚くお礼を申し上げる。

　　2023 年 3 月吉日

編　者　　久保　真
　　　　　中澤信彦

一次文献リスト

　　以下は、本文で直接の考察対象となった文献（一次文献）の主要なものです。実際に手に取って読んでいただきたいので、できるだけ入手可能性が高く読みやすい邦訳をピックアップしましたが、邦訳のないものについては、原著を挙げています。

　　角括弧内は原著刊行年（ただし、アスタリスク付きは執筆推定年）で、これによってソートしています。各項目の2行目以降が書誌情報ですが、著者名・書名が異なる場合がありますので、その場合は追記しています。

エピクロス『主要教説』[* 紀元前 3 世紀頃]

　　　『教説と手紙』出隆・岩崎允胤訳、岩波文庫、1959 年、所収。

ポリュビオス『歴史』[* 紀元前 2 世紀]

　　　全 4 冊、城江良和訳、京都大学学術出版会、2004-13 年。

アウグスティヌス『神の国』[413-26]

　　　全 2 冊、金子晴勇他訳、教文館、2014 年。

マキャヴェリ『君主論』[1531]

　　　マキアヴェリ、佐々木毅訳、講談社学術文庫、2004 年。

マキャヴェリ『ディスコルシ』[1531]

　　　マキァヴェッリ『ディスコルシ──「ローマ史」論』永井三明訳、ちくま学芸文庫、2011 年。

ペティ『政治算術』[*1671-76]

　　　大内兵衛・松川七郎訳、岩波文庫、1955 年。

ロック『人間知性論』[1689]

　　　全 4 冊、大槻春彦訳、岩波文庫、1972-77 年。

フランシス・ハチスン『美と徳の観念の起源』[1725]

　　　山田英彦訳、玉川大学出版部、1983 年。

ヒューム『人間本性論』[1739-40]

　　　『人性論』全 4 冊、大槻春彦訳、岩波文庫、1948-52 年。

ヒューム『道徳原理の研究』[1751]

　　　渡部峻明訳、哲書房、1993 年。

ヒューム『政治論集』[1752]

田中秀夫訳、京都大学学術出版会、2010 年。

ケネー『経済表』［1758-67］

平田清明・井上泰夫訳、岩波文庫、2013 年。

アダム・スミス『道徳感情論』［1759］

全 2 冊、水田洋訳、岩波文庫、2003 年。

アダム・スミス『法学講義』［*1763］

水田洋訳、岩波文庫、2005 年。

チュルゴ『富の形成と分配にかんする諸考察』［*1766］

『チュルゴ経済学著作集』津田内匠訳、岩波書店、1962 年、所収。

ジェイムズ・ステュアート『経済の原理』［1767］

全 2 冊、小林昇監訳、名古屋大学出版会、1993-98 年。

アダム・スミス『国富論』［1776］

全 3 冊、大河内一男監訳、中公文庫プレミアム、2020 年。

ベンサム『統治論断片』［1776］

英語版『ベンサム全集（*The Collected Works of Jeremy Bentham*）』の *A Comment on the Commentaries and A Fragment on Government*（Oxford University Press, 1977）に所収。

ベンサム『道徳および立法の諸原理序説』［1789］

全 2 冊、中山元訳、ちくま学芸文庫、2022 年。

ベンサム『政治経済学便覧』［*1793-95］

英語版『ベンサム全集』の *Writings on Political Economy*（Oxford University Press, 2016）に *Manual of Political Economy* として所収。

スミス「天文学史」［1795］

『アダム・スミス哲学論文集』篠原久・須藤壬章・只腰親和・藤江効子・水田洋・山崎怜訳、名古屋大学出版会、1993 年、所収。

マルサス『人口論』［1798］

斉藤悦則訳、光文社古典新訳文庫、2011 年。

リカードウ『経済学および課税の原理』［1817］

全 2 冊、羽鳥卓也・吉澤芳樹訳、岩波文庫、1987 年。

マルサス『経済学原理』［1820］

全 2 冊、小林時三郎訳、岩波文庫、1968 年。

マルサス『人口論』（第 6 版）［1826］

『人口の原理』大淵寛・森岡仁・水野朝夫訳、中央大学出版部、1985 年。

マルサス『経済学における諸定義』［1827］

玉野井芳郎訳、岩波文庫、1950 年。

ヒューウェル「経済学のいくつかの学説の数学的説明」[*1829]

中野正訳、『経済志林』第 29 巻第 2 号および第 4 号、1961 年、所収。

シーニア『人口に関する二講義』[1829]

N. W. Senior, *Two Lectures on Population*, Saunders and Otley, 1829 年。

ウェイトリ『経済学入門講義』(第 2 版) [1832]

R. Whately, *Introductory Lectures on Political Economy*, 2nd ed., B. Fellowes, 1832 年。

シーニア『経済科学要綱』[1836]

『シィニオア経済学』高橋誠一郎・濱田恒一訳、岩波書店、1929 年。

クールノー『富の理論の数学的原理に関する研究』[1838]

中山伊知郎訳、日本経済評論社、1982 年。

ロッシャー『歴史的方法に拠る国家経済学講義要綱』[1843]

ロッシァー、山田雄三訳、岩波文庫、1938 年。

ジョン・ステュアート・ミル『論理学体系』[1843]

全 6 冊、大関将一・小林篤郎訳、春秋社、1949-59 年。なお、原著の第 5 篇と第 6 篇は、江口聡・佐々木憲介編訳『論理学体系 4』(京都大学学術出版会、2020 年)を利用することができる。

ジョン・ステュアート・ミル『経済学試論集』[1844]

『J・S・ミル初期著作集 4』杉原四郎・山下重一編、御茶の水書房、1997 年、所収。

ジョン・ステュアート・ミル『経済学原理』[1848]

全 5 冊、末永茂喜訳、岩波文庫、1959-63 年。

マルクス『経済学批判』[1859]

武田隆夫・遠藤湘吉・大内力・加藤俊彦訳、岩波文庫、1956 年。

マルクス『資本論』[1867-94]

全 9 冊、向坂逸郎訳、岩波文庫、1969-70 年。

メンガー『国民経済学原理』[1871]

安井琢磨・八木紀一郎訳、日本経済評論社、1999 年。

ジェヴォンズ『経済学の理論』[1871]

小泉信三・寺尾琢磨・永田清訳、寺尾琢磨改訳、日本経済評論社、1981 年。

ワルラス『純粋経済学要論』[1874]

久武雅夫訳、岩波書店、1983 年。

エッジワース『数理精神科学』[1881]

F. Y. Edgeworth, *Mathematical Psychics: An Essay on the Application of Mathematics to the Moral Sciences*, Kelley, 1967 年。

メンガー『社会科学、特に経済学の方法に関する研究』［1883］
　　　『経済学の方法』福井孝治・吉田昇三訳、吉田昇三改訳、日本経済評論社、1986
　　　年。
イングラム『経済学史』［1888］
　　　米山勝美訳、早稲田大学出版部、1925年。
エッジワース「経済学への数学の適用」［1889］
　　　F. Y. Edgeworth, *Papers relating to Political Economy*, vol.2, (Macmillan, 1925)
　　　に 'Application of Mathematics to Political Economy'として所収。
マーシャル『経済学原理』［1890］
　　　全4冊、永澤越郎訳、岩波ブックセンター信山社、1985年。
フィッシャー『価値と価格の理論の数学的研究』［1892］
　　　久武雅夫訳、日本経済評論社、1981年。
シュモラー「国民経済、国民経済学および方法」［1893］
　　　田村信一訳、日本経済評論社、2002年。
ヴェブレン『有閑階級の理論』［1899］
　　　増補新訂版、高哲男訳、講談社学術文庫、2015年。
ヴェブレン『営利企業の理論』［1904］
　　　『企業の理論』新装版、小原敬士訳、勁草書房、2002年。
バローネ「集産主義国家における生産省」［1908］
　　　ハイエク編著『集産主義計画経済の理論』迫間真次郎訳、実業之日本社、1950年、
　　　所収。
ミッチェル『景気循環』［1913-］
　　　春日井薫訳、文雅堂銀行研究社、1961-65年（第1-4部）。
　　　種瀬茂・松石勝彦・平井規之訳、新評論、1972年（第3部のみ）。
ピグー『厚生経済学』［1920］
　　　『ピグウ厚生経済学』全4冊、改訂版、気賀健三・千種義人・鈴木諒一・福岡正
　　　夫・大熊一郎訳、東洋経済新報社、1965年。
ジョン・モーリス・クラーク『間接費用に関する経済学研究』［1923］
　　　J. M. Clark, *Studies in the Economics of Overhead Costs*, The University of
　　　Chicago Press, 1923年。
タグウェル編『経済学の趨勢』［1924］
　　　R. G. Tugwell, ed., *The Trend of Economics*, A. A. Knopf, 1924年。
フォン・ノイマン「社会的ゲームの理論」［1928］
　　　J. von Neuman, 'Zur Theorie der Gesellschaftsspiele', *Mathematische Annalen*
　　　100, 1928年。

ケインズ『貨幣論』［1930］
　　　全2冊、小泉明・長沢惟恭訳、東洋経済新報社、1979-80年。
ロビンズ『経済学の本質と意義』［1932］
　　　小峯敦・大槻忠史訳、京都大学学術出版会、2016年。
ポパー『科学的発見の論理』［1934］
　　　全2冊、大内義一・森博訳、恒星社厚生閣、1971-72年。
ケインズ『雇用・利子および貨幣の一般理論』［1936］
　　　普及版、塩野谷祐一訳、東洋経済新報社、1995年。
エイヤー『言語・真理・論理』［1936］
　　　吉田夏彦訳、ちくま学芸文庫、2022年。
ヒックス「ケインズと『古典派』」［1937］
　　　『貨幣理論』江沢太一・鬼木甫訳、東洋経済新報社、1972年、所収。
ハイエク「経済学と知識」［1937］
　　　『個人主義と経済秩序』新版、嘉治元郎・嘉治佐代訳、春秋社、2008年、所収。
テレンス・ハチスン『経済理論の意義と基本公準』［1938］
　　　T.W. Hutchison, *The Significance and Basic Postulates of Economic Theory*,
　　　Macmillan, 1938年。
サミュエルソン「消費者行動の純粋理論に関するノート」［1938］
　　　『消費者行動の理論』篠原三代平・佐藤隆三編、勁草書房、1980年、所収。
フォン・ノイマンとモルゲンシュテルン『ゲーム理論と経済行動』［1944］
　　　『ゲームの理論と経済行動』全3冊、阿部修一・銀林浩・橋本和美・宮本敏雄・
　　　下島英忠訳、ちくま学芸文庫、2009年。
ハイエク「競争の意味」［1948］
　　　『個人主義と経済秩序』新版、嘉治元郎・嘉治佐代訳、春秋社、2008年、所収。
チェンバリン「実験的不完全市場」［1948］
　　　E. H. Chamberlin, 'An Experimental Imperfect Market', *Journal of Political*
　　　Economy 56(2), 1948年。
ボールディング『経済分析』（改訂版）［1948］
　　　『ボールディング近代経済学』全3冊、大石泰彦・宇野健吾監訳、丸善、1971-
　　　72年。ただし、原著第4版（1966年）の邦訳。
ナッシュ「n人ゲームにおける均衡点」［1950］
　　　『ナッシュは何を見たか──純粋数学とゲーム理論』落合卓四郎・松島斉訳、シュ
　　　プリンガー・フェアラーク東京、2005年、所収。
ナッシュ「非協力ゲーム」［1951］
　　　『ナッシュは何を見たか──純粋数学とゲーム理論』落合卓四郎・松島斉訳、シュ

プリンガー・フェアラーク東京、2005 年、所収。

ハイエク『科学による反革命』［1952］
　　　渡辺幹雄訳、春秋社、2011 年。

フリードマン『実証的経済学の方法と展開』［1953］
　　　佐藤隆三・長谷川啓之訳、富士書房、1977 年。

シュンペーター『経済分析の歴史』［1954］
　　　全 3 冊、東畑精一・福岡正夫訳、岩波書店、2005-06 年。

アローとドブリュー「競争経済の均衡の存在」［1954］
　　　K. J. Arrow and G. Debreu, 'Existence of an Equilibrium for a Competitive
　　　Economy', *Econometrica* 22 (3), 1954 年。

サイモン「合理的選択の行動モデル」［1955］
　　　H. A. Simon, 'A Behavioral Model of Rational Choice', *The Quarterly Journal of
　　　Economics* 69 (1), 1955 年。

スラッファ『商品による商品の生産』［1960］
　　　菱山泉・山下博訳、有斐閣、1978 年。

クーン『科学革命の構造』［1962］
　　　中山茂訳、みすず書房、1971 年。

フリードマンとシュウォーツ『米国金融史 1867-1960』［1963］
　　　第 7 章は、『大収縮 1929-1933』久保恵美子訳、日経 BP、2009 年で読むことが
　　　できる。

サミュエルソン『経済学』（第 6 版）［1964］
　　　全 2 冊、都留重人訳、岩波書店、1968 年（ただし、原著第 7 版の翻訳）。

エーリック『人口爆弾』［1968］
　　　宮川毅訳、河出書房新社、1974 年。

ラッハマン『ウェーバーの遺産』［1971］
　　　L. M. Lachmann, *The Legacy of Max Weber*, Glendessary Press, 1971 年。

安井琢磨「近代経済学と論理実証主義」［1971］
　　　『季刊 理論経済学』第 22 巻第 1 号、1971 年、所収。

メドウズ『成長の限界──ローマクラブ「人類の危機」レポート』［1972］
　　　大来佐武郎監訳、ダイヤモンド社、1972 年。

ハイエク『ルールと秩序』［1973］
　　　『法と立法と自由 I──ルールと秩序』新版、矢島鈞次・水吉俊彦訳、春秋社、
　　　2007 年。

ラカトシュ『方法の擁護』［1978］
　　　村上陽一郎・井山弘幸・小林傳司・横山輝雄訳、新曜社、1986 年。

レイヨンフーヴッド「ヴィクセル・コネクション」［1981］

　　　「ウィクセル・コネクション――1テーマの変奏曲」『ケインズ経済学を超えて

　　　――情報とマクロ経済学』中山靖夫監訳、東洋経済新報社、1984年、所収。

マクロスキー『レトリカル・エコノミクス――経済学のポストモダン』［1985］

　　　長尾史郎訳、ハーベスト社、1992年。

ローソン『経済学と実在』［1997］

　　　八木紀一郎監訳、江頭進・葛城政明訳、日本評論社、2003年。

マンキュー『入門経済学』［2016］

　　　『マンキュー入門経済学』第3版、足立英之・石川城太・小川英治・地主敏樹・

　　　中馬宏之・柳川隆訳、東洋経済新報社、2019年。

人名索引

● サ行

●マ行

事項索引

部扉図版出所

〈第Ⅰ部扉〉ポリュビオス：Walter Maderbacher 撮影／アウグスティヌス：Sandro Botticelli 作（1480 年頃、オニサンティ聖堂所蔵）／マキャヴェリ：Santi di Tito 作（1550-1600 年、ヴェッキオ宮殿所蔵）／ケネー：Johann Georg Wille 作（1747 年）／チュルゴ：Edmond Lechevallier-Chevignard, Charles-Nicolas Cochin 作／アダム・スミス：Adam Smith Business School（2012 年）

〈第Ⅱ部扉〉マルサス：John Linnell 作（1834 年）／リカードウ：Thomas Phillips, William Holl Jr 作（1839 年、ナショナル・ポートレート・ギャラリー［ロンドン］所蔵）／マルクス：John Jabez Edwin Mayall 撮影（1875 年 8 月 24 日）／スラッファ：別記注／ハイエク：Mises Institute の HP より引用［https://mises.org/profile/friedrich-hayek］（2023 年 3 月 2 日閲覧）／ラッハマン：Lula6091 撮影 - Ludwig Lachmann lecturing (2022)／ CC BY-SA 4.0 ／シュモラー：1904 年撮影／ロッシャー：Moritz Klinkicht 作（1912 年）／クリフ・レズリー：クイーンズ大学ベルファスト文書館所蔵、別記注／ミッチェル：NNDB の HP より引用［https://www.nndb.com/people/914/000119557/］（2023 年 3 月 2 日閲覧）／ジョン・モーリス・クラーク：シカゴ大学図書館写真資料館所蔵、別記注／タグウェル：アメリカ議会図書館所蔵（ネガ番号 LC-USF344-003487-ZB）

〈第Ⅲ部扉〉ヒューム：Allan Ramsay 作（1766 年、スコットランド・ナショナル・ポートレート・ギャラリー［エディンバラ］所蔵）／ベンサム：Henry William Pickersgill 作（1829 年、ナショナル・ポートレート・ギャラリー［ロンドン］所蔵）／ピグー：キングズカレッジ・ケンブリッジ文書館所蔵、別記注／クールノー：19 世紀作／ジェヴォンズ：*Letters & journal of W. Stanley Jevons* (1886)／ケインズ：Walter Benington 撮影（1920 年代）／サミュエルソン：Bernard Gotfryd 撮影（1970 年代初頭、アメリカ議会図書館所蔵）／フリードマン：United Press International 撮影（1976 年）／フォン・ノイマン：United States Department of Energy 撮影（1956 年）／マーシャル：1921 年撮影／クーン：ジョンズホプキンス大学図書館サイト掲載、別記注／ラカトシュ：1960 年代撮影

別記注：
　本書で使用されている画像は、特に断りのない限り、ウィキメディア・コモンズに掲載されているパブリックドメインのものである。

　クリフ・レズリーのものは、クイーンズ大学ベルファストの文書館に所蔵されているもので、同大学より使用許諾を得た。ピグーのものは、キングズカレッジ・ケンブリッジの文書館に所蔵されているもので、ケンブリッジ中央図書館より使用許諾を得た。ジョン・モーリス・クラークのものはシカゴ大学図書館の写真資料館に所蔵されているもので、学生新聞『シカゴ・マルーン』より使用許諾を得た。クーンのものはジョンズホプキンス大学図書館のサイト掲載のパブリックドメインとされているもの、また、スラッファのものはウィキペディア（https://en.wikipedia.org/wiki/File:Sraffa.jpg）からダウンロードしたものを使用している。後者については、使用許諾を得るべく著作権者を調査したが探し当てることができなかった。心当たりのある方は出版社または編者まで連絡されたい。

All images reproduced in this book are public domain materials from Wikimedia Commons unless otherwise stated.

The portrait photo of Cliffe Leslie is held at Queen's University Archive, Belfast (QUB/1/19/2 (2)) and reproduced under their permission. Pigou's is held at King's College Archive, Cambridge (Coll- Photo 411) and reproduced under the permission of Cambridgeshire Collection, Cambridge Central Library. John Maurice Clark's is held at University of Chicago Photographic Archive (apf1-01710) and reproduced under the permission of the *Chicago Maroon*, a student newspaper. Kuhn's is one of the public domain materials that Johns Hopkins University Sheridan Libraries have made available online (jhu_coll-0002_14278). Sraffa's is from Wikipedia (https://en.wikipedia.org/wiki/File:Sraffa.jpg). We have looked for the copyright holder to get permission to use this, but without success. Anyone with information about this matter is encouraged to contact the publisher or editors.

▓ 執筆者紹介 （執筆順、＊は編者）

＊中澤信彦 （なかざわ・のぶひこ）　　第1章

関西大学経済学部教授。

主な業績に、『イギリス保守主義の政治経済学——バークとマルサス』（単著、ミネルヴァ書房、2009年）、『バーク読本——〈保守主義の父〉再考のために』（共編著、昭和堂、2017年）、等がある。

松本哲人 （まつもと・あきひと）　　第2章

松山大学経済学部教授。

主な業績に、'Priestley and Smith against Slavery', *Kyoto Economic Review* 80 (1): 119–131（2011年）、「J. プリーストリーと T. H. ハクスリー——18世紀後期イングランド啓蒙の遺産とヴィクトリア時代知識人」（『ヴィクトリア朝文化研究』第14号：pp. 62–78、2016年）、等がある。

藤村哲史 （ふじむら・さとし）　　第3章

大東文化大学経済学部講師。

主な業績に、'Nassau William Senior and the Poor Laws: Why Workhouses Improved the Industriousness of the Poor', *History of Economics Review* 70 (1): 49–59（2018年）、「N.W. シーニアの経済学方法論と1834年報告書」（『季刊 経済理論』第54巻第3号、pp. 61–70、2017年）、等がある。

＊久保　真 （くぼ・しん）　　第4章

関西学院大学経済学部教授。

主な業績に、'From a Reformist Professor to a "Mouthpiece" for Capital: Tsunao Miyajima in an International Context', *History of Political Economy* 54 (2): 291–327（2022年）、'D. Stewart and J. R. McCulloch: Economic Methodology and the Making of Orthodoxy', *Cambridge Journal of Economics* 38 (4): 925–943（2014年）、等がある。

若松直幸 （わかまつ・なおゆき）　　第4章

中央大学経済学部助教。

主な業績に、「リカードウ『原理』第29章における公債制度論」（『経済学史研究』第59巻1号：pp. 43–62、2017年）、「リカードウ課税論の限界——税の長期的効果の分析をめぐって」（『季刊 経済理論』第58巻3号：pp. 74–88、2021年）、等がある。

原谷直樹（はらや・なおき）　　第5章

群馬県立女子大学国際コミュニケーション学部准教授。

主な業績に、「科学方法論と経済学——経済学を哲学的に考える」（『経済セミナー』2018年10・11月号）、「存在論はなぜ経済学方法論の問題になるのか——方法論の現代的展開」（只腰親和・佐々木憲介編『経済学方法論の多元性——歴史的視点から』第2章、蒼天社出版、2018年）、等がある。

佐々木憲介（ささき・けんすけ）　　第6章

北海道大学名誉教授。

主な業績に、『経済学方法論の形成——理論と現実との相剋 1776–1875』（単著、北海道大学図書刊行会、2001年）、『イギリス歴史学派と経済学方法論争』（単著、北海道大学出版会、2013年）、等がある。

石田教子（いしだ・のりこ）　　第7章

日本大学経済学部准教授。

主な業績に、'Thorstein Veblen on Economic Man: Toward a New Method of Describing Human Nature, Society, and History', *Evolutionary and Institutional Economics Review* 18 (2): 527–547（2021年）、「ヴェブレンの平和連盟構想——大戦争と未完のプロジェクト」（小峯敦編『戦争と平和の経済思想』第4章、晃洋書房、2020年）、等がある。

中井大介（なかい・だいすけ）　　第8章

近畿大学経済学部教授。

主な業績に、『功利主義と経済学——シジウィックの実践哲学の射程』（単著、晃洋書房、2009年）、フライシャッカー『分配的正義の歴史』（翻訳、晃洋書房、2017年）、等がある。

上宮智之（うえみや・ともゆき）　　第9章

大阪経済大学経済学部准教授。

主な業績に、「数理経済学者たちの数学導入に対する認識——ジェヴォンズ主義、マーシャル主義とエッジワース」（只腰親和・佐々木憲介編著『経済学方法論の多元性——歴史的視点から』第4章、蒼天社出版 、2018年）、「日野資秀の経済思想普及構想——忘れられた経済学啓蒙家」（『日本経済思想史研究』第21号：pp. 1–22、2021年）、等がある。

廣瀬弘毅（ひろせ・こうき）　　　第 10 章

福井県立大学経済学部教授。

主な業績に、「現代経済学における方法論的対立――マクロ経済学を中心に」（只腰親和・佐々木憲介編著『経済学方法論の多元性――歴史的視点から』第 8 章、蒼天社出版、2018 年）、「百家争鳴のパイオニアたち　1969-1979」（根井雅弘編著『ノーベル経済学賞――天才たちから専門家たちへ』第 1 章、講談社選書メチエ、2016 年）、等がある。

江頭　進（えがしら・すすむ）　　　第 11 章

小樽商科大学副学長。

主な業績に、『F.A. ハイエクの研究』（単著、日本経済評論社、1999 年）、『はじめての人のための経済学史』（単著、新世社、2015 年）、等がある。

只腰親和（ただこし・ちかかず）　　　第 12 章

横浜市立大学名誉教授。

主な業績に、『「天文学史」とアダム・スミスの道徳哲学』（単著、多賀出版、1995 年）、『イギリス経済学における方法論の展開――演繹法と帰納法』（共編著、昭和堂、2010 年）、等がある。

経済学史入門──経済学方法論からのアプローチ

2023 年 4 月 20 日　初版第 1 刷発行

編　　者　　久　保　　　真
　　　　　　中　澤　信　彦

発 行 者　　杉　田　啓　三

〒 607-8494　京都市山科区日ノ岡堤谷町 3-1
発行所　株式会社 昭和堂
振替口座　01060-5-9347
TEL（075）502-7500 ／ FAX（075）502-7501

印刷　亜細亜印刷
装丁　studio TRAMICHE

ISBN978-4-8122-2213-3

中澤信彦・桑島秀樹 編
バーク読本
—— 〈保守主義の父〉再考のために

A5判 304頁
税込 3,520円

> 保守主義の父として知られるバーク。その全体像を知る時、バークの思考の意図が判然とする。現代へも繋がるイギリス政治思想の源泉。

永井義雄・柳田芳伸・中澤信彦 編
マルサス理論の歴史的形成

A5判 330頁
税込 3,300円

> 多様なマルサス研究のあり方を念頭におきながら、マルサス『人口論』、マルサスのもつ歴史的意義をその問題性も含めて解明する。

只腰親和・佐々木憲介 編
イギリス経済学における方法論の展開
—— 演繹法と帰納法

A5判 380頁
税込 3,300円

> 経済学の母国イギリスに焦点を絞り、そこでの経済学方法論の展開を、18世紀末から20世紀初頭までの期間を対象として、帰納法と演繹法の相関と対立する理論軸にそって考察する。

ミーク 著／田中秀夫 監訳／村井路子・野原慎司 訳
社会科学と高貴ならざる未開人
—— 18世紀ヨーロッパにおける四段階理論の出現

A5判 336頁
税込 5,500円

> 「四段階理論」の意義と起源、その影響を探ると共に、それが「高貴ならざる未開人」という観念に刺激され形作られたことを立証する。

北川勝彦・北原 聡・西村雄志・熊谷幸久・柏原宏紀 編
概説世界経済史

A5判 306頁
税込 2,530円

> 経済史を学ぶための理論と方法から日本・欧米・アジア・アフリカ各地域の経済史まで、バランスよく、かつコンパクトにまとめた入門書。

昭和堂刊 （税込10%）

昭和堂ホームページ　http://www.showado-kyoto.jp